KB151239

치 매 예 방 을 위 한 통 합 적 기 억 훈 련 법

뇌를 훈련하고
기억력을 높이기 위한 새로운 방법

기억워크북

Douglas K. Mason | Michael L. Kohn 저
최성진 역

박영
story

가족에게 저자

무한한 지지와 사랑을 준 아내 브렌다와 순수함과 경이, 호기심을 보여준 딸 스테파니, 그리고 믿음의 힘과 사랑으로 암에 맞서 싸우며 영혼의 놀라운 치유력을 보여준 어머니 메이블 메이슨에게 이 책을 바친다.

    — DJM

테레사에게 — 하루의 끝에 나는 생각과 감정, 경험, 기억 모두를 당신에게 어떻게 말할지를 생각했다오. 당신이 없었다면, 힘이 들었을 것이오. 당신은 은을 주었지만, 사실 나는 금을 받았다오. 그리고 다이아몬드 같은 우리 아기 앨리제에게 — 우리는 네가 커가는 것을 사랑스럽게 보아왔고 늘 함께 했단다.

    — MLK

차례

서언: 노화에 대한 새로운 정보

노화에 대해 새로운 정보가 있다. 우리는 오래 살게 되면서 "C"로 시작되는 병보다 "A"로 시작되는 병을 더 두려워하게 되었다. 어떻게 알츠하이머병(Alzheimer's disease)에 대한 공포가 암(Cancer)에 대한 공포를 앞질렀을까? 그 이유 중 하나는 미 전 대통령 로널드 레이건과 같은 유명인이 앓은 알츠하이머병의 비극에 언론이 초점을 맞췄기 때문이다. 따라서 노화의 처음 징후가 기억저하라고 생각하는 것은 놀라운 일이 아니다.

노인은 기억저하를 걱정한다. 많은 사람들은 알츠하이머병과 기억저하를 같은 것으로 보고 있다. 하지만, 현실은 그렇지 않다. 모임에서 만난 사람의 이름이 기억나지 않는 것이 몇 년 후에 자신의 자녀를 알아보지 못하는 상황이 되기도 한다. 이는 슬프게도 알츠하이머병의 경과 중에도 생길 수 있다. 차를 어디에 주차했는지를 잊어버리는 것은 운전했다는 사실 자체를 잊어버리는 것과는 비교가 되지 않는다.

지난 11년간 기억을 연구한 임상심리학자의 관점에서 보면, 기억저하는 정상적인 변화라고 할 수 있다. 기억력을 회복하는 힘은 노화보다 강하다. 기억전문가인 덕 메이슨 박사와 마이크 콘 박사는 기억이 좋아지는 새로운 방법을 개발했다. 기억과 뇌에 대해 오랫동안 연구해 온 두 신경심리학자는 과학적인 방법으로 이 워크북을 썼다.

포고의 유명한 말이 있다. "우리는 적을 만났다. 그것은 바로 자신이다." 메이슨과 콘은 노인이 되면, 불완전한 기억을 받아들일 필요가 있다고 했다. 그들은 무기력한 사고와 기억저하와의 관계를 연구해 왔다. 당신은 운동을 하고, 긍정적으로 사고하고, 식이요법을 할 필요가 있다. 결국, "사용하지 않으면 사라진다."라는 격언은 진실을 담고 있다. 뇌는 운동이 필요한 신체와 비슷하다. 따라서 우리는 기억을 좋게 할 새로운 방법을 찾아야 한다.

이 워크북은 훌륭한 기억훈련 프로그램이다. 본 RARE-DREAM 프로그램은 훌륭한 연구자들이 개발했다. 그들이 바로 플로리다 멜번의 중동부 기억장애클리닉의 메이슨과 콘이다.

기억을 좋게 하기 위해서는 연습이 필요하다. 저자들은 이 워크북에 자기 조절 방법을 적용했다. 그리고 독자 스스로가 연습하고 검사할 수 있도록 했다. 이 워크북은 독자의 이해를 돕고 기억저하의 두려움을 없애 준다.

메이슨과 콘은 당신이 세상을 어떻게 경험하고 있는지에 대해 묻고 있다. 그리고 개별화된 기억방법에 대해 소개하고 있다. 아울러, 경험에 주의를 기울이게 한다. 그들은 새롭고 독창적인 방법을 가르쳐 준다. 심지어 냄새를 맡고, 듣고, 맛도 느끼게 한다. 그리고 신념체계를 살펴보고, 심리치료처럼 태도를 변화시킨다. 그들은 이 접근을 기억치료라고 불렀다.

메이슨과 콘은 기억장애에 대한 최신 정보를 소개했다. 아울러 건강한 노화가 무엇이고, 나이가 들면 기억이 어떻게 변하는지를 이해할 수 있게 했다. 그리고 유머와 전문성으로 프로그램을 소개하고 있다.

마지막으로 메이슨과 콘은 병의 진행을 늦추기 위한 약과 알츠하이머병에 대해 개관했다.

저자들은 기억문제를 기술하고 그 종류를 살펴보았다. 그리고 기억장애 진단을 위한 평가 방법을 소개했다.

이 워크북은 기억에 관심 있는 사람들에게 꼭 소개해 주고 싶은 책이다.

— 카렌 에이 클라크 박사. 멤피스주 테네시, 테네시대학 건강과학센터 조교수. 재향군인병원 의학노인심리학자

나쁜 꿈으로 시작된 것은 특별한 기억을 남긴다

이 책은 기억을 좋게 하기 위해 만든 광범위하고 상호적인 프로그램이다. 아울러, 노화에 따라 생기는 기억문제를 인식한 사람들을 위해 개발되었다. 나이가 들면, 기억력이 떨어진다. 하지만, 이 변화가 노화의 첫 신호는 아니다. 우리는 노화에 따른 기억 변화에 대해 교육하고, 정상적인 기억 변화를 보완할 방법을 소개하려고 한다. 주로 정보의 부호화(정보를 입력하는)에 초점을 뒀지만, 인출 책략(정보를 출력하는)에 대한 방법도 제시할 것이다. 기억은 복잡한 과정이어서 인간의 특성처럼 모든 사람이 다 똑같지는 않다. 이 책은 기억의 특성을 확인하고, 개인의 강점을 살린 책략을 사용할 수 있도록 만들어 졌다. 당신은 이를 통해 자신의 능력을 알고, 정상 노화에 따른 기억 변화를 보완할 새로운 방법을 배우게 될 것이다.

여기 제시한 모형은 기억에 관한 우리의 연구 결과를 바탕으로 했다. 예비 연구에서 참가자들은 기억력이 좋아졌다. 본 기억 훈련 프로그램은 광역노인자원 건강관리센터인 플로리다주 멜본의 중동부 플로리다 기억장애 클리닉에서 실시되었다. 여러 기억평가에 기초한 이 프로그램은 참가자들의 기억 향상에 도움이 되었다. 참가자들은 프로그램을 끝냈을 때, 기억력이 좋아졌다. 이 프로그램은 다른 개인과 집단에게도 효과적이었다. 이 접근은 개별화된 방식을 통해 주의를 기울이고, 정보를 부호화하는 방법에 초점을 두고 있다. 아울러, 기억의 정서적인 부분을 다루고 있다는 점에서 다른 기억훈련프로그램과도 차별화된다. 우리는 당신의 기억을 좋게 하기 위해 기억의 정서적이고 합리적인 측면에 대해 살펴볼 것이다. 이 책은 기억, 기억장애, 약물, 의학적 처치, 보조적인 방법, 노화, 신경학적 검사, 기억 증진에 대한 최신의 정보를 담고 있다. 이 책의 모든 정보를 기억할 필요는 없다. 대신, 천천히 읽어보라. 그리고 가장 효과적인 방법을 적용해

보라. 우리의 목표는 이완하고, 기억이 어떻게 작동하는지를 알고, 개인의 특성을 이해해서, 기억을 좋게 할 방법을 배우는 것이다. 이 책의 목표는 단순히 기억을 좋게 하는 것만은 아니다. 이 책의 방법을 적용해보면, 기억과 노화에 대한 당신의 태도는 변화하고 발전할 것이다.

이 책은 실제로 기억을 좋게 할 수 있는 광범위하고 개별화된 기억 증진 프로그램이다. 이 프로그램의 목표는 기억과 노화에 대한 부정적인 지각과 기억 기능을 변화시키는 것이다. 따라서 프로그램을 잘 따라가면 도움이 될 것이다.

우선, 앞서 언급한 기억훈련집단에 대한 설명을 통해 우리의 목적을 밝히고자 한다. 우리가 임상심리학 박사과정 학생으로 기억클리닉에서 일하고 있었을 때, 우리는 기억평가를 받기 위해 방문한 노인들의 유형이 서로 다르다는 것을 발견했다. 기억력 저하를 호소하는 노인들은 자신이 옳다는 것을 증명하기 위해 계속 불평을 해댔다. 그러나 검사를 받은 후 같은 연령의 사람들과 비교해 보았더니 검사결과는 정상이었다.

하지만, "정상"이라는 결과를 받고 안심했음에도 불구하고, 그들은 우울해했다. 기억에 대한 걱정과 두려움은 클리닉을 나가도 계속되었다. 그렇다면, 기억력이 괜찮다는 말을 듣고도 자동차 열쇠를 깜빡 차에 두고 문을 잠그고 돌아온 사람에게, 당신은 뭐라고 말할 수 있겠는가? 그래서 우리는 검사 결과는 정상이지만, 일상에서 자주 잊어버리는 노인들을 간과할 수만은 없었다. 그들이 호소하는 기억문제는 현실적이다. 노인들은 기억력이 나빠지고, 젊은 사람들과도 비교가 된다. 노인들에게 기억 변화는 현실이지만, 임상에서는 이를 "건강한 노화"로 본다. 불행하게도 이러한 사실이 노인들을 힘들게 한다.

검사 결과는 정상이지만, 기억문제를 호소하는 사람들을 평가하면서 우리는 그들의 호소에 정서적인 특징이 있다는 것을 발견했다. 호소 이면에는 공포와 불안이 있었다. 사실, 정서적인 반응이 기억문제의 주된 원인이라고 말하기는 어렵다. 하지만, 기억문제에 대한 좋은 지표는 기억력이 "정상"이라고 들은 사람들이 경험한 기억 실수에 대한 정서적인 반응이다. 호소 다음에 오는 그들의 무망감과 무력감은 매우 컸다. 이러한 경험은 기억에 대해 객관적으로 피드백을 해야 하는 우리를 혼란스럽게 했다.

노화에 따른 기억문제에 관한 연구를 개관하면서 정서적 요인에 대한 직관은 더욱 타당화되었다. 우리는 노화에 따른 기억 변화에 대해 보다 잘 알게 되었다. 좀 더 단순하게는 노화의 과정과 변화를 일으키는 정서적 어려움과 기억 호소의 악순환을 발견하게 되었다. 이제 우리는 연구 결과와 책을 통해 긍정적인 변화를 줄 방법을 제시하고자 한다. 노인의 기억문제의 원인은 다양하지만, 충분히 치료가 가능하다. 따라서 우리는 기억문제를 여러 차원에서 접근해 볼 것이다.

여러 연구 끝에 우리는 두 부분에 초점을 둔 기억 훈련 프로그램을 개발했다. 하나는 정보의 부호화를 잘 하는 데 초점을 두었고, 또 다른 하나는 기억문제에 영향을 주는 정서적인 요소를 수정하는 데 집중했다. 이 둘은 기억의 기능적 요소이며, 우리의 기억 훈련 프로그램에도 포함되어 있다. 우리는 기억 인출을 돕기 위해 참가자들의 기억문제를 보완할 수 있는 실제적인 방법을 프로그램에 포함시켰다. 그리고 기억 훈련 집단 프로그램을 시작했다.

처음에는 참가자들 사이에 부정적인 분위기가 있었다. 참가자들은 자신의 기억문제를 호소했고, 다른 사람들을 의기소침하게 만들었다. 그리고 회의적이긴 했지만, 우리가 변화를 위한 희망을 줄 수 있는지를 궁금해 했다. 우리는 그들의 불안을 보면서 솔직해져야 했다. 하지만, 프로그램의 과정을 무력하게 만드는 부정적인 정서는 거부해야만 했다. 나이가 들면서 경험하는 정상적인 변화에 적응하는 것은 기억을 좋게 하기 위한 책략을 학습하는 것만큼이나 중요했다.

이후, 놀랍게도 부정적인 분위기는 사라졌다. 참가자들은 기억에 대해 많은 것을 알게 되었다. 그리고 기억문제를 해결하는 방법을 사용할 수 있었고, 정서적인 요소가 기억 실수에 어떤 영향을 주는지를 발견하고는 자신감을 얻었다. 그들은 기억이 좋아질 수 있다는 것을 경험했다. 의기소침과 무력감은 힘과 통제감으로 바뀌었다. 참가자들은 즐거워했다! 두 집단의 지도자들도 같은 말을 했다. 프로그램을 끝마칠 때쯤, 그들은 처음에는 생각도 할 수 없었던 자발성과 즐거움을 경험했다. 처음에 참가자들은 실패의 경험을 이야기 했었다; 그러나 프로그램을 끝냈을 때는 성공담에 대해 말했다. 그들은 과거에 겪었던 기억 실수에 대해 더 이상 부담을 느끼지 않았다. 유대감을 형성했고, 우리도 이것을 느낄 수 있었다.

결국, 우리의 기억 훈련 집단은 기억력이 좋아진 것에 대해 서로를 축하해 주었다. 집단의 대화를 압도했던 부정적인 분위기는 믿음과 자부심으로 바뀌었다. 우리는 즐거웠다. 처음에 사람들은 기억저하를 호소했지만, 그들의 기억력은 좋아졌다. 그들 또한 좋아졌다고 느꼈고, 자신과 삶에 대해 긍정적으로 생각했다.

존 스턴벡에 따르면, 저자는 책을 쓰기 전에 전체 이야기를 한 줄이나 한 문단으로 요약할 수 있어야 한다고 했다. 만약, 우리의 기억 훈련 집단을 한 마디로 요약한다면, 그것은 "기억을 위한 치료"라고 할 수 있다. 이것은 좋은 치료에서처럼 신뢰와 존경과 근본 원인에 대한 탐색을 포함하고 있다. 우리는 기억을 존중하고, 문제의 원인을 찾고, 기억을 좋게 하는 잠재된 힘을 이용해야 한다. 불행히도 많은 사람들은 치료에 대해 부정적인 인식이 있다. "치료"라는 용어는 치유의 힘을 담고 있다. 이 책은 당신의 기억을 좋게 하기 위한 치료적 접근을 제시할 것이다. 우리는 당신의 기억이 좋아질 것이라고 믿는다.

마지막으로 지그문트 프로이드는 치료에 대해 다음과 같이 말했다. 프로이드는 인간의 복잡하고 역동적인 부분을 이해했고, 이를 가치롭게 여겼다. 이 책도 그렇게 되길 바란다. 프로이드는 인간 문제의 근원과 보다 나은 삶을 위해 고통을 줄이는 방법을 탐구했다. 우리는 이것이 이 책에서도 이루어지기를 바란다. 마지막으로 프로이드는 자신의 삶을 통해 놀라운 유연성을 보여주었다. 그는 과학 분야에서 독자적으로 정의된 개념과 원리를 개발했다. 이는 거의 모든 분야에 영향을 미쳤다. 그러나 그는 70세가 되어서는 오랫동안 가져왔던 생각을 바꿨다. 프로이드는 자신의 일과 삶은 계속된다는 것을 깨달았다. 우리는 당신도 그렇게 되기를 바란다. 우리 기억 집단의 참가자들은 이것을 몰랐었다. 아마 당신은 그렇지 않을 것이다.

우리는 재미있고 통찰력 있게 프로그램의 핵심을 이 워크북에 담으려고 했다. 기억 증진 프로그램이 당신에게 유익하고 즐겁기를 바란다. 이제 머리말을 정리하면서 우리의 핵심을 담은 일화를 소개하고자 한다. 아래 제시한 것은 배움의 기쁨과 새로운 도전에 대한 이야기이다. 이는 저자의 대학 교수였던 프랭클린에 대한 이야기이다. 그녀는 남편과 사별 후 삶을 통해 배운 교훈을 우리에게 가르쳐주었다.

뜻 깊은 교훈

아침 햇살이 강의실 창문을 비췄다. 프랭클린은 책상에 앉아 있었다. 그녀는 깊이 숨을 내쉬었고 편안해 보였다. 강의가 끝나기 전 그녀는 잠시 멈추고는 다음과 같이 말했다. "나는 감정이 중요하다고 생각한다. 우리는 배우고, 사랑하고, 감사하며, 살아간다. 아무도 이 멋진 경험이 언제 끝날지 모른다. 그것은 당장이라도 사라질 수 있다. 이것은 매 순간을 소중하게 여겨야 한다는 신의 말씀이다." 그녀는 조용하고 단호하게 말했다. "나는 오늘부터 학교 가는 길이나 집에 오는 길에서 아름다움을 찾을 것이다. 그것은 여러분이 보는 게 아닐 수 있다. 어쩌면 이른 봄의 쟈스민 향기나 나뭇잎을 바스락거리는 산들바람 소리일 수도 있다. 혹 아침 햇살이 비칠 때 조용히 땅에 떨어지는 낙엽을 집어 드는 것일 수도 있다. 여러분도 이 것을 발견하고 소중하게 여기기를 바란다. 진부한 소리일 수 있지만 이것 은 삶의 원천이 된다. 작은 것은 삶을 아름답게 한다. 우리는 이것을 이미 가지고 있다. 그것에 관심을 가지고, 이를 중요하게 생각해라."

강의실은 귀청이 터질 것 같은 침묵이 흘렀다. 우리는 책을 챙겨 밖으 로 나왔다. 나는 한 학기 동안 배운 것보다 더 많은 것을 이 순간에 배웠 다. 나는 깊은 감명을 받았다. 세상을 넓은 시각으로 보게 해준 그녀에게 감사드린다. 이 이야기를 통해 내가 배운 것은 특별한 무언가에 주목해야 한다는 것이었다; 맨발로 석양의 해변을 걷고, 아이스크림을 사기 위해 잠 시 가던 길을 멈추는 것. 나이가 들어 후회하는 것은 했던 것이 아니고, 하지 않았던 일이다.

이 이야기는 *기억 워크북*의 핵심을 담고 있다: 처음처럼 바라보고, 아 이처럼 감탄하고, 발견의 매력을 통해 다른 점을 보고, 배움의 열정을 되 찾는 것. 학습에 대한 열정을 가져라. 이는 효과적인 기억 향상의 기초가 된다. 자! 지금부터 프랭클린의 RARE—DREAM 기억 프로그램을 시작해 보자.

역자서문

이 책은 Douglas J. Mason과 Michael L. Kohn의 The Memory Workbook: Breakthrough techniques to exercise your brain and improve your memory를 번역한 것이다.

처음 심리학에 입문했을 때, 나는 프로이드, 정신분석, 무의식에 대해 막연한 호기심이 있었다. 하지만, 대학에 입학하여 심리학 개론 첫 장을 읽었을 때의 당황스러움은 아직도 내 기억에 생생히 남아 있다. 기대와 달리 첫 장에는 뇌와 행동과의 관계에 대한 신경생물학적 접근이 소개되어 있었다. 몇 장을 넘겨보니 프로이드와 정신분석, 무의식에 대한 내용은 성격심리학을 소개하는 장의 한 쪽 구석에 덩그러니 있었다. 당시 나는 실망감보다 행동에 대한 새로운 관점에 호기심이 생겼다. 그리고 교수님들도 심리학의 과학적 정체성을 강조하셨고, 무의식은 반증 불가능하고, 과학적 연구의 대상이 아니라는 가르침은 말랑한 학부생의 머리에 스펀지처럼 흡수되었다. 하지만, 무의식에 대한 관심은 내 무의식 속에서 조용히 숨을 쉬고 있었다. 이 당황스러움과 호기심의 두 감정 사이의 긴장은 어쩌면 나를 이 자리로 이끌었는지도 모르겠다.

나는 임상심리학자가 되고 싶었다. 대학 1학년 때 처음 나를 임상심리학의 세계로 초대해 준 선배님이 계셨다. 매주 만나 심리학에 대해 이야기하고, 집단상담도 하면서 자연스럽게 임상심리학자의 꿈을 꿀 수 있었다. 매주 정신병원에서 심리극 자원봉사와 집단상담연구회에서 심리치료에 대한 공부를 하며, 나는 꿈을 키워갔다. 지금은 고인이 되셨지만, 아직도 그 선배님의 생생한 눈빛을 잊을 수가 없다.

그러다 대학 3학년 때 나는 인지심리학 실험실에서 인턴 생활을 하게 되었다. 이 2년은 대학원 생활을 미리 경험할 수 있었던 시간이었다. 특히, 심리학자로서 연구방법론을 많이 배울 수 있었던 축복의 시간이었다. 하지만, 임상심리학을 꿈꾸던 내가 왜 인지심리학이란 말인가? 주변의 선배와 동기, 후배들은 나를 이상하게 생각했다. 심지어, 양다리를 걸친다는 오해도 했었다. 둘 중 하나를 선택하라는 압력도 받았다. 그럼에도 불구하고 나는 이 축복의 시간을 감사히 보냈다.

나는 대학원 지도 교수님이 두 분이다. 인지심리학 전공인 신현정 교수님과 임상심리학 전공의 홍창희 교수님이다. 심지어 나는 공동지도교수라는 이름으로 석사과정과 박사과정을 마쳤다. 이때도 나는 도대체 학문적 정체가 무엇이냐라는 비판을 감수해야 했다. 또한 인지심리학 실험실과 임상심리학 실험실을 오가며 해야 했던 과제와 공부에 대한 부담은 엄청났다. 나는 묵묵히 할 수 밖에 없었다.

나의 석사논문과 박사논문은 신경심리학과 관련된 치매 환자를 대상으로 한 암묵기억과 외현기억, 범주화와 재인에 관한 연구였다. 나는 이 주제가 인지심리학과 임상심리학의 경계에서 숨을 쉬면서, 막연하게 생각했던 무의식을 의식화 할 수 있을 거라고 믿고 있었다.

인지심리학 전공이었던 신현정 교수님은 나에게 늘 기초심리학을 열심히 해야 한다고 말씀하셨다. 그래야 임상심리학을 제대로 할 수 있다고 하셨다. 그리고 나를 지지해주셨다. 나는 좋은 심리학자가 되고 싶었다. 그래서 인지심리학을 열심히 공부했다. 임상심리학 전공이었던 홍창희 교수님은 나를 따뜻한 마음으로 바라봐 주셨다. 그냥 교수님의 그윽한 눈빛 때문에 나는 따뜻한 임상심리학자가 되고 싶었다. 과학과 예술로, 진리와 선의 학문으로, 과학자와 임상가 모형을 통합한 멋진 임상심리학자가 되고 싶었다. 나는 무의식이라는 허무맹랑함이 우리의 삶에서 펼쳐져 의식화 될 수 있는 주제가 무엇인지를 고민하게 되었다. 그것이 바로 암묵기억과 외현기억과의 관계였고, 범주화와 재인에 대한 주제였다. 그 와중에 이 책을 발견하게 되었다. 연구자로서 딱딱한 인지심리학의 개념들을 어떻게 임상에서 풀어낼 수 있을지를 고민하고 있던 차에 이 책은 반가운 봄비 같았다. 오랫동안 한 장 한 장 읽으며 번역해 갔고, 스스로에게 적용해 보면서 그 효과도 볼 수 있었다. 특히, 이 책이 인지적인 측면에만 초점을 두지 않고, 정서와 인지 행동의 통합 치료적인 접근을 하고 있다는 것이 매력으로 다가왔다.

노인 인구가 급격히 늘어나는 초고령화 시대에 치매는 무서운 병이 되고 말았다. 임상에 있으면서 기억과 행동 문제로 방문하는 환자들이 점차 많아지고 있다는 것을 체감하고 있다. 이러한 때에 이 책이 실질적인 도움이 되기를 바라는 마음은 크다.

이 책의 독자는 아마 치매가 두려운 젊은 어른들이 될 것 같다. 기억의 주관적 저하 문제를 경험하고 있는 분들에게도 스스로 적용해 볼 수 있는 좋은 가이드가 될 수 있을 것이다. 아울러 정신건강의학과, 신경과, 재활의학과, 신경외과, 내과, 가정의학과 전문의와 임상심리학자, 신경심리학자, 인지심리학자, 작업치료사, 사회복지사, 간호사, 간병인에게도 도움이 될 것이라고 생각한다. 또한, 인지재활프로그램을 계획하고 있는 치료자들이 프로그램을 구성하면서 개념을 설명하고 구체적인 방법을 제시하는 데 참고할 수 있는 책이라는 생각이 든다.

출판이 되기까지 많은 분들의 도움이 있었다. 존경하는 스승이신 신현정, 홍창희 교수님께 감사드린다. 특히, 신현정 교수님께서 가르쳐 주신 매일 한 장씩 번역하기를 실천한 결과, 이 책 이외에도 여러 권의 책을 출간할 수 있었다. 그 방법을 가르쳐 주신 교수님께 감사드린다. 또한, 임상심리학자로서 밑거름이 되어 주신 국승희 선생님께도 감사의 마음을 전하고 싶다. 더불어 지금의 나를 있게 해준 여러 학형과 선후배가 없었더라면 나는 아무것도 할 수 없었을 것이다. 그리고 원고를 정리하는 데 도움을 준 박상미 선생과 박준휘 선생에게 고마움을 전한다. 아울러 수련감독자로서 13년을 맞이한 부산가톨릭의료원 메리놀병원 정신건강의학과 임상심리실 식구들에게는 사랑한다고 말할 것밖에 없다. 그리고 원고를 꼼꼼하게 읽고 점검해준 박혜진 양에게도 고마움을 전한다. 박영사 안종만 사장님과 노현 부장님, 정성들여 편집을 해준 전은정 선생님께도 감사를 드린다. 마

지막으로 부모님과 아내, 딸 예슬이에게 사랑을 전한다. 이 땅에 치매로
고통 받는 분들이 없는 행복한 세상이 되길 바라는 마음으로 모든 어르신
들에게 이 책을 바친다.

2017년 4월

감사의 말

연구 과정에서 지지와 도움을 준 톰 피크박사와 프랑크 위비박사에게 감사드린다. 지속적인 지지와 귀중한 임상훈련의 기회를 준 카렌 클라크 박사에게는 더욱 고마움을 전한다. 그리고 우리의 기억모형 연구를 수행할 수 있도록 허락해준 캐롤 워터스와 플로리다주 멜번의 중동부 플로리다 기억장애 클리닉에도 감사의 말을 전하고 싶다. 중동부 플로리다 기억장애 클리닉은 플로리다주 알츠하이머병 노인문제 부서의 지원을 받았다. 그리고 이 책의 출간을 위해 힘써준 편집자 캐롤 허니철치에게도 고마움을 전하고 싶다. 아울러 작업을 함께 개관하고 각자의 전문 영역에서 도움을 준, 마리 수지만스키, 로버트 월리스, 리사 긴터, 데보라 콜타이, 케서린 웰시-보머, 카리마 라시드에게도 감사드린다. 그리고 브렌다 메이슨, 패트리시아 아텐, 밥 워커, 앨리스 기글리오티의 지혜에도 고마움을 전한다. 마지막으로 이 책에 많은 영향을 준 트로이 프리펜의 고마움은 결코 잊을 수 없을 것이다.

Part01

—

이 책의 사용방법

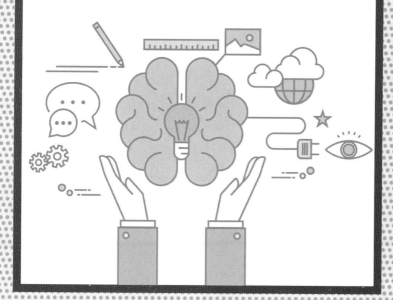

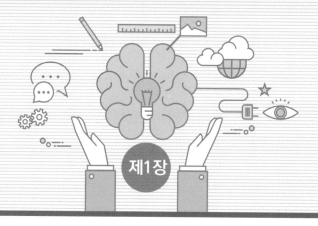

제1장

이 책의 사용방법

RARE-DREAM이란 무엇인가?

당신은 이 책을 구입하면서 긍정적으로 변할 수 있는 첫 발을 내디뎠다. 당신은 기억을 좋게 하기 위해 꿈만 꾸는 것을 멈추고 행동으로 옮기기를 실천한 사람이다. 당신은 변화의 "꿈dream"을 위해 결심한 "특별한 rare" 사람이다. "RARE−DREAM"을 이루어 보라. 우리는 당신의 기억을 좋게 하기 위해 RARE−DREAM을 소개할 것이다.

RARE−DREAM은 다음을 말한다:

- ★ Relax 이완하라
- ★ Attend 주의하라
- ★ Rehearse 되뇌어라
- ★ Envision 시각화하라

그리고

★ Developing 개발하라
★ Rational 합리적이고
★ Emotionally 정서적이며
★ Adaptive 적응적인
★ Mindsets 사고방식을

복잡하게 들리나? 걱정하지마라. 곧 알게 되겠지만 방법은 간단하다. 차근차근 안내해 줄 것이다. 마칠 때쯤이면 당신은 편안해 질 것이다. 이완은 중요한 것에 집중하고 기억해야 할 것에 주의를 기울이게 한다. 그리고 효율적으로 집중하고 반복적으로 되뇌는 것은 정보를 부호화하고 새로운 관점으로 시각화할 수 있게 한다. 아울러 기억을 방해하는 신념을 바꾸게 한다. 당신은 기억과 노화에 대한 부정적인 사고와 감정을 바꾸기 위해 합리적이고, 정서적이며, 적응적인 사고방식을 개발할 필요가 있다. 그리고 쓸모없는 신념을 변화시켜 기억에 방해가 되는 것을 없앨 필요가 있다. RARE-DREAM 프로그램은 기억의 작동 원리에 대해 가르쳐 줄 것이다. 그러나 잘 기억하기 위해서는 자신의 특성에 맞는 방법을 찾아야 한다.

간단하다. RARE-DREAM 기법을 읽고 따라하다 보면, 기억은 당신을 노예삼지 않고 시중들 것이다. 하지만, 젊을 때만큼 기억할 수 있게 해준다고 보장할 수는 없다. 그러나 이 책의 각 단계를 따라 연습해 본다면, 당신의 기억은 좋아질 것이다. 우리는 기억 모형을 RARE-DREAM으로 구체화하는 과정을 R부터 M까지 소개할 것이다.

RARE-DREAM 모형은 기억을 좋게 하기 위한 방법이다. 이 모형은 긍정적인 태도를 유지할 수 있게 할 것이다. 그러기 위해서는 자신을 있는 그대로 받아들이고, 실수를 이해하고, 두려움을 없애야 한다. 이것은 기억이 잘 나지 않을 때, 자신을 너그럽게 수용하는 것도 포함한다. 건강하지 못한 태도와 바르지 못한 신념은 기억 향상에 도움이 되지 않는다. 열린 마음과 유연한 사고가 부족하면 좌절하고 낙담할 것이다. 그러므로 노화에 따른 기억저하에 잘 대처하기 위해서는 여러 개념을 잘 이해하고 목표를 정해야 한다. 이것이 우리가 해야 할 일이다.

아는 것이 힘이다

이 책은 기억문제를 느끼기 시작한 사람들을 위해 만들어졌다. 신경학적 문제로 기억장애가 있는 사람들을 위한 것은 아니다. 일상에 영향을 줄 정도의 기억장애가 있다면 신경과 의사나 신경심리학자를 만나보라. 기억장애의 진단은 복잡하다. 그리고 이 책의 범위를 벗어난다. 그것은 전문가들이 도움을 줄 것이다. 기억문제가 있는 사람들은 불안해한다. 그러나 병이 무엇이고, 예후가 어떻든 간에 전문가와 상담을 하면 안정을 찾을 수 있을 것이다. 도움을 두려워하지 않으면, 기억문제는 해결될 수 있다.

아는 것이 힘이다.

- 프란시스 베이컨

노력은 필수다

이 책은 기억을 좋게 하기 위해 당신의 강점을 활용할 것이다. 이전의 내용을 바탕으로 한 연습은 다음 내용의 성과를 높여 줄 것이다. 열심히 연습하면 효과가 있을 것이다. 열정은 도움이 된다. 열정이 적으면, 효과는 적을 것이다. 노력, 열린 마음, 열정은 기억을 좋게 하는데 필수적이다.

실천은 지식의 열매이다.

- 토마스 풀러, 의학박사

기억 좋게하기-연습하라

기억 전문가들은 마음의 작동 원리가 근육과 비슷하다고 본다. 연습은 마음을 강하게 한다. 기억은 적응적이고 유연하다. 그리고 노력이 필요하다. 근육이 커지고 강해지기 위해서는 전략을 이용해야 한다. 우리는 연습을 통해 당신에게 맞는 프로그램을 적용해 볼 것이다. 그리고 우아하게 노년을 보내고 건강한 기억을 유지할 수 있게 도와 줄 것이다.

이 프로그램을 끝낸 한 남성은 결혼 생활이 많이 변했다고 했다. 우리는 무엇이 변화를 가져오게 했는지를 물었다. 그는 RARE - DREAM 프로그램이 변화를 가져오게 했다고 말했다. 그는 프로그램을 끝낸 후부터 아내의 말을 경청하고 집중했고 주의를 기울이기 시작했다.

대인관계를 적극적으로 하는 것도 중요하다. 이 책이 당신의 결혼 생활을 변화시키고, 배우자의 말을 잘 듣게 하지는 않을 것이다. 그러나 기억이 변화하면 일상생활도 바뀌게 된다. 독불장군이었던 10대 때의 어리석음을 어른이 되면 알게 되듯, 기억문제가 일상에 어떤 영향을 주는지는 기억이 좋아지면 깨닫게 될 것이다. 그리고 자존감과 자신감도 높아질 것이다.

한 번에 하나씩

이 책은 순서대로 읽게 되어 있다. 잘 적용되는 부분만 읽고 싶겠지만, 그렇게 하지 말고 차례대로 프로그램을 따라가 보라. 설명이 위계적으로 되어 있어 프로그램은 앞에서 익힌 방법을 바탕으로 다음 단계로 넘어가게 되어 있다. 그리고 다음 단계로 가기 전에 잠시 쉰 다음, 구체적인 부분을 소개하고 있다. 프로그램은 개인의 속도에 맞춰 진행될 것이다.

이탤릭체로 된 단어는 중요하므로 주의를 기울여라. 이탤릭체로 된 단어에 대해서는 그 뜻을 소개할 것이다. 개념을 명확히 하기 위해 소개되는 부분은 자세히 읽어보라. 용어 정리가 있는 부록 A는 개념을 정의하는 데 도움이 될 것이다. 노력도 필요하겠지만 한계도 지켜야 한다. 새로운 정보를 받아들이는 데는 한계가 있다. 한계는 존중되어야 한다. 그러므로 한 번에 두 장 내지 세 장 이상은 읽지 마라. 당신의 능력은 자신이 제일 잘 안다.

"기억비법"은 책 곳곳에 있다. 이것은 두 가지 목적이 있다. 첫 번째 목적은 쉽게 읽기 위해서이다. 두 번째는 기억을 좋게 하기 위한 구체적인 방법을 찾기 위해서이다. 아울러 우리는 빠른 학습을 위해 연습을 제시했다. 연습은 경험을 통해 숙달될 수 있을 것이다.

잊어버리는 이유는 잊어버리고, 기억나는 이유를 기억하라

우리는 이제껏 기억과 관련하여 노화, 알츠하이머병, 건망증처럼 잊어버리는 이유에만 초점을 두었다. 이는 기억에 대해 부정적인 인상을 준다. 하지만 이 책은 다르게 접근할 것이다. 조금 다른 관점을 가져보자. 잊어버리는 이유에 초점을 두지 말고, 왜 기억해야 하는지에 초점을 둬보라. 이렇게 하면 기억이 잘 날 것이다. 그러면 기억이 어떻게 나는지를 알 수 있을 것이다. 당신이 차로 목적지에 갈 때는 길을 잃어버리는 데 집중하지 않는다. 대신, 목적지에 도달하기 위한 방법에 집중한다. 그러므로 기억도 이렇게 해보라! 길을 어떻게 잃어버렸는지를 생각하지 말고, 어디로 갈까에 집중해라.

첫 번째 연습에서는 기억이 어떻게 작동하고, 어떻게 잘 기억할 수 있을지를 보여줄 것이다. 이것은 기억문제를 적극적으로 해결할 수 있게 한다. 그리고 나머지는 연습을 통해 조율해 볼 것이다. 그러니 기억이 날 가능성에 초점을 둬라.

다음 연습을 해 보자. 방법은 간단하다. 아래 이야기를 읽어보자. 신문

읽는 속도로 가볍게 읽어보라. 이야기는 이 책의 주인공인 에드가가 차고
를 청소한 어느 날에 대한 것이다. 당신이 차고를 청소하는 것은 아니니
걱정하지는 마라.

연 습

에드가의 차고

오랫동안 미루어 왔던 약속을 지키기 위해 에드가는 차고를 청소하
기로 했다. 청소를 하지 않은 지 20년이 지난 차고는 장난감과 공구,
잡다한 잡동사니로 가득 차 있었다. 추억이 담긴 물건을 정리하면서
처음 버리기로 한 것은 먼지가 쌓인 낡고 고장 난 시계가 담긴 상자였
다. 다음으로는 고장 난 램프를, 그리고 몇 년간 모아둔 신문 꾸러미
와 오래된 라디오를 버렸다. 그는 책 더미를 발견했다. 그 중 한 권은
그가 좋아했던 *모비딕*이었다. 어렸을 때 그는 흰 고래와 사투를 벌이
는 것을 꿈꿨었다. 에드가는 *모비딕*에 대한 애정 때문에 해군에 입대
했었다.

그는 잡동사니 더미에서 오래된 휠 캡을 발견했고, 산더미처럼 쌓
인 레코드에서 빙 크로스비 앨범을 찾았다. "오! 가여운 빙. 흠집이 났
네." 그는 중얼거렸다. 다음으로는 작고 독특하게 생긴 낡은 바비큐
그릴을 버렸다. 딱히 이유 없이 보관해 두었던 오래된 전화번호부는
바로 쓰레기통으로 직행했다. 그리고 몇 년 전 바닷가에서 주운 유리
병을 보자 눈이 커졌다. 병을 잡았을 때 피부에 차가운 느낌이 전해졌
다. 그는 병의 매끄러움을 느낄 수 있었다. 아직도 짠 내와 모래의 감
촉이 느껴지는 것 같았다. 이 병은 간직하기로 했다. 그는 먼지가 가
득한 탁자 아래서 몇 년 전 잃어버렸다고 생각했던 드릴을 발견했다.

그는 따지도 않은 런천미트 스팸도 찾았다. 계란 프라이와 버터를 바른 식빵과 함께 먹으면 좋겠다는 생각이 들었다.

그는 도구 상자에서 망치도 발견했다. 그리고 닐 암스트롱이 "한 인간에게는 작은 걸음에 불과하지만 인류에게는 위대한 도약이다."라고 말했던 1969년 무더웠던 여름, 아들에게 선물했던 아폴로 13호 모형을 찾았다. 그는 또 제법 무거운 나무 야구 방망이를 발견했다. 왼손으로 스윙을 해 보니 부드럽고 세밀한 나무 감촉이 느껴졌다. 여전히 방망이의 타격감을 느낄 수 있었고, 아들의 리틀리그 시절이 떠올랐다. 아울러 그는 아들이 입었었던 원피스를 발견했다. 쇼핑몰에서 샀던 뒤가 파진 멋진 분홍 실크 원피스였다. 그는 옷을 쓰레기봉투에 넣으며 미소를 지었다. 그는 절대 고칠 수 없을 것으로 보이는 낡은 텔레비전은 버렸지만, 아직 말이 남아 있는 체스게임은 보관하기로 했다. 그리고 아내와 체스게임을 하면서 하루를 마무리하면 좋겠다고 생각했다.

이제 첫 번째 기억비법을 소개하고자 한다. 앞서 언급한 대로 책 곳곳에 방법을 제시했다. 먼저 기억비법을 살펴 본 뒤에 차고 정리 연습을 해 보자.

▽ 기억비법: 이야기를 만들어라

항목을 기억하려면 항목에 관해 독특한 이야기를 만들어 보라. Hill 등(1991)은 이 방법이 매우 효과적이라는 것을 발견했다. 이 방법은 집중을 잘하게 하고 항목을 기억나게 하는 맥락을 제공한다. 예를 들어, 집에 오면서 친구인 밀드래드에게 전화를 하고, 개밥을 주고, 공과금을 내고, 오븐에 음식을 넣는 것을 기억해야 한다고 해보자. 당신은 밀드래드가 개밥을 주는 이야기를 만들어 볼 수 있다. 이 이야기는 당신이 집에 왔을 때 해야 할 일을 더 잘 기억나게 한다.

그럼, 당신의 기억을 시험하기 위해 기분 전환을 해 보자. 에드가의 차고로 다시 가 보자.

연 습

기억나는 잡동사니가 있나?

에드가는 차고를 청소하면서 잡동사니를 발견했다. 당신은 얼마나 많은 항목을 기억하고 있나? 아래에 기억나는 항목을 써 보자.

1. _____
2. _____
3. _____
4. _____
5. _____
6. _____
7. _____
8. _____
9. _____
10. _____
11. _____
12. _____
13. _____

14.	
15.	
16.	
17.	
18.	

어땠나? 우리는 항목의 1/3 정도는 기억할 거라고 예상했다. 혹 항목에 숫자를 매겼나? 왜 그랬나? 항목에 숫자를 매기는 것은 순서대로 기억을 할 수 있게 한다. 숫자를 시각화하면 단어와 연합을 할 수 있다. 그리고 항목에 숫자를 매기면 더 잘 기억할 수 있다. 그럼, 항목을 떠올리게 한 것이 무엇이었는지를 살펴보자.

정교화는 기억을 좋게 한다

기억은 무선적인 것처럼 보여도 무선적이지가 않다. 당신이 기억을 할 수 있는 데는 이유가 있다. 그래서 어떤 것은 다른 것보다 더 잘 기억할 수 있다. 새로운 정보는 뇌에 깊이 저장될수록 더 잘 기억된다. 우리는 정보를 깊이 부호화하는 방법을 살펴 볼 것이다. 기억은 정보가 풍부할 때 뿌리를 내리고, 열매를 맺어, 마음속에 자리 잡는다.

정보에 풍부한 구조를 제공하는 과정을 정교화라고 한다. 정교화는 항목과 구조의 세부 정보를 포함하고 있다. 그래서 회상이나 인출에 성공하기 위해서는 깊고 다양한 수준으로 정보를 부호화해야 한다. 정보를 정교화 하는 방법에는 여러 가지가 있다. 한 가지 방법은 새로운 정보를 학습할 때 감각을 이용하는 것이다. 또 다른 방법은 기억의 하위 체계를 이용하는 것이다(예를 들면, 시각기억 대 언어기억).

아울러, 정보를 독특하고 우스꽝스럽게 정교화할 수도 있다. 이 방법은 RARE의 E에 해당하는 시각화하기 기술이다. 우리는 12장에서 시각화하기 방법을 살펴 볼 것이다. 에드가는 계란과 우유를 사야 했다. 그래서 계란을 저글링하면서 걸어가는 우유를 상상했다. 여기에는 주의를 끄는 흥미로운 점이 있다. 기억을 하고, 잊어버리는 데는 이유가 있다!

에드가의 차고로 가자

에드가의 차고에서 기억해야할 항목이 정교화되었든, 정교화되지 않았든 간에 이야기를 만들어 보라. 앞에서 7개 항목은 정교화가 되었고, 7개는 정교화가 되지 않았다. 정교화된 항목은 정교화되지 않은 것과 차이가 있을 것이다. 정교화된 항목은 *모비딕* 책, 레코드 파일(빙 크로스비 레코드), 유리병, 스팸, 아폴로 13호 모형, 야구 방망이와 분홍 실크 원피스이다. 정교화 되지 않은 항목은 라디오, 신문 꾸러미, 휠 캡, 바비큐 그릴, 전화번호부, 드릴과 망치이다.

어떤 항목이 기억나나? 기억나는 데 차이가 있다면, 그 이유는 뭐라고 생각하나? 스팸은 독특하거나 놀랍거나 눈에 띄지 않는다. 눈에 띄는 것은 정교화가 필수적이다. 당신은 아마 분홍 실크 원피스에 놀랐을 것이다 (기대하지도 않았는데). 이것은 눈에 띈다. 당신은 원피스가 어떻게 생겼느냐에 관한 묘사를 통해 정교화를 했다. 에드가의 아들이 분홍 실크 원피스를 입은 모습을 상상할 수 있나? 게다가 이야기에 원피스를 넣은 것은 감정을 불러 일으켰을 것이다. 아마 당신은 원피스를 입은 소년에 대해 의아했을 것이다. 이것은 기억에 의미가 부여된 것이다. 첫 번째 연습에서 보았듯이 항목을 기억하는 데는 이유가 있다. 그 이유를 살펴보자.

정서기억 대 실제기억

정서적인 것으로 정보를 정교화하면 기억이 잘 난다. 우리는 기억을 할 때 여러 다른 기억 체계를 이용한다. 정서기억과 실제기억은 자료를 처리하고 저장하는 데 다른 기억 구조를 사용한다. 두 기억은 서로 다른 기억 체계에서 다른 수준으로 정보를 부호화 한다(뇌 구조와 기억 체계에 관한 읽을거리는 "기억과 건강관리 용어"에 대한 부록 A와 뇌의 주요 구조와 기능에 대한 개관인 부록 D를 참고하라).

분홍 실크 원피스에 대한 묘사는 이 책에서 얻고 싶은 정보를 포함하고 있다. 우리는 당신이 의미 있게 정보를 부호화할 수 있도록 안내할 것이다. 그래서 필요할 때 정보에 접근해서 이용할 수 있도록 할 것이다. 정교화는 회상의 문을 여는 열쇠이다. 에드가의 차고에서 어떤 항목은 기억하고, 어떤 것은 기억하지 못했는지를 탐색하려면, 항목을 얼마나 정교화했는지를 살펴보라.

연 습

정교화 분류하기

에드가의 차고(10쪽)로 돌아가 처음 기억했던 항목을 살펴보라. 굵은 글씨로 되어 있는 차고(12쪽)의 항목 중 어떤 것이 정교화되었고, 어떤 것이 정교화되지 않았는지를 비교해 보라. 아래 빈칸에 항목을 써 보자.

정교화된 항목   정교화되지 않은 항목

1. _____   1. _____

2. _____	2. _____
3. _____	3. _____
4. _____	4. _____
5. _____	5. _____
6. _____	6. _____
7. _____	7. _____
8. _____	8. _____
9. _____	9. _____
10. _____	10. _____

연습해 보았나? 정교화되지 않은 항목보다 정교화된 항목을 더 많이 기억했나? 그러나 정교화되지 않은 항목 중 일부는 당신에게 의미가 있어, 이미 존재하는 정교화에 포함되었을 수도 있다. 예를 들면, 휠캡은 정교화 되지 않았지만, 어쩌면 당신은 휠캡 수집가일 수도 있다. 그런 경우 휠캡 은 눈에 띌 것이다. 왜 기억이 나는지에 주의를 기울여라. 그러면 기억나 는 이유를 발견할 수 있을 것이다.

▼ 기억비법: 당신에게 의미있고 이미 존재하는 정교화를 이용해라

개인적이고 이미 존재하는 정교화는 기억에 의미를 부여한다. 당신이 인식하 든 인식하지 못하든 간에 회상을 할 때는 개인적인 것에 근거해 정교화해보 라. 예를 들어, 차고에서 에드가 어떻게 정교화 했는지를 다른 사람을 통해 알아보자.

에드가는 메리라는 사람을 만났다. 그는 그녀의 이름을 기억하고 싶었다. 그 래서 의미 있고 이미 존재하는 정교화를 이용해 보았다. 에드가에게는 그가 만난 메리와 눈동자 색깔이 같은 메리라는 사촌이 있었다. 그래서 새로운 정보(새 친구 메리)를 이미 정교화 된 기억의 정보(사촌 메리)와 함께 떠올렸다. 그가 원하는 새 기억은 연합이 되었다. 이 연합은 기존 정보와 새로운 정보를 연결시켰다. 메리에 대한 기억은 깊은 수준에서 부호화되었고, 이름에 접근하기 위한 연결망이 만들어졌다. 메리에 대한 기억이 견고해지면, 잘 확립된 기억 회로를 통해 이름을 회상할 수 있을 것이다. 믿거나 말거나 이것은 노력이 덜 든다. 왜냐하면 기억이 이미 자리 잡고 있기 때문에 새로운 기억과 연결만 해도 기억을 떠올릴 수 있을 것이다. 당신은 기억을 위해 정교화를 사용했다. 그래서 이제는 의식적 부호화와 연합을 함께 사용할 수 있을 것이다. 연합은 강력한 기억 도구가 된다. 이에 대해서는 14장에서 자세히 살펴보자.

다음은 에드가의 차고 연습을 통해 기억에 영향을 미칠 수 있는 다른 요인을 살펴보자.

초두효과와 최신효과

앞서 우리가 주의 깊게 보았던 네 항목이 있다. 처음 나온 두 항목(시계, 램프)과 뒤의 두 항목(텔레비전과 체스게임)은 정교화가 되지 않았다. 그러나 당신은 초두효과와 최신효과로 이것을 회상했을 것이다. *초두효과와 최신효과*는 항목 내에서 처음과 마지막을 제일 잘 기억하는 것이다. 당신은 처음이나 마지막 두 항목을 기억했나? 이는 당신의 기억 특성에 대한 정보를 준다. 마지막 두 개가 아니라 처음 두 개를 기억했다면 초두효과의 영향을 받은 것이다(처음 항목을 기억하는 경향). 만약, 처음이 아니라 마지막을 기억했다면 최신효과의 영향을 받은 것이다(마지막 항목을 기억하는 경향). 당신은 기억을 잘 하기 위해 이 특성을 이용할 수 있을 것이다. 기억해야 할 항목이 있다면, 개인의 특성에 따라 항목을 앞이나 뒤에 놓아보라.

▼ 기억비법: 초두와 최신의 교환

초두나 최신 효과의 강점을 발견했다면, 정보를 기억할 때 이것의 위치를 바꿔 보라. 그러면 기억을 잘 할 수 있을 것이다. 단어를 처음이나 마지막에 두고 목록을 바꿔보라. 그리고 초두 위치의 이전 항목과 연결고리를 끊을 수 있게 충분히 시간을 둬라. 초두나 최신의 기회가 자주 있을수록 기억은 더 잘될 것이다. 초두나 최신 위치의 연결고리를 끊는 방법은 반복과 같은 전통적인 방법보다 더 효과적이다. 목록과 같은 정보를 부호화하기 위해 초두와 최신의 위치를 바꾸어 보면, 낯선 것이 보다 친숙해질 것이다. 이 친숙함은 새로운 정보를 처리할 때 마음을 편하게 한다.

에드가의 차고가 우리의 기초이다

첫 번째 연습은 이 책에서 우리가 논의하고 가르칠 것의 기초를 제공한다. 우리는 이 연습을 통해 기억이 우연히 작동되지 않는다는 것을 알게되었다. 기억은 체계적이고, 일관되며, 신뢰롭게 유지되고, 회상된다. 우리는 이 연습을 통해 기억과 관련된 개념을 RARE-DREAM 모형에 적용해보았다. 예를 들어, 정교화 개념을 소개했다. 정교화는 RARE-DREAM 기억 프로그램에서 중요하다. 아울러 우리는 여러 관점으로 기억을 살펴보았다. 그리고 에드가라는 인물을 소개했다. 그는 실존 인물이지만, 요점을 강조하기 위해 각색을 했다. 실제로 에드가는 우리 기억 치료집단에 참가한 노신사였다. 에드가는 호기심이 많은 사람이었다. 그는 우리가 제시한 모든 것이 왜 그렇게 되는지에 대해 물었다. 에드가는 프로그램 진행이 잘되고 있는지를 반영하는 지표가 되었다. 프로그램이 끝났을 때 그는 RARE-DREAM의 열성팬이 되었다. 아! 그런데 당신은 RARE-DREAM의 목표가 무엇이었는지를 기억하고 있는가?

RARE-DREAM의 목표

나이가 들면 새로운 정보를 자발적으로 부호화하거나 학습하는 게 어렵다. 아울러, 과거만큼 새로운 정보를 받아들이는 게 쉽지가 않다. 나이가 들어감에 따라 변화된 주의는 기억의 변화를 설명해 준다. 따라서 다음 연습을 통해 정교화된 정보가 기억하기 쉽다는 것을 경험하기 바란다. 이책은 정보를 정교화하고 효과적으로 학습하는 방법을 알려 줄 것이다. 먼저, RARE-DREAM 모형의 RARE를 소개하려고 한다. RARE는 정확하게 주의를 기울이는 것에 초점을 두고 있다.

DREAM의 중요성은 연구를 통해 입증되어 왔다(Yesavage et al., 1983; Best et al., 1992; Verhaeghen et al., 1992; Dellefield & McDougall, 1996). DREAM은 기억에 대한 현실적이고 적응적인 태도를 개발하고 유지할 수 있도록 도울 것이다. 당신은 DREAM을 통해 역기능적인 지각이나 믿음을 변화시킬 수 있을 것이다. DREAM의 두 번째 목표는 나이가 들면서 경험하는 문제를 해결할 수 있도록 도와주는 것이다. 우리 모두는 변화하는 세계 속에 살고 있고, 변화는 적응을 요구한다. 좋은 소식은 RARE-DREAM 모형처럼 기억의 여러 차원을 적용한 본 프로그램이 기억에 긍정적인 변화를 주었다는 것이다(Neely & Baeckman, 1993). 우리는 RARE-DREAM의 개관을 통해 이번 장을 마무리 하려고 한다. 그리고 다음 개관을 통해 전체 맥락을 이해하기를 바란다. 이러한 조직화는 새로운 정보를 학습하는 데 필수적이다.

RARE-DREAM : 이 책의 전반적인 개관

당신은 효과적으로 학습하고, 기억을 개선하는 방법을 찾을 수 있을 것이다(13장). 우리는 기억을 좋게 하기 위해 RARE를 사용할 것이다. 이완을 배울 것이고, 감각의 민감성이 잘 발휘될 수 있도록 할 것이다(5장). 그리고 기억 형성의 초기 단계에서 정보를 응고화하기 위해 주의를 기울이는 기술을 배울 것이다(6장). 아울러, 되뇌기를 통해 정보를 잘 새기는 방법을 학습할 것이다. 그 결과, 적은 노력으로도 회상을 잘 할 수 있을 것이다(10장). 마지막으로는 시각화하기를 통해 학습할 정보에 감각 경험을 적용하여, 시각적이고 감각적인 이미지로 기억을 강화시킬 것이다(12장). 당신은 RARE 기법을 사용하여 기억을 어떻게 효과적이고, 효율적으로 적용할지에 관해 배울 수 있을 것이다(8, 9, 13장). 그리고 과거에 꿈만 꾸었던 것을 RARE를 통해 실현할 수 있을 것이다.

본 기억 증진 프로그램의 두 번째 부분은 기억에 관해 현실적인 기대를 가지게 하는 데 초점을 두었다. 우리는 Developing Rational and Emotionally Adaptive Mindsets(DREAM)을 살펴 볼 것이다. 당신의 신념은 기억을 좋게 하기 위해 필요한 정서적이고 논리적인 요소를 포함하고 있다(3, 11장). DREAM은 RARE의 기초가 된다. 예를 들면, 당신은 예전과는 달리 기억을 하는 게 어렵다는 것을 받아들일 필요가 있다(4장). 그렇게 함으로써 기존에 잘못된 정의나 비효율적인 기억 책략을 개인의 강점과 결합한 새로운 책략으로 대체할 수 있을 것이다. 당신은 기억에 접근할 여러 방법을 살펴볼 수 있을 것이다.

변화와 발전은 A지점에서 B지점까지 체계적이고 예측 가능한 선형적인 형태로만 일어나지 않는다. 그러므로 우리는 앞으로 옮겨 가면서 RARE와 DREAM의 부분을 함께 연결하여 살펴 볼 것이다.

다음 장에서는 기억의 기초에 대해 소개할 것이다. 그리고 기억에 관한 당신의 기대를 살펴 볼 것이다. 다음 장의 목표는 기억에 관한 당신의 지각을 바르게 하는 것이다. 기억 기능에 대한 정확한 지각을 통해 당신은 Developing Rational and Emotionally Adaptive Mindsets(개발하라. 합리적이고, 정서적이며, 적응적인, 사고방식을)을 잘 실천할 수 있을 것이다.

*사람들은 대상 그 자체 때문이 아니라, 그것을 바라보는 관점 때문에
혼란스러워한다.*

- 에픽테투스, 로마 철학자

Part02

—

기초 세우기
-기억에 대한 인식

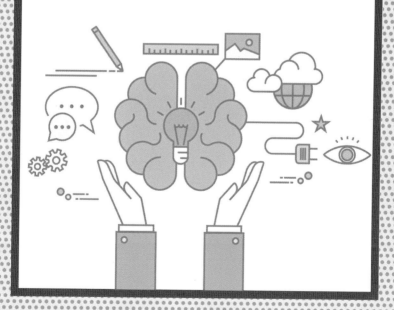

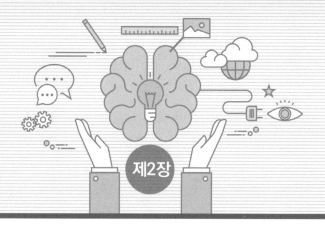

기초 세우기-기억에 대한 인식

기억은 좋아질 수 있을까? 이는 기억에 대한 관점에 따라 다르다. 기억은 두 가지 관점으로 나누어 볼 수 있다: 기억이 당신의 통제 밖에서 기능한다는 관점과 당신의 노력으로 기능한다는 관점. 당신의 관점은 어떤가? 당신은 기억력이 좋지 않다고 생각하는가? 아니면 기억을 통제할 수 있다고 생각하는가? 그럼 두 관점에 대해 좀 더 자세히 살펴보자. 아래에 간략하게 기억에 대해 정의해 보았다.

기억에 대한 정의

*기억*은 두 부분으로 되어 있다. *부호화.* 유기체가 환경에서 정보를 받아들여 내부에 저장하는 것. *인출.* 나중에 정보를 회상하는 것. 기억은 외부 세계에 대한 내적 표상이며, 정보를 처리하고 적용하는 능력이다. 그럼, 기억은 어떻게 구성되어 있는지를 살펴보자.

기억의 구조

기억은 여러 구조로 되어 있다. 우리는 기억을 전체적으로 이해할 수 있다. 당신은 움직임에 대한 기억이 있다(수프를 먹기 위해 숟가락을 사용하는 것). 아울러 기억은 감각과 상호작용을 한다. 다중기억체계는 시각기억과 마찬가지로 언어기억도 담당한다. 뇌의 우반구는 좌반구와 따로 작동한다. 그러나 각 반구는 다른 쪽과 정보를 공유한다. 그리고 지식과 기억은 정보의 고속도로를 통해 빠르게 두 반구 사이를 오고 간다. 이 기능을 담당하는 구조가 바로 *뇌량*이다. 뇌의 깊은 부위(피질하)는 바깥 구조(피질)와 다른 기능을 한다. 모든 뇌 회로는 복잡하게 연결되어 있다. 기억의 개별 요소 또한 복잡하게 연결되어 있다. 하지만 이 모든 것을 한꺼번에 처리하기에는 한계가 있다.

현실을 보라

당신은 TV 토크쇼에서 기억력이 매우 뛰어난 사람을 본 적이 있을 것이다. 쇼에서는 "당신은 완벽하게 기억할 수 있습니다."라고 소개하는 기억 향상 프로그램이나, 기억력에 도움이 되는 신약 광고가 꼭 나온다. 그리고는 100명의 관객 이름을 기억하는 놀라운 장면을 보여준다. 이 "기억 전문가"는 높이 매달린 줄에서 균형을 잡는 것과 같은 깜짝 놀랄 연기로 우리를 속인다.

우리가 당신에게 하고 싶은 질문은 다음과 같다: 서커스 공연 연습을 하는 게 나을까? 아니면 좀 덜 멋지지만, 기억이 좋아지는 방법을 배우는 게 나을까? 우리는 서커스 공연에 사용되는 기술을 가르쳐 줄 수는 있다. 하지만, 당신에게는 기억 기술을 가르쳐주고 싶다. 이것은 자신감을 높여 줄 것이다. 우리는 기억에 대한 바른 관점을 알려주고 싶다. 이것이 진정으로 당신의 기억을 좋게 할 것이다.

이 장을 시작하면서 기억에 관한 두 관점을 소개했었다. 두 관점이 무엇이었나? 기억이 나는가? 기억이 난다면 잠시 떠올려 보라. 잘 기억이

나지 않는다면, 앞부분을 다시 읽어보라. 읽은 다음 눈을 감고, 두 관점을 되새겨 보라. 이것은 기억을 잘 나게 할 것이다. 사실, 우리는 읽은 대로 기억하기가 어렵다. 왜냐하면 아직 준비가 덜 되었기 때문이다.

기억에 대한 두 가지 관점:
1. 당신 통제 밖의 독특한 존재로서의 기억
2. 노력으로 통제할 수 있는 당신 내부의 기억

"검사"는 당신이 기억을 어떻게 보고 있고, 이 인식이 어떻게 보호 역할을 할 수 있는지를 평가하기 위한 것이다. 우리가 언제나 기억을 잘 할 수 있다는 믿음은 비현실적이다. 그럼, 기억에 대해 당신이 어떤 기대를 가지고 있는지를 살펴보자. 기대는 지각을 토대로 만들어진다.

기억에 대한 기대: 당신의 믿음은 잘못되었나?

사람들은 기억에 대해 비현실적인 기대를 가지고 있다. 이것은 놀라운 일이다. 우리는 기억이 완벽하기를 바란다. 삶은 기억에 의존한다. 기억은 우리가 누구이고, 어떻게 존재하고, 행동하는지를 정의해 준다. 은행 계좌 번호부터 제일 좋아하는 음식, 첫 키스와 사랑의 느낌까지 모든 것이 기억과 관련이 있다. 기억은 우리가 어떻게 상호작용하고, 정신적 육체적 영적인 것이 서로 어떤 영향을 주는가와 같은 매우 실재적인 것이다. 기억은 세계와의 상호작용을 반영한다.

기억을 좋게 하기 위해 필요한 첫 번째 단계는 기억을 사실적이고 균형적으로 보는 것이다. 기억에 대한 비현실적인 기대는 좌절감을 준다. 그러므로 기억이 불완전하다는 것을 받아들이고, 장점과 한계 안에서 그 의미와 목적을 찾을 필요가 있다. 기억은 나지 않을 수도 있지만, 통제 가능하다. 불완전하지만 아름답다. 자! 그럼, 기억으로의 여행을 함께 떠나보자.

기억의 힘

이 책을 구입했다는 것은 당신이 기억을 부정적으로 보고 있다는 것이다. 기억을 못하면 우울하고, 불안하며, 무기력해진다. 당신은 기억과 사투를 벌이면 나아질 거라고 기대한다. 그리고는 기억을 하지 못하면, 이것을 남의 일처럼 여긴다. 우리는 당신이 기억의 부정적인 측면을 있는 그대로 받아들이기를 바란다. 이 책은 부정적인 태도가 어떻게 기억에 영향을 주는지를 생물학적, 정서적, 심리학적으로 보여줄 것이다. 부정적인 관점에서 벗어나 긍정적인 관점을 가져보자.

연 습
기억으로의 여행

이완하라. 숨을 깊게 쉬고 긴장을 풀어보라. 편하게 이완해 보라. 아래 글을 보자.

당신이 첫사랑에 빠졌던 때를 떠올려 보자. 당시의 몸을 기억해보라. 심장은 빨리 뛰고 배는 긴장되었을 것이다. 그 사람의 모든 것을 알고, 함께 하고 싶었을 것이다. 그 사람의 부드러운 살결, 향기로운 냄새, 빛나는 눈동자를 생각해 보라. 잠시 그 기억을 즐기자. 이름이 뭐였더라? 눈 색깔은? 머리 색깔은? 처음 만났을 때 입었던 옷은? 그 기억과 느낌에 빠져보자. 이 기억은 당신의 일부이다. 그리고 당신이 누구인가를 말해 준다.

당신의 아이를 처음 만났던 때를 떠올려 보자. 부드러운 피부와 작은 손과 손톱을 생각해 보라. 경이로운가? 아기 분 냄새가 나나? 완벽하고 순결한 영혼이 느껴지는가? 잠시 동안이나마 즐겨보자.

당신이 결혼을 했다면, 결혼식 날로 가 보자. 아침에 일 어났을 때 무엇을 했나? 그날 당신 옆에 누가 있었나? 성혼 선언을 할 때 어떤 느낌이 들었나? 그 흥분이 기억나는가? 아내와 반지를 교환하면서 눈 맞춤 했던 것을 그려보라. 축 가를 떠올려 보자. 그날 밤 어디로 갔나? 무엇을 먹었나? 입 맞춤을 떠올릴 수 있는가? 기억에 저장된 느낌을 경험하기 위해 잠시 시간을 가져보자. 눈을 감고 느껴보라.

이 특별한 순간을 떠올리는 것은 기억에 힘을 불어 넣어 준다. 당신의 느낌과 경험은 기억의 힘이다. 우리는 기억의 아름다운 부분과 사랑의 추억, 그리고 고통과 상실을 간과하는 경향이 있다. 이것은 당신이 누구인가를 보여준다.

이 경험을 최근에 만난 사람의 이름이 기억나지 않는 것과 비교해보면 어떤가? 당신은 기억이 나지 않는다는 걸 받아들여야 한다. 흥미롭게도 기억이 잘 나지 않는 것을 수용하면, 오히려 기억이 잘 된다. 기억이 잘 나지 않는 것에 대해 자신을 비난하는 것은 오히려 불안과 기억저하를 가 져온다. 그러므로 다음 번에는 이름이 생각나지 않는 것을 비난하지 말고, 미소를 지으면서 기억이 행복한 순간을 포함하고 있다는 것을 명심하라. 당신의 기억 여행은 긍정적인 DREAM을 세우는 출발점이 된다. 이 여행 은 당신이 이제껏 당연하게 여겨왔던 기억의 힘을 강조하고 있다.

만약 기억이 그렇게 강력한 것이라면 기억상실이란...

기억은 강력하다. 공교롭게도 이 힘은 기억의 부정적인 면을 불러오기도 한다. 우리는 기억에 대한 두려움이 있다. 언젠가는 자신이 누구인지도 모르고, 다른 사람에게 의존하게 될까봐 두려워한다. 하지만, 우리는 비현실적인 공포가 건강에 좋지 않다는 것을 알려주고 싶다. 기억이 우리의 힘이라면, 기억문제는 우리의 정체성 상실을 반영한다.

기억향상프로그램의 첫 번째 단계는 평가이다. 일상을 방해할 정도로 기억저하가 있다면, 신경과의사나 신경심리학자에게 검사를 받아보라. 아는 것이 힘이다. 기억저하가 있다면, 치료를 받아보라. 그러나 변화가 "정상적인 노화"에 따른 것이라면, 안심해도 좋다. 따라서 기억변화를 인식하면, 기억강화를 위한 방법을 찾을 수 있다.

기억변화는 알츠하이머병과는 다르다

기억저하는 외상이나 병의 영향을 받는 뇌 영역에 따라 달라진다. 기억변화는 정상 노화(6장에 자세히 소개했다)와 관련이 있지만, 알츠하이머병과는 다르다. 알츠하이머병과 같은 신경학적 장애는 뇌와 관련이 있다(이에 대한 내용은 16장을 보라). 알츠하이머병은 세포 성장 속도의 저하가 뇌 측두엽(기억을 담당하는 부위)에서 시작된다. 병이 전두엽 쪽으로 진행되면, 이상행동이 나타난다. Ogrocki와 Welsh—Bohmer(2000)[1]에 따르면, 알츠하이머병에서는 정보 통합과 부호화 실패가 특징적으로 나타난다. 그리

---

1) Reprinted, by permission, from J. Traganowski and C. Clark, *Neurodegenerative Dementias: Clinical Features and Pathological Mechanisms*. 2000. McGraw Hill Co.

고 학습된 정보를 빠르게 잊어버리게 된다. 반면, 정상 노화에 따른 기억 손상은 빈약한 부호화와 검색 방법의 실패로 인해 생긴다(Ogrocki & Welsh−Bohmer, 2000).

알츠하이머병은 노인의 신경기반 기억 손상에 주된 원인이지만, "노인 기억저하의 가장 일반적인 원인은 뇌 질환이 아니라, 신경계의 정상적인 노화"이다(Welsh−Bohmer & Ogrocki, 1998).

그러니 기억저하가 반드시 장애를 의미하지 않는다는 것을 명심하라. 이는 노화의 정상적인 부분이다. 한 연구에서는 60~78세 사이 환자들 중의 9%만이 3년 반 후에 치매 진단 기준을 충족했다(Hanninen et al., 1995).

마지막으로, 기억문제가 뇌의 구조적 이상의 결과라 하더라도 자신을 무능하게 보지 않기를 바란다. 기억은 틀릴 수도 있다. 기억이 저하되면, 자신을 무능하게 여기기가 쉽다. 우리는 당신이 이렇게 하지 않기를 바란다.

─── 연 습 ───

당신은 이미 정해진 것을 선택하지 않을 정도로 유연한가?

다음 이야기를 읽고 당신의 신념과 사고방식에 도전해보라.

아버지와 아들은 자동차 사고를 당했다. 둘 다 수술을 받을 정도로 심하게 다쳤다. 구급차가 왔고 그들은 응급실로 실려 왔다. 아들은 1번 수술실로, 아버지는 2번 수술실로 갔다. 의사는 1번 수술실로 호출되었다. 의사는 아이의 몸 상태를 보자 위급하다는 것을 알았다. 그리고 간호사에게 "긴급 수술 준비해!"라고 소리를 쳤다. 또 다른 의사도 뛰어와

1번 수술실의 문을 열었다. 그런데 다른 의사는 소년을 보자 사색이 되었다. 의사는 간호사에게 이렇게 말했다. "수술 못 하겠어… 내 아들이야!"

어떻게 이런 일이 일어났을까? 답은 외과의사가 소년의 어머니라는 것이다. 이것이 요즘은 가능한 일처럼 보이지만, 30년 전에는 흔치 않은 일이었다. 사람들은 여러 가지 답을 했다. 당시에는 성역할이 보수적이어서 외과 의사를 당연히 남자라고 생각했다. 가장 흔한 답은 소년에게 양아버지가 있다는 것이었다. 당시에는 여자 외과의사가 거의 없었다. 이 이야기는 사람의 지각에 도전을 주기위한 예로 인용되곤 한다. 우리는 편견에 도전할 필요가 있다. 현재는 성역할에 대해 다르게 답할 수 있을 정도로 충분히 상황이 바뀌었다. 아마 당신은 빠르게 다른 답을 할 수 있을 정도로 유연해졌을 것이다.

성역할은 변했고, 그 결과 여성의 힘도 커지게 되었다. 노화도 마찬가지라고 할 수 있을까? 당신은 노화에 대한 고정되고 부정적인 편견에 도전할 수 있나? 그리고 노화에 따른 부정적인 변화를 선택하지 않을 수 있나? 아울러, 바람이 머리를 스치는 눈 덮인 산에서 스키 타는 사람을 묘사할 때, 스무 살처럼 스키를 타는 일흔 살의 노인을 상상할 수 있나? 사고의 발전은 유연함을 주고, 기억과 노화에 대해 수용적이고 현실적인 태도를 제공한다. 그럼 RARE−DREAM으로 가보자. 먼저 DREAM을 살펴보자.

꿈은 성격의 시금석이다.

- 헨리 데이비드 소로우

Part03
—

합리적이고, 정서적이며, 적응적인 사고방식 개발하기

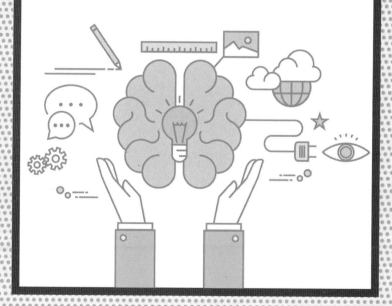

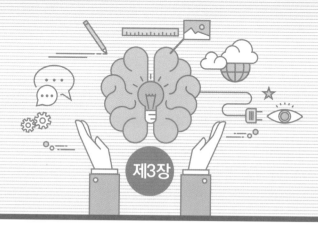

제3장

합리적이고, 정서적이며, 적응적인
사고방식 개발하기

　이 장에서는 기억을 좋게 하는 데 필요한 "사고방식"에 대해 소개하고
자 한다. *사고방식*은 믿음과 인식, 태도를 말한다. 특히, 여기에서는 기억
과 노화에 대한 태도와 믿음을 의미한다. 사고방식은 정서와 행동을 결정
한다. 그리고 정서는 기억에 영향을 준다. 우리는 노화에 따른 기억 변화
에 대한 오해가 기억에 어떤 영향을 미치는지를 살펴볼 것이다. 당신은 적
응적이고, 사실적이며, 합리적인 사고를 개발할 수 있을 것이다. 이 사고
방식은 기억저하로 인해 생기는 부정적인 정서를 변화시키는 데 도움이
될 것이다.

　우리는 먼저 기억에 대해 현실적인 목표를 세운 다음, 기억일기를 써
볼 것이다. 그리고 기억을 좋게 하기 위해 신념을 바꾸는 방법을 살펴볼
것이다. 아울러, 현실적인 목표를 적용해 볼 것이다. 그리고 스트레스와
부정적인 감정이 건강한 기억을 방해하는지를 살펴볼 것이다. 마지막으로,
기억이 잘 나지 않을 때, 부정적인 반응을 조절할 수 있도록 연습을 해 볼
것이다.

　우리의 지각과 태도, 논평이나 혼잣말은 우리가 어떻게 기능하는지를

결정하는 데 있어 중요한 역할을 한다. 긍정적인 태도는 긍정적인 결과를 낳는다. 성공을 생각하는 것은 성공에 도움이 된다. 그러나 부정적인 태도는 부정적인 결과를 낳는다. 실패한다고 생각하면, 진짜 실패한다. 우리는 부정적인 태도가 어떻게 *자기 충족적 예언*에 영향을 주는지를 살펴볼 것이다.

사고방식은 당신의 건강과 기억에 매우 중요하다. 기억을 좋게 하기 위해서는 노화와 기억에 대한 사고방식을 평가하고 조절하는 것이 필요하다. 왜냐하면 노인은 기억에 대해 건강하지 못한 태도가 많기 때문이다. 우선, 연령차별에 대해 살펴보자.

미래는 꿈이 아름답다고 믿는 자의 것이다.

- 엘리노 루즈벨트

연령차별

과학이 발전함에 따라 노화에 대한 연구는 많이 이루어졌다. 하지만 우리는 이에 대해 잘 모르고 있는 실정이다. 그리고 교육 기회가 부족해서 오해도 많이 하고 있다. 이러한 오해는 노인과 건강에 대한 부정적인 태도를 가져왔다. 6장에서는 노화와 관련된 부정적인 관념을 정의해 보고, 연령차별에 대한 신념을 살펴볼 것이다.

연령차별은 편견으로 사람을 판단하는 것을 말한다. 편견은 개인의 특징을 무시하고, 고정관념을 가져온다. 그리고 부정적인 에너지를 불러오고, 비생산적이며, 사람을 고립시킨다. 연령차별은 젊은이와 노인 모두에게 존재한다. 태도, 인식, 사고는 우리에게 많은 영향을 준다. 그럼, 전문가들은 노화와 기억을 어떻게 보고 있는지를 살펴보자.

기억에 대한 기대와 노화에 관한 지각

노화에 대한 고정관념 중 하나는 노화가 통제 불가능한 정신적 내리막이라는 것이다(Zarit, Gallagher & Kramer, 1981). 이러한 고정관념은 젊은이와 노인 모두에게 있다. 즉, 정신적 퇴보를 피할 수 없고, 쓸데없으며, 방해되는 것으로 본다(Lachman et al., 1995).

이 책에서 우리는 기억에 대한 당신의 두 가지 신념을 다루어 볼 것이다. 신념은 적응적일 수도 있고, 적응적이지 않을 수도 있다. *적응적인 신념*은 생존과 성장을 촉진한다. 아울러, 적응적인 신념은 유연하고 긍정적인 변화를 가져온다. 반면, *부적응적인 신념*은 생존과 성장을 방해한다. 이것은 고정되어 있고, 경직되어 있어, 잘 변하지 않는다. 당신은 무력감과 거절을 부적응적인 신념에서 느낀다. 기억이 통제 가능하고, 변화 가능하다는 느낌은 적응적인 것이다.

Zarit 등(1981)은 이 효과의 예를 다음과 같이 들었다. "노년기에는 기억이 저하된다는 믿음 때문에 노인들은 기억실패를 인지기능 저하의 증거로 여긴다. 하지만, 이러한 부정적인 기대가 없는 젊은이들은 기억실패를 주의부족, 흥미감소나 방해물의 탓으로 돌린다." 따라서 젊은이들은 적응적인 신념을 받아들이고, 주의를 통제하며, 주의산만을 차단할 수 있다고 믿는다. 하지만, 이러한 신념은 변화될 수 있다.

기억에 대한 노인의 신념은 부적응적이다. 아울러 필요한 것을 고려하지 못하고 무기력하다. 그리고 변화할 수 없다고 믿는다. 실제로 기억에 대한 부정적인 신념은 의존성을 높이고, 우울, 기억저하, 동기부족을 일으키며, 불필요한 의학적 개입을 많이 하게 한다(Lachman et al., 1992). 따라서 기억은 노력으로 개발되고 유지될 수 있는 기술이다.

이제 자신에게 해볼 질문은 "노화에 따른 기억저하에 대해 부정적으로 생각하는 것이 현실적인 것인가?"이다. 이에 대한 답은 "당신의 부정적인 생각이 적응적이고 통제할 수 있을 때에만."이다. 노인이 기억에 대해 비판적이라는 증거는 많다. 하지만, 지나친 비판은 비현실적인 두려움을 일으킬 수 있다. 연구에 따르면, 노인의 주관적인 기억저하 호소는 인지저하의 결과라기보다는 우울을 반영한다(Lam et al., 1998; Heilman & Valenstein, 1985). 즉, 기억을 부정적으로 보고 있으면, 이것은 기억기능의 저하보다는 우울이 그 원인일 가능성이 높다. 기본적으로 사람들은 기억능력에 대해 부정적으로 평가한다. 그러나 이것이 실제 기억을 제대로 반영하지 않는다는 것을 아는 것이 중요하다(Scogin et al., 1985; Zarit, Cole, & Guider, 1981). 결국, 당신은 실제보다 더 잘 기억하지 못한다고 생각하고 있을지도 모른다.

해결을 위한 탐색

자동차 열쇠를 차에 두고 문을 닫아 본 적이 있는가? 아마 끔찍했을 것이다! 이러한 상황은 시간과 비용이 많이 들고, 당황스럽기까지 하다. 하지만, 이 문제를 해결할 방법은 있다. 그것은 가방이나 지갑에 보조키를 넣어 다니거나, 자동차 밑에 자석 열쇠 홀더를 부착하면 된다. 그러면 문제를 해결할 수 있다.

물론, 너무 쉽게 해결되면 걱정도 생긴다. 왜 우리는 문제의 특성에 따라 자발적으로 해결책을 생각해 내지 못할까? 만약, 문제를 주고 가능한 해결책을 찾아보라고 하면, 당신은 곰곰이 생각한 뒤 "이 문제는 쉽게 해결될 문제가 아니다."라고 말할 것이다. 실제로 그렇게 하지는 않겠지만, 당신은 우리가 제시한 해결책보다 더 나은 방법을 찾으려고 할 것이다. 당신은 잊어버릴 수가 있다. 그래서 기억을 잘 하기 위해서는 외부 도움을 이용할 필요가 있다. 외부 도움의 예로는 노트를 사용하거나 달력에 약속을 쓰는 것 등이 있다. 이제 당신이 경험할 수 있는 사소한 기억실수의 예를 살펴보고, 그 해결책을 찾아보자.

═ 연 습 ═

어리석은 망각

과거에 어리석게 잊어버렸던 세 가지 경험을 떠올려보라. 그리고 각각의 예에 대해 하나나 둘 정도 해결책을 생각해보라. 상식적으로 해결할 수도 있고, 창의적으로 해결할 수도 있다.

문제 1 _____

가능한 해결책 _____

문제 2 _____

가능한 해결책 _____

문제 3 _____

가능한 해결책 _____

어처구니없이 잊어버렸다는 관점에서 위 사건을 보면, 당신은 기억실수에 대해 다른 의견을 가질 수 있다. 자! 해결책을 찾아보라. 만약, 기억실수에 대해 웃어넘길 수 있다면, 당신의 관점은 변할 수 있을 것이다. 인간은 정서적 불편감을 느끼지 않기 위해 먼 길을 돌아가기도 한다. 가끔은 관점을 바꾸면서 생기는 불안을 피하기 위해, 변하지 않는 것이 안전할 수도 있다. 하지만, 이렇게 되면 우리는 정서를 따르게 된다. 당신은 비합리

적이고, 정서적인 두려움 때문에 새로운 것을 시도하지 못하는가? 혹 당신의 정서가 기억을 지배하고 있는가?

적응적인 신념 대 부적응적인 신념: 정서는 어떻게 기억에 영향을 주나?

당신에게 기억은 얼마나 중요한가? 당신의 핵심 신념의 일부를 변화시킬 정도로 기억이 중요한가? 예를 들면, 세상이 평평하다고 믿었던 사람들에게 세상이 둥글다고 믿게 할 수 있겠는가?

15세기 중반에 대부분의 사람들은 세상이 평평하다고 생각했다. 그래서 계속 항해를 하면, 바다 끝에서 떨어질 것이라고 믿었다. 스페인은 영토를 넓히려는 콜럼버스에게 투자를 거부했다. 왜냐하면 그들의 오랜 믿음을 바꾸고 싶지 않았기 때문이었다. 누가 세상의 끝에 떨어지려는 사람에게 투자를 하겠는가?

서커스 코끼리는 새끼일 때 도망을 가지 못하게 조건형성을 시킨다. 그래서 훈련을 받을 때 로프를 다리에 묶어 놓는다. 새끼 코끼리는 도망을 가려 하지만, 로프를 끊을 힘이 부족하다. 어른이 되면 코끼리는 쉽게 로프를 끊을 수 있을 만큼의 힘이 있지만, 로프를 끊을 수가 없다. 코끼리를 묶고 있는 것은 로프가 아니다-그것은 신념의 한계이다!

만약, 당신의 기억이 어떠한 노력에도 계속 나빠질 것이라고 믿으면, 기억훈련은 도움이 되지 않을 것이다. 콜럼버스에게 투자를 거부한 스페인이나, 도망갈 수 없는 코끼리처럼, 당신의 기억은 좋아지지 않을 것이다. 당신의 기억이 일차원적이라는 믿음에서 벗어나라. 기억은 적응하고, 성장할 수 있으며, 다차원적이다. 당신을 묶고 있는 로프를 끊으면, 당신의 기억은 자유로워 질 것이다.

우리는 긍정적인 DREAM을 위해 목표를 살펴볼 것이다. 기억력을 좋게 하기 위한 목표를 아래 빈칸에 적어보라. 이것이 현실적인지, 아니면 비현실적인지, 그리고 목표를 달성할 수 있을지는 나중에 알아볼 것이다.

연 습

기억 목표

아래 빈칸에 기억을 좋게 하기 위한 목표 열 가지를 써보라. 가능한 구체적으로 써보라. 시간을 가지고 신중하게 해보라. 왜냐하면 이것이 당신의 기억을 좋게 하는 데 중요하기 때문이다. 실현가능하고 구체적인 목표를 세워보라. 예를 들면, "기억력을 좋게 하기"보다는 "이름을 기억하는 능력 좋게 하기"와 같은 구체적인 목표가 좋다. 당신의 기억 단점을 살펴보기 위해 연습을 해보라. 언제, 어떤 상황에서 기억이 잘 나지 않는지를 찾아보라. 그러면, 기억을 좋게 하고 싶은 목표가 잘 생각날 것이다. 당신이 충분하다고 생각될 때까지 시간을 들여 가능한 구체적으로 목표를 세워보라.

기억력을 좋게 하기 위한 나의 목표:

1. _____
2. _____
3. _____
4. _____
5. _____
6. _____
7. _____
8. _____
9. _____
10. _____

다음은 목표가 "현실적"인지 아니면, "비현실적"인지에 대해 쓰는 것이다. 위 목표 중 어떤 것이 비현실적인가? 예를 들면, "절대 이름을 잊어버리지 않기"와 같은 목표는 비현실적이다. 완벽하게 기억하기를 기대하는 것은 비현실적이다. 항상 모든 것을 즉각적으로 기억할 수 있다는 것도 비현실적이다. 그러나 "이름 기억하는 능력을 좋게 하기"와 같은 목표는 현실적이다. 따라서 달성 가능한 목표를 세우는 것이 중요하다.

목표가 현실적이고 실현가능한지, 아니면 비현실적이고 실현불가능한지를 결정하는 데 도움이 되는 것을 알고 싶은가? 그러기 위해서는 각 목표를 소리 내어 말한 뒤, 목표를 말할 때 어떤 것이 당신의 기분을 좋게 하는지를 살펴보라. 그것이 당신을 긴장되게 하나? 아니면 편안하게 하나? "모임의 모든 회원의 이름을 기억하고 싶다."와 같은 목표를 말하면, 긴장되고 불안하다. "모임의 회원의 이름을 가능한 많이 기억하고, 이름을 잊어버려도 편하게 느끼고 싶다."와 같은 목표를 말하면, 마음이 편안하다.

자! 이제 되돌아가서 어떤 목표가 현실적이고, 어떤 목표가 비현실적인지를 살펴보자.

현실적인 기억 목표

당신의 목표는 현실적인가? 아니면 비현실적인가? 우리는 노력에 대해 보상을 받지 못하면, 좌절하거나 낙담한다. 그래서 실현 불가능한 목표를 세워 노력을 보상받지 못하면, 무력감 때문에 포기를 하게 된다. 그러나 현실적이고 실현 가능한 목표에 대해서는 보상을 준다. 그리고 보상을 통해 성장할 수 있게 자신을 격려한다. 이제, 앞에서 쓴 목표를 통해 노화와 기억에 대한 당신의 관점을 살펴보자. 그러면, 기억을 방해하는 부적응적인 신념을 찾을 수 있을 것이다. 요약하면, 우리의 목표는 노화와 기억에 관해 성장을 촉진하는 방법과 함께, 부정적인 신념을 찾아보는 것이다. 우리는 이 목표가 현실적이고 실현 가능하다고 생각한다. 이 목표를 달성하기 위해 우선, 신념의 구조에 대해 살펴보자.

"사람들은 불가능한 것은 믿지 않는다."
"감히 말하는데 너무 열심히 하지 마라.
내가 당신 나이였을 때는 하루에 30분만 일을 했다.
왜냐하면 아침 식사를 하기 전에 불가능한 일 6가지를 했기 때문이다."
- 루이스 캐롤, 1872, 앨리스와 거울을 바라보는 백의 여왕, (5장).

기억의 신념 체계 모형

신념은 일상의 활동과 다른 사람과의 상호작용을 안내하는 규칙이나 가치가 된다. 아울러, 외부 세계에 대한 참조점을 제공한다. 그리고 어떻게 세상이 기능하고, 세상 내에서 우리가 어떻게 기능하는지에 대한 내적으로 저장된 규칙이나 의견이 된다. 신념은 또한 규칙과 주제에 따라 기억을 구조화하고 저장할 수 있게, 체계화된 기능을 제공한다. 우리의 신념 체계는 다음을 기초로 하고 있다.

1. 사고
2. 감정
3. 행동

어렸을 때 우리의 신념은 대부분 감정에 기초한다. 성장함에 따라 신념은 합리적인 사고에 뿌리를 두게 된다. 그리고 행동을 통해 만들어지고 유지된다. 우리는 행동을 통해 신념을 표현하고, 행동을 관찰함으로써 다른 사람의 신념을 짐작할 수 있다. 우리의 신념은 감정, 사고, 행동 단독이나 셋의 조합에 기초하지만, 사고는 항상 감정이나 행동에 선행한다. 예를 들어, 낯선 개를 볼 때 공포를 느끼는 사람은 모든 개는 위험하다는 신념을 가질 수 있다. 이러한 신념은 그의 형이 "옆집 개가 너를 잡아먹을 것이다."라고 놀렸던 어릴 적 기억의 감정이나 공포로부터 왔을 수도 있다. 이 시나리오에 따르면, 특정 행동(개를 볼 때 마다 공포를 느끼는 것)은 의심할 바 없이 계속되어 온 신념 체계에 따른 감정의 예가 된다.

기억과 관련된 신념 체계는 무기력, 무망감, 공포, 부끄러움과 같은 부정적인 감정 상태로 되어 있다("나는 기억을 못하고 계속 이렇게 될 거야"). 이 예처럼 부정적인 지각은 외부 세계에서의 기억실패를 숨길 수가 있다. 그리고 이러한 행동은 회복되지 않고, 손상된 기억 지각을 강화하고 고립시킨다.

신념은 복잡하고 역동적이다. 그것은 서로 연결되어 있고, 각각의 신념은 사고와 감정과 행동이 연결된 수많은 시나리오로 되어 있다. 그럼, 우리는 비현실적인 신념을 조절할 필요가 있을 때를 어떻게 알 수 있을까?

비합리적인 신념 확인하기

합리적 정서적 치료의 창시자인 Albert Ellis(1976)(Grill & Grieger, 1977)는 비합리적인 신념을 확인할 수 있는 네 가지 방법을 소개했다. 그는 아래와 같은 상황에서 나타나는 다음의 사고 패턴을 발견했다.

1. "견딜 수 없는(unbearable)" 상황을 반영하는 사고 패턴. 예를 들면, "기억이 나를 무너뜨려서 더 이상 견딜 수가 없다."
2. "해야만 하는(musteing)" 사고 패턴. 이는 "must", "should"나 "ought"와 같은 단어로 표현된다. 예를 들면, "내 기억은 더 좋아져야 한다."

3. "비관적인(awfulizing)" 사고 패턴. 이 시나리오에서 생기는 사고는 끔찍한 상황을 반영한다. 예를 들면, "정말 끔찍하다. 이웃의 이름을 기억할 수가 없다."

4. "파국적(damning)인 상황에서의 사고 패턴. 예를 들면, "내 기억은 나쁘고, 앞으로 더 나빠질 것이다."

Ellis가 소개한 비합리적인 사고의 네 가지 패턴은 각 단어의 첫 글자인 U-MAD로 기억할 수 있다.

★ Unbearable(견딜 수 없는)

★ Mustering(해야만 하는)

★ Awfulizing(비관적인)

★ Damning(파국적인)

부적응적인 신념은 왜곡된 지각을 포함하고 있다. 이 신념을 확인하고 변화시킬 방법은 먼저, 신념을 이끄는 사고를 살펴보는 것이다. 즉, 당신의 사고가 견딜 수 없는 상황이나, 해야만 하고, 비관적이고, 파국적인 사고 패턴을 반영한다면, 스스로에게 물어보라. 이러한 분석은 부적응적인 감정이 부정적인 사고 결과로 나타날 때, 이를 기억실수와 관련된 부정적인 감정에 적용할 수 있다. 따라서 정서가 일어나기 전에 사고를 먼저 살펴보아야 한다. 예를 들면,

상황	사고	정서	행동
개를 본다.	형이 개로 나를 위협하곤 했다	두려움	공포

당신은 U-MAD의 두문자를 이용해 기억에 대한 신념을 살펴볼 수 있

을 것이다.

신념 바꾸기

부정적인 감정이나 비합리적인 사고에 기초한 기억에 관한 부적응적인
신념은 적응적인 사고로 바꿀 수 있다. 예를 들면, 어렸을 때 친구 이름이
잘 떠오르지 않는다고 해 보자. 이름을 잊어버렸다는 생각이 들 때, 갑자
기 두려움이 밀려올 것이다. 이때, 신념에 영향을 주는 사고를 찾아보라.
부정적인 사고를 보다 현실적이고 적응적인 사고로 바꾸면, 두려움은 사라
지고 핵심신념은 바뀔 것이다. 아마 노화와 기억에 관한 당신의 비합리적
인 신념을 살펴보면, 더 놀랄 것이다. 나중에 우리는 기억일기를 통해 이
과정을 안내할 것이다. U-MAD를 기억해라. 나중에 이것에 대해 물어볼
것이다. 자! 이제 기억에 관한 당신의 기대를 살펴보자.

충족되지 못한 기대

우리의 신념 체계는 기대를 통해 외부 세계와 연결되어 있다. 우리는
자신과 타인에 대해 기대를 가지고 있다. 그래서 매일 아침 동쪽에서 해가
뜨고, 무언가를 하고 싶을 때 배우자가 옆에 있고, 필요할 때 기억이 작동
한다고 기대한다. 기대가 충족되지 않으면, 두려움과 좌절, 분노와 우울
및 의기소침을 느낀다. 분노와 우울은 일차정서에 따른 이차정서이다. 두
려움이 생기는 데는 다음 세 가지 원인이 있다: (신념에 따른 정서)

1. 유기에 대한 두려움
2. 거절에 대한 두려움
3. 실패에 대한 두려움

당신은 두려움과 좌절, 불안이나 의기소침을 불러일으키는 기억에 대해 기대를 가지고 있는가? 만약, 당신이 정서적으로 혼란스러우면, 기억은 제대로 작동되지 않을 것이다.

두려움의 증상

일차정서인 두려움이 밖으로 표현되면, 그것은 울부짖는, 분노, 화, 질투, 행동화로 나타난다(과식, 과음, 과잉행동 등). 만약, 두려움이 안으로 표현되면, 위축, 우울, 불안, 신체증상, 기억문제 등이 생긴다. Lapp(1984)은 실패에 대한 두려움을 노인의 기억을 나쁘게 하는 주된 요인으로 보았다. 기억문제는 악순환이 되어 두려움을 일으키고, 두려움은 다시 기억문제를 일으킨다. 그럼 이를 해결할 방법은 무엇인가?

신념과 기대 조정하기

기억과 연관된 사고와 감정을 살펴볼 때는 신념체계를 맹목적으로 받아들이지 않고, 도전하는 자세가 중요하다. 부정적인 사고를 변화와 성장의 긍정적인 사고로 대체해, 신념을 바꾸어보라. 당신의 신념체계는 기대를 통해 외부 세계와 연결되어 있다는 사실을 명심하라. 당신의 기대가 현실적인지, 비현실적인지, 혹은 불공평한지를 살펴보라. "아침에 일어났을 때 기억이 완벽할 거라고 기대했는지?" 스스로 물어보라. "기억을 절대 실패하지 않을 거라는 비현실적인 기대가 있는가?" 기억에 대한 비현실적인 기대를 발견하면, 충족되지 못한 기대와 부정적인 감정이 일어나지 않도록 할 필요가 있다. 앞으로 할 DREAM 연습을 통해 이미 만들어진 기초 정보를 개관할 수 있도록 이 장을 다시 보라. 하지만, 신념 체계 모형의 정보를 다 기억할 필요는 없다. 다음으로는 당신의 부정적인 신념 체계를 평가하고, 조절하는 과정을 살펴볼 것이다. 그리고 기억일기를 통해 당신의 신념과 정서, 기대를 다루어 볼 것이다.

연 습

현실적인 기억 목표

지금부터는 기억을 좋게 하기 위한 목표를 평가해보자. 현실적인 목표는 신념체계를 바꿀 수 있다. 명심하라. 목표는 합리적이고, 정서적이고, 적응적이며, 현실적인 기대에 초점을 맞춘 신념에 기초해야 된다. 그리고 내적인 동기가 있어야 한다. 현실적이고 지속적인 목표를 정해보라. 이는 실현 가능한 목표를 세울 수 있게 한다. 예를 들면, '항상', '절대로', '해야만 한다'와 같은 단어를 '때로', '종종', '할 수 있다'와 같은 단어로 바꿔보라. 당신의 기억을 좋게 하기 위한 현실적인 목표는 무엇인가? 당신이 알고 있는 기억 향상 방법 10개를 다시 써보라. 명심하라. 이것은 구체적이고, 실현가능하고, 현실적이어야 한다. 실패할 것 같은 방법은 적지 마라.

기억을 좋게 하기 위한 나의 목표:

1. _____
2. _____
3. _____
4. _____
5. _____
6. _____
7. _____

8.
9.
10.

우리는 기억일기에서 이 정보를 구체적으로 살펴볼 것이다. 기억일기의 목표는 *생각에 관해 생각하는 것*이다. 당신은 왜곡된 지각이나 기대가 있는가? 이 책은 기억과 관련된 주제로 되어 있다. 따라서 기억일기는 당신의 내면을 살펴보고, 기억을 방해하는 사고를 변화시키는 데 도움을 줄 것이다.

───── 연 습 ─────

기억일기

기억일기를 써보라. 당신은 부록 B에서 양식을 가져올 수 있다. 공간이 더 필요하면, 다른 종이를 준비해서 제시된 양식을 활용해보라. 기억실패, 기억성공에 초점을 맞추고 긍정적으로 표현해보라. 아울러 혼잣말(스스로에게 하는 말)과 사건 동안의 느낌과 설명을 적어보라. 최소 한 달 동안 매일 적는 것이 좋다. 그러면, 기억이 좋아질 것이다. 그리고 해결 능력이 생길 것이다.

기록은 몇 분이면 충분히 할 수 있다. 당신의 경험을 반영하는 '느낌'을 써보라. 그때 당신은 무엇을 느꼈나? 지금 느낌은 어떤가? 파국적인 해석으로 인한 기억실패를 해결할 수 있나? 여기에는 연습이 중요하다.

연 습
U-MAD와 연관된 단어 확인

U-MAD는 무엇인가? 비합리적인 신념과 관련된 다음 철자에 맞는 단어를 적어보라. 정답은 비합리적인 신념과 관련된 장을 참고해라.

U _____

M _____

A _____

D _____

지금까지 우리는 신념에 관해 이야기했다. 다음은 부정적인 정서에 대해 살펴보자.

부적응적인 신념의 위험-스트레스 단계

앞서 언급했듯이 부적응적인 신념은 공포, 좌절, 불안, 분노, 우울, 혼란을 일으킨다. 이러한 정서 때문에 신체는 변한다. 이 변화는 스트레스를 방어하기 위한 것이다. 생리적 변화는 기억에 영향을 주고, 기억실패를 가져온다. Selye(1976)는 스트레스 반응의 3단계를 '일반 적응 증후군'이라는 용어로 소개했다.

1. *경고반응단계*에서는 스트레스 사건(기억실패)에 주목한다. 신체는 아직 활성화되지 않는다.
2. 다음 단계는 *저항단계*이다. 이 단계에서는 스트레스에 대한 저항이 최고조에 이른다.

3. 마지막 단계는 *소진단계*이다. 이 단계에서 신체는 스트레
   스에 적응하고 회복한다.

스트레스에 대한 신체 반응

경고반응단계 동안 뇌에서 분비된 호르몬은 '싸우거나 도망가라'는 메시지를 보낸다. 이는 공격하여 대항하거나 안전하게 달아나기 위해 신체가 준비되어야 한다는 것을 의미한다. 이러한 신체 변화는 저항단계로 이어진다.

저항단계 동안 근육에는 혈류가 증가하고, 신체는 긴장을 한다. 심장박동과 혈압이 높아지고, 소화기능이 저하된다. 간에서는 탄수화물이 방출되고, 기관지가 확장되어 호흡이 빨라지며, 땀 분비가 증가된다. 그리고 아드레날린이 분비되어 신체 활동을 준비한다. 그러면, 스트레스는 해소되고, 신체는 이전 상태로 돌아가는 데 많은 에너지를 소모한다. 이는 소진단계로 이어진다.

'접근 회피' 반응에 필요한 에너지를 보존하기 위해 신체는 고차 인지과정을 방해한다. 이때, 기억을 관리하고 저장하는 뇌 구조인 해마가 관여한다. 그리고 편도체로 알려진 뇌 부위는 정서 정보를 담당한다. 편도체는 고차 뇌기능에 필요한 시간을 절약하기 위해 즉각적인 행동을 허용한다. 하지만 고차 뇌기능이 멈추면, 정보는 잘 회상되지 않는다.

공포와 불안의 생리 기능은 짧은 시간에는 적응적이다. 이는 위협을 경고하고 행동을 자극한다. 하지만 장시간 지속되면, 스트레스 자극의 반복되는 활성과 비활성 효과가 신체에 악영향을 준다. 연구자들은 스트레스 자극으로 방출되는 호르몬이 기억 변화와 관련이 있다고 생각했다. 스트레스 자극이 지속되면, 신체는 지방을 축적한다. 이는 뇌 속 플라크에 손상을 준다. 또한, 장기간의 스트레스로 방출되는 ACTH(스트레스 호르몬)는 해마(뇌의 중추기억 구조)에 손상을 입힌다.

스트레스 살펴보기

생리반응이 항상 활성화되는 것은 아니지만, 일상에서 겪는 스트레스는 반응을 활성화 시킨다. 예를 들어, 스트레스를 받으면 생리적 변화가 일어난다.

사고는 어떤 사건의 결과로 얼마나 많은 스트레스를 경험하는지를 결정하는 데 중요한 역할을 한다. 부정적인 사고는 이를 학습한 신체에 의해 스트레스 반응을 촉진시키고, 스트레스 반응은 기억에 불리하게 작용한다. 이후 기억실패에 대한 반응으로 부정적인 사고가 영향을 주면, 신체는 기억을 어렵게 하는 스트레스 반응을 경험한다. 이러면 스트레스는 기억을 저하시키고, 손상된 기억은 부정적인 사고를 일으키며, 부정적인 사고는 더 큰 스트레스 반응으로 이어진다. 이러한 스트레스의 악순환을 끊는 것은 기억을 잘 하기 위해 중요하다. 기억을 잘 하는 것은 우리 기억 프로그램의 첫 번째 목표이다. 다음 장에서는 불안을 극복하는 방법에 대해 살펴볼 것이다.

> ### ▼ 기억비법: 영양
>
> 영양은 기억에 있어 중요한 역할을 한다. 특히, 균형 잡힌 식단은 건강에 필수적이다. 신체와 뇌는 적절한 기능을 위해 영양을 요구한다. 욕구에 따라 신체는 카페인이나 당분을 필요로 한다. 단백질, 야채, 탄수화물은 신진대사를 원활하게 한다. 시중에는 영양에 대한 좋은 책들이 많다. 그리고 의사는 몸에 필요한 영양소가 무엇인지를 아는 데 도움을 준다. 신체 균형이 핵심이다. 과유불급을 명심하라.

─── 연 습 ───

사고는 당신에게 어떤 영향을 주는가?

다음 연습은 사고가 당신에게 어떤 영향을 주는지를 살펴보기 위한 것이다. 왼쪽에는 기억실패 사건을 적어놓았다. 기억실패 사건은 누구나 한번쯤은 겪을 수 있는 일이다. 오른쪽에는 사건을 경험할 때 나타나는 부정적인 반응의 예이다. 먼저, 기억실패 사건이 당신에게 일어났다고 상상해보라. 다음으로는 오른쪽의 부정적인 반응을 읽어보라. 반응 유형을 생각해보라. 예를 보고, 마음속으로 사고를 떠올려보라. 신체 반응을 보면, 부정적인 사고에 주목하게 된다. 사건을 떠올려 보라. 그리고 부정적인 반응의 결과를 예상해보라.

사건	부정적인 반응
가게에서 뭘 사야하는지를 잊어버렸다.	맙소사. 깜빡했네. 알츠하이머병 아냐?
방금 만난 사람의 이름을 잊어버렸다.	뭐가 잘못된 거지? 이건 우리 엄마가 알츠하이머병에 걸리기 전의 증상과 비슷한데.
	창피해라.
	나는 바보야.

사고가 정서에 어떤 영향을 주나? 사고는 당신을 초조하고 긴장되게 한다. 심장박동이 증가하고 호흡도 거칠어진다. 이것은 스트레스 사건에 대한 부정적인 반응이다.

연 습
적응적인 사고 연습하기

지금부터는 적응적으로 사고하는 연습을 해볼 것이다. 이번에는 왼쪽의 사건을 읽고, 적응적으로 사고해보라. 중간에 있는 부정적인 반응은 뛰어넘고, 오른쪽에 있는 적응적인 사고에 초점을 둬라.

사건	부정적인 반응	적응적인 반응
가게에서 뭘 사야하는지를 잊어버렸다.	맙소사. 깜빡했네. 알츠하이머병 아냐?	괜찮아. 다른 10개는 기억했잖아. 그 정도는 나쁜 게 아냐. 주의를 기울이지 않아서 그럴 거야. 다음에는 잊어버리지 말아야지.
방금 만난 사람의 이름을 잊어버렸다.	뭐가 잘못된 거지? 이건 우리 엄마가 알츠하이머병에 걸리기 전의 증상과 비슷한데.	꼭 주의를 다 기울일 필요는 없잖아. 다음에 물어보면 되지.
	창피해라. 나는 바보야.	뭐가 문제야? 나이에 상관없이 모든 사람은 잊어버릴 수가 있어. *잊었는데... 그래서 뭐!*

이 반응은 당신의 기분을 어떻게 했나? 당신은 부정적인 반응을 무시하고, 적응적인 반응에 초점을 두었나? 스트레스 상황에서는 이렇게 사고

하기가 어렵다. 여기 방법이 있다. 당신이 적응적으로 사고하면, 스트레스와 부정적인 느낌을 동시에 가질 수가 없다. 무언가를 잊어버렸을 때는 긍정적인 반응이나 적응적인 사고에 초점을 맞추고, 부정적인 사고를 무시해라! 그러면 긍정적인 느낌을 발견할 수 있을 것이다.

당신이 기억실패의 결과로 경험하는 사고는 무엇인가? 기억실패에 대한 반응이 무엇인지를 아는 것부터 시작하라. 부정적인 악순환의 고리에 빠져있는가? 그렇다면 당신의 사고를 확인하고, 부정적인 사고를 긍정적인 사고로 바꿔보라. 그리고 사고가 신체 반응에 어떤 영향을 주는지를 살펴보라. 다른 예를 보자.

부정적인 사고 패턴

부정적인 사고가 기억의 어떤 부분과 관계되는지를 아는 것은 쉽지 않다. 스스로 어떻게 느끼는지, 기억이 언제 정확하지 않은지, 원하는 것이 무엇인지? 과소평가하는 경향이 있는지?

당신의 일기에 부정적인 사고를 써보자. 그냥 단순하게 쓰지는 마라. 긍정적인 영향과 부정적인 영향을 탐색할 목적으로 기억일기를 *분석해보라.* 에드가는 기억일기를 통해 기억사건에서 자신의 지각에 대한 도전을 발견했다. 11장에서 우리는 같은 질문을 다시 할 것이다. 그리고 지각에 대한 도전으로 발생하는 활동에 도움이 되는 기억실패 상황을 기억일기에 추가할 것이다. 그의 기록을 보자.

1월 1일 (기억 성공)

★ **기억 사건**: 가게에서 사야 할 다섯 항목 모두를 기억.

★ **혼잣말**: '나는 대단해' '내 기억은 정상이야' '잘 되서 기분이 좋은걸'

★ **느낌**: 자부심, 만족감, 자신감, 통제감.

★ **생리반응**: 느긋해졌다. 기민하고 적응적이라고 느꼈다.

★ **장기적인 결과**: 새로운 것을 경험하고 싶은 마음이 생겼고, 긍정적인 경험을 할 수 있을 것 같다.

2월 1일 (기억 실패)

★ **기억 사건**: 가게에서 사야 할 다섯 항목 중 두 항목만을 기억.

★ **혼잣말**: 기억에 대해 부정적이고 꺼림칙한 혼잣말에 빠져있는 것을 발견. '나는 정말 잘 잊어버려' '무슨 문제가 있는 거지' '실망스럽고, 고통스럽고, 피곤해'

★ **느낌**: 처음에는 불안했고, 점차 고통스러웠다. 그리고 무가치하다고 느꼈고, 우울해졌다.

★ **생리 반응**: 불안하고 두려웠을 때, 심장 박동이 빨라지고, 호흡이 불안정해지는 것을 느꼈다(에드가는 일반 적응 증후군이 활성화될 때 생기는 신체 변화를 경험했다).

★ **장기적인 결과**: 다시 가게에 왔을 때 악순환에 빠질 것 같은 두려움에 초조해졌다. 두려움 때문에 기억이 나지 않았다. 그리고 두려움이 불합리하다는 것을 몰랐다.

에드가가 3월 1일에 겪었던 사건은 기억실패에 대한 행동을 변화시키려고 결심한 후에 일어난 일이다. 이는 그가 신념, 기대, 느낌의 효과를 시험한 뒤였다.

3월 1일 (기억실패와 성공)

★ **기억 사건**: 가게에서 사야 할 다섯 항목 중 두 항목을 기억.

★ **혼잣말**: '사람들은 깜빡할 수 있어. 나는 이상한 게 아니야. 잘못한 게 아니야' '항상 모든 것을 기억하는 건 비현실적이야'

'완벽한 기억보다 더 중요한 것은 실수 때문에 정서적으로 굴복하지 않는 거야. 나는 기억을 할 수 있어!'

★ **느낌**: 자부심, 만족감, 자신감, 통제감.

★ **생리반응**: 오히려 느긋해졌다. 기민하고 적응적이라고 느꼈다(스트레스 반응이 활성화되지 않음).

★ **장기적인 결과**: 새로운 것을 경험하고 싶고, 긍정적인 경험을 다시 할 수 있을 것 같다. 기억성공이냐 실패냐에 대한 두려움이 사라졌다.

당신은 에드가가 기억실패 때 느꼈던 감정과 행동을 긍정적으로 지각했던 것이 5개 식료품 모두를 기억했을 때와 비슷하다는 것을 발견했을 것이다. 당신의 기억사건도 에드가의 성공을 거울삼아 긍정적으로 분석해보라. 에드가가 했던 것처럼 기억일기에 생리반응과 장기적인 결과를 기록해보라.

정서는 신념체계에서 온다. 기억을 실패했을 때 부정적인 정서를 일으키는 것은 신념(사고방식)이다. 신념과 정서가 자동화 되는 것을 막아라. '나는 잊었다. 그래서 뭐?'와 같은 신념은 '잊었고, 내 기억은 나쁘다'보다 당신을 덜 우울하게 할 것이다. 기억비법에서 관련 내용을 살펴보도록 하자.

▽ 기억비법: 기억하기 위해 주의 흩트리기

기억저하에 정서적인 요소가 영향을 주는가? 가끔, 우리는 정서적인 괴로움 때문에 기억을 잘 못한다. 분노, 불안, 우울, 슬픔은 마음을 괴롭혀 기억을 저하시킨다. 당신은 사이가 좋지 않았던 과거 상사의 이름을 기억하지 못할 수도 있다. 그 사람을 생각하면, 분노가 치밀어 오른다. 그리고 그 사람과 좋지 않았던 일이 생각난다. 스트레스를 유발하는 정서는 기억을 어렵게 한다. 기억이 빛을 통과하기 위해서는 어두운 구름에서 멀어져야 한다.

이를 해결하기 위해서는 정서를 우회하고, 정보를 기억하기 위해 주의를 흘어버려라. 당신이 기억과 관련된 정서를 발견했다면, 반대 정서를 통해 기억을 떠올리지 않게 할 수 있다. 불쾌한 사람과 함께 했던 고통을 생각하는 대신, 재미있었던 기억을 떠올려 보라. 유머는 기억을 좋게 하는데 도움이 된다. 당신은 두 가지 반대되는 정서를 동시에 느낄 수는 없다. 부정적인 기억을 뚫고 나가 좌절에 몰두하지 말고, 웃게 만드는 것을 생각하라. 당신은 스트레스 반응 없이 기억하고 싶은 단어에 초점을 둘 수 있다.

잊어버린 단어와 연관된 정서를 알 수 없다면, 당신이 처음 구입한 차 색깔과 같은 중립적인 기억에 주의를 돌려라. 이는 정서적인 괴로움에서 빠져나오게 한다. 명심하라. 기억과 싸우지 말고 쉬어라. 알파벳을 외우거나 스물까지 세어보라. 마음을 진정시키고 다른 것을 하라. 다음 장에서는 노화와 기억에 대해 살펴볼 것이다.

> *"구두끈을 묶기 위해 몸을 구부리면서*
> *'이 생에서 내가 할 수 있는 게 뭘까?'라고 묻는다면*
> *자신이 늙었다는 것을 알게 될 것이다."*
>
> — 조지 번스 (피셔와 놀랜드, 1991)

Part04

—

나이가 들면 생기는 일

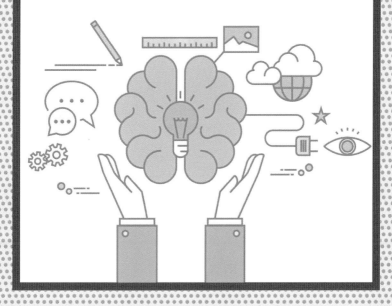

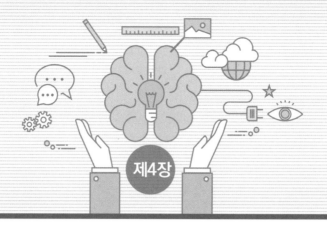

나이가 들면 생기는 일

질문이 있다. 당신의 기억 문제는 얼마나 심각한가? 기억에 대한 건강한 신념과 기억저하를 부인하는 것 사이에는 어떤 차이가 있나? 정상적인 노화와 치매로 인한 기억저하의 원인은 무엇인가? 이번 장에서는 이러한 질문에 대해 살펴볼 것이다. 그리고 노화와 기억에 관해 알아볼 것이다. 이 책은 기억에 관해 모든 것을 알려주지는 않는다. 그러나 당신 기억의 강점과 약점을 살펴보고, 노화에 대한 관점을 평가할 수 있게 도와줄 것이다.

노화에 따른 인지 저하에 대한 고정관념

많은 사람들은 인지 저하가 노화의 정상적인 부분이라고 생각한다. Lachman 등(1995)은 이러한 관점의 부정적인 결과에 대해 말했다. 그 중 하나는 노화에 따른 인지기능 저하가 노인은 약하고 무력하다는 신념을 주입시킨다는 것이다. 교육의 중요성을 강조한 이 연구에 따르면, 기억은 노력으로 좋아질 수 있다는 것을 강조한다. Treat 등(1978)은 의지를 가지고 정신이 바뀔 수 있다고 믿으면, 기억을 향상시키는 데 관심 있는 노인은 그렇지 않은 노인보다 학습 성공률이 높다는 것을 보여주었다. 이는 노화에 따른 점진적인 쇠퇴를 이해하고, 새로운 역할을 찾고, 노화과정을 받아들이는 것에 달려있다. 따라서, 즐거운 마음으로 노인의 역할을 정의하고, 긍정적인 관점으로 노화를 살펴보자.

연 습

노화의 긍정적인 면

우리는 삶의 부정적인 면에 주의를 기울인다. 삶에는 좋은 면도 있고, 나쁜 면도 있다. 일이 잘 되지 않으면, 균형을 잡아야 한다. 균형은 부정적이고 긍정적인 점 모두에서 나온다. 결국, 내적 균형은 불확실한 환경에 변화를 가져오기 위해 자율성을 요구한다(Bandura, 1977).

우리는 노화의 부정적인 면에 시간을 투자하지는 않을 것이다. 이런 틀에 박힌 일은 과장되어 있다. 따라서 노화를 적극적으로 받아들이기 위해 긍정적인 면을 살펴볼 것이다. 이전에는 주목하지 않았던 노화에 대한 긍정적인 면을 찾아보자. 아래 칸에 노화의 긍정적인 면 10가지를 써보라.

1. _____
2. _____
3. _____
4. _____
5. _____
6. _____
7. _____
8. _____
9. _____
10. _____

10가지를 쓰는 게 어렵지 않았나? 노화에 대해 부정적인 점 10가지를 쓰는 게 더 쉽지 않은가? 우선, 치매와 노화에 따른 기억의 차이를 살펴보자.

치매와 노화의 차이

노화와 치매로 인한 기억변화의 차이는 무엇인가? 둘을 비교하기 위해 먼저, 알츠하이머병을 살펴보자. Ogrocki와 Welsh-Bohmer(2000)에 따르면, 알츠하이머병은 장기기억에 새로운 정보를 통합하고 저장하는 데 문제가 생긴 것이다. 새로운 정보의 급속한 망각은 기억저하를 가져온다. 알츠하이머병은 망각이 심한데, 환자는 이를 잘 인식하지 못한다. 반면, 노화에 따른 기억저하는 부호화와 인출의 문제로 인해 생긴다(Orrocki & Welsh-Bohmer, 2000). 그래서 잃어버린 지식을 유사한 개념으로 대체하면서 손실을 메운다. 그리고 기억을 못했다는 사실도 안다.

알츠하이머병과 정상적인 노화는 기억저하 양상이 다르다. 정상적인 노화의 경우, 사무실에 남겨놓은 메모를 기억할 수 없으면, 좌절을 한다. 반면, 알츠하이머병은 메모한 상황과 메모 자체를 잊어버리고, 메모가 없었다고 생각한다.

나이가 들면, 기억하는 데 노력이 많이 든다. 집중하기가 어렵고, 기억해야 할 것에 주의를 기울이지 못한다. 다른 변화도 생기는데 시공간 능력이 저하되고, 대상인식 능력도 감소한다. 이것은 뇌의 내부와 표면 간의 연결이 느슨해지기 때문이다. 이러한 연결은 시각형태와 공간관계 처리와 관련이 있다. 운동과 문제해결 또한, 나이가 들면 느려진다(Ogrocki & Bohmer, 2000). 일반적으로 정상적인 노화에서는 시각자료 처리와 추상적인 추론과 문제 해결이 느려진다.

건망증 뒤에는 무엇이 있나?

기억을 좋게 하기 위한 방법이 있다. 기억이 좋아지지 않는다면, 이 책을 읽을 필요가 없다. 그러나 힘을 들이지 않고 빠르게 정보를 인출하는 것은 어려운 일이다. 돌아가는 길을 찾으려면 노력이 많이 든다. 요리나 쇼핑은 지루하고 힘이 든다. 무엇이 이 변화를 설명할 수 있나? 기억은 노화에 따라 변한다. 그러나 이 변화와 관련하여 노화는 기억저하의 원인이 아니라는 것을 명심해야 한다. Welsh-Bohmer와 Ogrocki(1998)[2]는 "노인 기억저하의 원인은 뇌의 병이 아니고 신경계의 노화에 따른 것"이라고 했다. 사람들은 노화에 따라 기억저하를 경험한다.

불행히도 나이가 들면, 예전에는 힘을 들이지 않고 기억할 수 있었던 것이 잘 떠오르지 않는다. 우리는 더 이상 자신의 기억을 믿을 수 없다는 것을 알게 된다. 그리고 이것을 보완할 방법도 알지 못한다. 변화는 좌절을 주고, 기억저하의 악순환은 시작된다. 그럼, 기억이 손상되든 그렇지 않든 간에, 기억 손상이 있다고 *생각*하는 것과 그것을 수용하는 것 중 무엇이 더 나쁜가?

노화 때문에 항상 기억이 나빠지는 것은 아니다. 단지, 변할 뿐이다. 연구를 통해 확인된 변화 중 하나는 나이가 들수록 기억이 정확해진다는 것이다. 정보가 느리게 처리될지는 몰라도, 느린 처리에는 긍정적인 면이 있다. 결국, 지혜란 속도보다 정확성이 아니겠는가? 노화에 따라 지식은 정확해진다. 약간 느리게 처리되는 것은 뉘앙스의 인식, 특히 회색조로 세상을 보는 것에 대해 대안적인 관점을 제공한다. 나이가 들면, 지혜와 넓

---

2) Reprinted, by permission, from Alexander Foster, ed. *Memory in Neurodegenerative Disease: Biological, Cognitive, and Clinical Perspectives.* 1998. Cambridge University Press.

은 조망으로 세상을 보게 된다. 우리는 마지막으로 결정을 하기 전에 비교를 위해 작업기억에서 내적 자료를 가져온다. 노인은 젊은이들보다 삶에 대해 많은 것을 이해하고 있다.

나이가 들어감에 따라 주의가 기억 수행에서 중요한 요인이라는 것을 보여준 연구에도 불구하고(McCrae et al., 1987), 노인은 즉시기억과 관련된 다른 기능은 비교적 온전하게 보존된다(Siegler et al., 1995). 그러나 나이가 들면 새로 배운 정보를 인출하는 데 어려움이 생긴다(Welsh–Bohmer & Ogrocki, 1998).

노인의 장기기억은 잘 변하지 않지만, 단기기억은 저하되는 경향이 있다. 이것은 당신의 결혼식은 잘 기억하지만, 가게에서 사려는 물건은 잘 기억나지 않는 이유가 된다. 정보를 작업기억에서 장기기억으로 옮기는 데는 노력이 필요하다. 이에 대해서는 다음 장에서 논의할 것이다.

기억변화는 성가시지만, 기억력이 약해지지는 않는다. 따라서 노화에 따라 기억이 나빠진다는 잘못된 가정을 바꿔야 한다. 이 생각은 극단적이다. 기억의 자연스러운 변화를 보상하기 위해서는 주의를 자동조종에서 수동조종으로 바꿔야 한다. 즉, 작업기억의 정보를 장기기억으로 옮겨야 한다. 기억을 위한 항목이 주의의 입구를 지나기 위해서는 정보가 의미 있고 유용해야 한다. 그러므로 새로운 정보를 배우려면, 노력이 많이 든다. 그러나 정보가 적절히 부호화되면, 인출 좌절에 따른 어려움은 적어질 것이다. 노화에 따른 기억변화는 치매와는 다르다.

치매

치매는 증후군이지 특정 질환이 아니다. 치매를 일으키는 원인에는 70여 가지가 있다. 다른 병들처럼 치매는 나이가 들어감에 따라 흔해진다. 그러나 치매는 노화의 정상적인 부분이 아니다. *정신장애진단편람 IV판*

(The Diagnostic and Statistical Manual of Mental Disorder-IV)(1994)에서
치매는 기억장애를 포함한 기타 인지장애와 사회적 직업적 기능 손상으로
정의된다. 그러나 노화에 따른 기억변화는 불편을 주지만, 기능에는 손상
이 없다.

다른 인지 문제는 *집행장애*(계획과 판단력 손상), 언어장애*(실어증)*, 감각
결함*(실인증)*, 운동장애*(실행증)*가 있다. 치매는 *섬망*과 다르다. 급격한 정
신 혼란은 병이나 물질과 관련된다. 섬망은 단기적이고 가역적이다. 반면,
치매는 비가역적이다. 치매는 두부 손상, 해부학적 문제, 알츠하이머병과
같은 특정 질환의 결과로 생긴다.

2050년이 되면 줄잡아 미국의 7백만 명에서 1천4백만 명이 기억 문제
가 있을 것으로 예상된다(U.S Census). 이 증후군의 60%는 알츠하이머병
일 것으로 추정된다. 그러나 통계는 당신 편이다. 왜냐하면, 정상적인 노
화에 따른 기억변화를 경험하는 사람도 꽤 많을 것이기 때문이다.

> *"기억을 검사하고 싶다면,*
> *일 년 전 오늘 무엇을 걱정하고 있었는지를 떠올려보라."*
>
> *- 로타리안*

노화에 따른 기억변화

노인의 기억은 수동적으로 알아차리기보다 적극적으로 경험된다. 정상
적인 노화에 따른 기억실패는 부호화 과정에서 생긴다(Perlmutter, 1978;
Smith, 1980; Zarit et al., 1981; Loewen et al., 1990). 아래에 노인이 부호화
를 어려워하는 이유를 기술했다.

★ 생활의 변화(은퇴, 경제적 어려움, 가족구조의 변화)

★ 노화에 따라 기억에 영향을 주는 의학적 상태
★ 정서에 대한 믿음(노화에 따른 기억실패의 두려움, 기억은 조절할 수 없고 저하될 것이라는 믿음)
★ 이해력 부족
★ 세심함 부족/산만함
★ 환경보다 내면 정보에 대한 믿음

문제는 새로운 정보를 학습하는 당신에게 달려있다. 이 간단한 전제가 주어지면, 기억에 대한 통제력을 효과적으로 활용할 수 있다. 당신은 기억에 대해 통제력을 가지고 있다. 그러므로 능동적으로 정보를 얻으려면, 방법을 바꿔야 한다. 우리가 제안하는 방법은 간단하다. 단순하게 하고 시간과 노력을 들여라. 효과적인 기억법을 개발해라. 그러면, 기억은 좋아질 것이다. 이제 영원한 젊음에 대한 환상을 포기하고, 나이와 변화를 받아들여라. 그럼, 노화에 따른 뇌의 변화를 살펴보자.

노화에 따른 뇌 구조의 변화

초기 성인기에 뇌 신경세포는 빠르게 발달한다. 신경절연물은 처리속도를 높이는 연결자와 도움체 역할을 하는 지방으로 되어 있다. 그러나 노년이 되면 *미엘린(myelin)*이라는 연결체가 파괴된다(Hachinski et al., 1987). 그 결과, 인지기능이 느려진다. 50~60대가 되면, 이를 느끼기 시작한다. 머리는 갈색으로 변하고, 피부가 쭈글해지고, 기억도 저하된다. 끝이 아니다. 60~70대가 되면 생화학적 변화로 대사가 느려진다. 대사가 느려지면, 몸은 예전만큼 열량이 필요 없다. 하지만, 동일한 영양이 요구된다. 감각과 지각능력도 무뎌진다. 그리고 정보를 기억하고 인출하는 데 시간이 많이 걸린다. 게다가, 섬망이 나타나기도 한다. 그리고 기억이 저하된다. 그러나 여러 연구에서 보듯 정보는 노화에 따라 정교해진다. 신경과학자들은 노화에 따라 일상에서 복잡한 인지가 더 잘 처리된다고 주장한다. 즉, 기억을 잃어버리는 게 아니라, 느리지만 정확해진다.

노화에 따라 뇌에도 변화가 생긴다. 80대가 되면 뇌 무게는 10% 정도 줄어든다. 다수의 세포가 기억 응용을 담당하는 전두엽에서 교체된다. 뇌 신경 간에 연결이 적어지고, 신경섬유 모집(신경섬유매듭)과 신경섬유종(플라크)은 50대 이후 많아진다. 뇌에 혈액 공급이 줄어들고, 생성물은 세포 속에 쌓인다. 노화에 따라 뇌 조직은 탄력을 잃고, 스펀지화 된다. 뇌는 더 이상 새로운 정보를 흡수하는 스펀지가 아니다. 해마(뇌의 중요 기억 구조)는 위축되고, 반구 사이의 연결이 적어진다. 사람들은 이 변화를 각기 다르게 경험한다.

무섭게 들린다. 그러나 이것은 무엇을 의미하나?

기억과 뇌 기능은 노화에 따라 자연스럽게 변한다. 정보의 인출에도 문제가 생긴다. 그리고 새로운 정보를 저장하는 것이 어려워진다. 어휘, 이해, 발표 같은 언어 능력은 30대에 최대가 된다. 그리고 90대까지 보존된다. 노인의 단기기억과 장기기억은 비교적 잘 유지된다. 새로운 학습과 최근기억은 노화에 저항적이지만, 즉시기억과 장기기억은 그렇지 않다(Kaye, 1998). 일부 노인은 동기 감소나 지각 변화를 경험한다. 집중이 어려워지고, 연합 처리에도 힘이 든다. "운동은 느려지고, 시력이 저하되며, 청력이 둔해진다"(Ogrocki & Welsh-Bohmer, 2000). 따라서 자신을 비난하지 마라. 아울러 이것이 노화에 따른 정상적인 반응이라는 것을 알아야 한다. 이는 당신의 기억이 계속 잘못될 거라는 말이 *아니다*. 지금과는 조금 다르게 볼 필요가 있다. 그것은 평범하다. 인내가 미덕임을 명심하라. 기억에 문제가 있을 때 어떻게 접근하고 회피하는지를 배우는 것이 핵심이다. 노화의 부정적인 관점에 압도되지 않도록 연습해 보자.

연 습

선택적 관점: 얼마나 많은 S를 보았나?

아래 문장에 S가 몇 개 있는지 세어보라.

Sam told his sister Sally to stop acting silly and stay in the house. Sally shrugged her shoulders and stated that she was acting silly because Sam was slurring his speech as he asked Sally to stay in the house.

다음 빈칸에 답을 써라.

S의 개수는 = _____.

정답은 부록 E에 있다.

유연한 패러다임 대 선택적 관점

위 연습이 선택주의의 예(단어나 이야기의 내용 대신 글자에 선택적으로 주의를 기울이는)일지라도, 연습의 핵심은 선택적 관점의 한계에 초점을 맞추고 있다.

우리는 연습에 대한 당신의 관점과 경험을 변화시키려고 한다. 어처구니없는 단어 소리와 배치를 즐기기 위해 문단을 읽도록 하기보다, 문단의 세부 사항(S의 개수)에 초점을 두었다. 이 연습은 사건에 대한 개인적 경험에 영향을 줄 수 있게, 많은 정보 내에서 특정 세부 사항에 어떻게 초점을 두는지에 대한 예를 제공한다. 여러 대안적인 세부 사항을 무시하고, 특정 세부 사항에 초점을 두는 것이 바로 선택적 과제이다. 때로 우리의 관점은 대안적 관점을 볼 수 없거나 받아들일 수 없을 정도로 선택적이다. 우리 모두는 어느 정도 편향되어 있지만, 개인의 성장을 위해 이 편향을 고려할 필요가 있다. 물론, 우리의 관심은 노화에 관한 선택적 관점의 편향이다. 선택적 관점은 복잡한 세계 내에 존재하는 흥미로운 대안적 경험과 다른 관점을 보지 못하게 한다.

만약, 당신이 우리의 지시를 따르고 과제를 한다면, 당신은 S를 셀 것이다. 하지만, 재미있는 단어 놀이는 무시할 것이다. 하나의 관점만 선택하고 고집하는 것은 대안적인 결과에 내재된 성장을 부인하는 것이다. 미국 문화에서는 확실히 노화에 대한 선택적이고 제한적 관점이 남아 있는 것처럼 보인다. 당신에 대한 우리의 도전은 노화와 기억과 관련된 대안적 관점을 찾는 것이다. 그러므로 노화에 대한 지혜와 성숙과 통합의 질을 볼 수 있는 유연한 관점을 개발하고, 제한된 규칙과 관점을 넘어서보라.

자! 그럼 노화에 관한 당신의 관점을 살펴보자.

연 습
노화에 대한 관점

노화와 관련된 단어 10개를 써보자. 처음 떠오른 것을 써보라. 많이 생각하지는 마라.

1.
2.
3.
4.
5.

6.

7.

8.

9.

10.

젊음과 관련된 단어 10개를 써라. 처음 떠오른 것을 써보라.

1.

2.

3.

4.

5.

6.

7.

8.

9.

10.

노화에 대한 당신의 관점

위 연습은 노화에 대한 당신의 관점을 보여준다. 목록에서 노화와 관련된 부정적인 단어와 젊음과 관련된 긍정적인 단어에는 어떤 것이 있나? 당신의 부정적인 단어는 소외를 반영하나? 당신은 노화가 기억을 제한한다는 편견이 있나? "노인이 되면 허리가 굵어지고 마음이 좁아진다."는 말

은 진실이 아니다. 당신이 가지고 있는 노화에 대한 부정적인 편견을 살펴
보자.

연 습

부정적이고 긍정적인 노화의 관점

위 20개 단어를 다시 보자. 그리고 이를 "부정적인" 단어와 "긍정
적인" 단어로 나누어 보자. 우리가 먼저 다룰 것은 부정적인 단어이
다. 당신의 적을 알라. 당신의 부정적인 관점을 어떻게 바꿀 것인가?
어떻게 부정적인 단어를 다르게 볼 수 있을까? 당신은 노화의 긍정적
인 측면으로 이를 균형 있게 볼 수 있다. 어떤 부정적인 것은 노화와
관계가 있지만, 어떤 것은 긍정적인 것과 관련이 있다.

DREAM을 하라. DREAM은 Develop Rational and Emotionally
Adaptive Mindsets(개발하라. 합리적이고, 정서적이며, 적응적인 사고방식
을)의 줄임말이다. 이것은 기억을 좋게 한다. 지혜로운 선사가 말했듯
이 "채우기 전에 비워야 한다." "늙고", "나이든"의 낡은 관념을 비우
고, 지혜, 활동, 경험, 통제력 같은 새 관점으로 채워라. 다시 20개 단
어를 써보자.

부정적인 단어	긍정적인 단어
1.	1.
2.	2.
3.	3.
4.	4.
5.	5.

6.		6.	
7.		7.	
8.		8.	
9.		9.	
10.		10.	
11.		11.	
12.		12.	
13.		13.	
14.		14.	
15.		15.	
16.		16.	
17.		17.	
18.		18.	
19.		19.	
20.		20.	

어느 쪽이 더 무거운가? 척도가 부정적 측면에 기울어져 있기 때문에, 자기 충족적 예언 현상을 명심할 필요가 있다. 당신은 무의식중에 자신의 기대와 조망을 확인했을 것이다. 자! 노화에 대한 당신의 부정적인 지각이 어디에서 온 것인지를 살펴보자.

모든 사람에게 발견되는 불신은 다른 가려진 믿음에서 발견된다.
- 라히헨버그

연령차별

1940년대부터 1960년대 초반까지는 시대가 좋았다. 최근에야 유럽은 파멸로부터 평화를 지켜냈고, 서구는 독재 정권을 내려놓았다. 경제는 활성화되었고, 인구도 늘어났다. 이때 태어난 아이를 "베이비부머"라고 한다. 베이비부머 세대가 여명기로 접어듦에 따라, 사회보장, 의료보장, 의료체계가 부담이 되기 시작했다. 아울러, 기술이 발전하고 건강관리를 잘함에 따라 사람들은 오래 살게 되었다. 우리는 인지기능의 저하를 알아차릴 만큼 오래 살고 있다.

대부분의 사람들은 알츠하이머병을 두려워한다. 왜냐하면 병을 앓으면 몸이 마음보다 오래 살기 때문이다. 80세나 90세 혹은 100세까지 사는 것은 더 이상 드문 것이 아니다. 2030년까지 5명 중 1명은 65세가 넘을 것으로 예상이 된다. 그리고 840만 명이 85세 이상이 될 것이다(Cummings et al., 1998). 필연적으로 오늘날의 노인은 신세대 상황에서는 초심자이다. 과거 세대는 오늘날의 건강한 90대가 직면한 문제를 다루지 못했었다. 이러한 이유로 "신세대 노인"이라는 용어는 "노인"보다는 나이가 많은 성인에게 잘 어울리는 호칭이 되었다. 왜냐하면 오늘날 나이가 많은 성인이 새로운 세대 안으로 들어왔기 때문이다. 현재의 노인(우리 사회에서 이 용어는 약함과 의존을 의미한다)은 새로운 수준에서 새로운 삶의 영역으로 들어가고 있다. 이것은 장수와 삶의 질을 포함하고 있다. 요즘 노인은 보다 활동적이고, 즐겁고 모험적인 삶을 원한다. 사회의 낡은 관점을 새로운 역할로 만드는 사람이 바로 신세대이다. 당신은 지혜와 경험을 가지고 있다. 젊은 세대가 번영의 시간을 즐길 수 있는 것은 당신의 노력 덕분이다. 당신은 이 시대를 세우고 신세대 노인의 미래 세대를 정의하는 기초이다.

노화는 그냥 일어나는 것이 아니고, 당신이 선택하는 것이다.

- 피셔와 놀랜드

차별

새로운 세대에서 노인의 변화와 관계없이 나이에 기초한 *차별*은 현대 서구사회에 존재한다. 나이와 연결된 신화를 바꾸고, 자신의 역할을 새롭게 정의하는 것은 당신에게 달려있다. 미국의 노인들은 역할이 제한적이다. 기술주도적이고, 사용하고 버리는 사회는 젊은이를 위해 노인을 쫓아냈다. 텔레비전이 고장 나면, 고치기보다는 새 것을 산다.

불행히도 이 주제는 윗세대부터 되풀이되어 왔다. 노인은 법에 의해 강제 은퇴를 해야 했다. 그리고 상징적 목초지, 사회복지 정책으로 가난해졌다. 그러면서 사회에서 주목을 받지 못하게 되었다. 지혜와 활력, 속도와 체력이 중요한 것이 되면서, 노인은 쫓겨나고 젊은이는 남게 되었다. 그렇다. 연령차별은 미국에서 흔한 일이다. 사실, 이 편향은 새로운 세대에 깊이 배어들어 있어, 그것을 잘 인식하지 못하고 있다. "노인의 벌이는 시원치 않아." "기억이 좋지 못해." "나이가 들면 기억이 떨어져." "노인은 짐일 뿐이야." 이런 관점은 노인을 우울하게 한다. 당신이 65세 이상이라면, 누가 65세의 마법 같은 나이를 "늙었다"고 하겠는가? 새 세대가 고통 받고 사소한 기억실패를 과장하고, 쇠약감을 견디지 못하는 것은 놀라운 일이 아니다. 왜 코끼리는 로프를 끊으려 하지 않는가? 그것은 그가 할 수 있다는 것을 믿지 않기 때문이다. 당신을 묶고 있는 로프를 끊어버려라. 당신의 오래된 믿음에서 벗어나면, 인생의 자유를 즐길 수 있을 것이다.

동양의 사상가들은 나이가 들면, 지혜를 가진다고 믿었다. 노인은 동양사회의 중요한 가치로 자리 잡아 존경을 받고 있다. 우리는 나이에 관한 진실을 말하려고 한다. 하지만 이것은 당신에게 도움이 되지 않는다. 왜냐하면 당신도 늙었기 때문이다. 지금과 20살 때 당신의 태도를 비교해 보라. 그때는 세상을 어떻게 보았는지 생각해보라. 얼마나 당신의 생각이 변했는가? 어떤 경험이 세상에 대한 견해를 변화시켰는가?

나는 늙어 갑니다. 아내는 올해 생일을 챙기지 않았습니다.

\- 밀톤 벌

연 습

노화에 따른 장점

노화에 따른 장점 10가지를 적어보라.

1.

2.

3.

4.

5.

6.

7.

8.

9.

10.

이 목록과 "노화의 긍정적 관점"에서 적은 항목을 비교해보라. 어떤 점이 다른가? 노화에 따라 지각의 어떤 점이 변했는가?

사고방식 넓히기

DREAM을 떠올려 보자: Developing Rational and Emotional Adaptive Mindsets(개발하라. 합리적이고, 정서적이며, 적응적인, 사고방식을). 당신의 마음을 새로운 가능성으로 열어보라. 나이가 들면서 넓은 조망으로 자연스럽게 얻은 강점을 이용해보라. 우리는 자발성과 유연성이 필요하다. 늙으면 다른 관점으로 사물을 보는 자발성과 변화를 위한 유연성이 잘 발휘되지 않는다. 노화의 관점에 균형을 잡기 위해 미지의 어둠으로 가라. 우리는 당신이 성장하기를 바란다. 이것은 기회가 될 것이다. 그리고 새로운 도전을 줄 수도 있지만, 위협이 될 수도 있다. 우리는 보상이 책임 보다 중요하다는 것을 안다.

RARE 준비하기

우리는 연령차별과 DREAM 프로그램의 기초에 대해 살펴보았다. 다음은 RARE 프로그램의 기억증진 단계를 연습할 것이다. 우선, 이완 원리를 살펴 볼 것이다. 이완은 당신의 주의력을 높인다. 이완과 주의는 기억 증진의 기초가 된다. 이완했을 때 당신은 현재에 머물 수 있다. 감각은 주변에 무엇이 있는지를 아는 데 중요하다. 목표가 있다면, 집중해야 한다. 집중은 당신의 주의가 정밀해지는 것이다. 주의하면, 당신의 감각은 집중을 잘 할 수가 있다. 나머지 두 가지 RARE의 구성요소인 되뇌기와 시각화하기는 정보의 저장을 응고화하는 방법이다. 이완과 주의를 통해 정보를 받아들이는 동안 되뇌기와 시각화하기는 정보를 장기기억 속으로 이동시킨다. 왜냐하면 별개의 과정에 열중하기 때문이다. 이완과 주의 기법과 원리는 다음에 소개할 것이다. 되뇌기와 시각화하기는 이 책의 뒷부분에 제시했다(10장과 12장). 먼저, RARE의 R을 살펴보자.

Part05
—

이완: RARE 소개

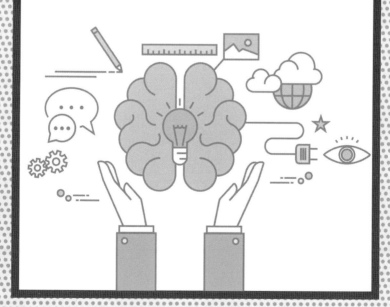

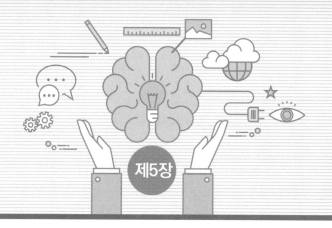

이완: RARE 소개

이완이란 무엇인가?

이완은 RARE의 첫 번째 요소이다. 이 장에서는 이완 방법에 대해 살펴볼 것이다. 그리고 당신이 긴장하고 이완할 때 어떤지에 대해서도 알아볼 것이다. 이완이 되면, 환경에 존재하는 정보에 개방적으로 되고, 선택한 것에 집중을 하게 된다. 하지만, 긴장이 될 때는 생각과 감정이 혼란스러워진다.

이완에 대한 보다 자세한 설명은 뉴하빙거 출판사에서 출간한 맥케이와 페닝 소넨버그의 "이완훈련의 적용"을 참고해 보라.

기억을 좋게 하기 위해서는 기억 작업을 통합해야 한다. 예를 들면, 기억에 대해 건강한 태도를 가지기 위해서는 이완을 해야 한다. 이완은 건강한 태도를 가지게 해 준다. 그리고 주의를 잘 기울일 수 있게 한다. 주의는 기억에서 중요하다. 당신이 *좋은* 기억을 떠올리면, 많은 것을 할 수가 있다. 반면, *나쁜* 기억을 떠올리면, 많은 것을 할 수가 없다.

이완기술을 배우는 것은 중요하다. 이완기술은 긴장을 풀어준다. 감각은 초기에 저장된 정보를 선별하는 역할을 한다. 효과적으로 선택된 감각은 환경에서 유용한 정보를 관리하는 데 필수적이다. 따라서 이완이 되지 않으면, 환경에서 좋은 정보를 받아들이기가 어렵다.

이완은 정보를 효과적으로 받아들이고 검색하는 데 중요하다. 연구에 따르면, 걱정과 스트레스는 주의력을 떨어뜨리고, 학습과 기억을 방해한다. 당신이 걱정을 하고 있으면, 주의력이 저하되고, 저장된 정보에 접근하기가 어렵다. 따라서 해야 할 일은 더 많이 주의를 기울이고, 이완을 하는 것이다. 이완은 적응을 방해하는 스트레스를 줄여준다. 아울러 기억을 좋게 하고, 정신과 신체를 건강하게 한다. 다음은 이완과 기억과의 관계에 대해 살펴보자.

연구 결과는 무엇을 보여주나?

불안은 기억에 부정적인 영향을 미친다. 이완은 걱정스러운 생각과 감정을 줄여주고, 기억을 좋게 한다. Sheik 등(1986)과 Zarit 등(1981)은 심상이 기억을 좋게 한다는 것을 발견했다. 그리고 Yesavage와 Jacob(1984)은 기억훈련과 이완훈련을 결합한 *기억술*이 기억을 좋게 한다는 것을 밝혀냈다.

이완은 기억을 좋게 한다. 이완기술을 배우면, 학습을 잘 할 수 있다. 이완은 불안을 줄여준다. 반면, 불안은 기억을 약화시킨다.

이완기술에는 여러 가지가 있다. 우리는 훌륭한 이완 프로그램을 소개할 것이다: 점진적 근육이완훈련(Yesavage & Jacob, 1984)과 깊은 호흡훈련 및 시각심상을 결합한 점진적 근육이완훈련(Stigsdtter & Backma, 1989). 연구에 따르면, 이완훈련과 기억훈련은 함께 하는 것이 효과적이다. 우선, 이완기술을 배우기 전에 다른 기억비법을 살펴보자.

▼ **기억비법: 숫자의 조직화**

항목을 숫자로 조직화하면, 기억을 잘 할 수 있다. 조직화는 개별 항목을 연결하는 맥락을 제공한다. 이는 시간 순으로 조직화하는 방법을 포함하고 있다. 다음 항목들을 기억하기 위해 숫자를 연결시켜보라. 각 항목과 연관시켜 숫자를 기억해 보라. 상점에 있는 빵 두 덩이를 집고, 빵 옆에 2를 놓아보라. 이 연습은 기억에 대한 통찰과 함께 기억전략을 이용하는 데 도움을 줄 것이다.

이제 이완기술을 살펴보자. 지시에 따라 해보라.

연 습

이완된 vs 긴장된

이 연습은 이완된 것과 긴장된 것을 구분하고 있다. 종종 우리는 인식하지 못하는 스트레스가 있기 때문에, 이완된 것과 긴장된 것 사이의 차이를 아는 것이 중요하다. 몇 분이 지나도 긴장을 느끼게 되면, 이완이 되지 않은 것이다. 이러한 차이는 알아채기가 어렵지만, 연습을 하면 효과를 볼 수 있다. 불안을 과소평가 하지 마라. 움직이지 말고 읽는 것에 집중해라. 몸의 각 부위를 1~10점 척도로 평정해보라(1점은 완전히 이완된 상태, 10점은 매우 긴장된 상태).

연습을 위해 의자에 앉아 20초 동안 따라해 보라. 긴장된 상태부터 시작해서 그 정도를 비교해 보라. 점차 이완이 될 것이다. 이는 이완된 것과 긴장된 것 사이의 차이를 아는 데 중요하다.

1. **어깨**
   긴장된: 어깨를 올린 채 20초 동안 있어라.

이완된: 의자 팔걸이에 팔을 놓아라. 팔걸이가 없다면, 허벅지 위에 손을 놓고, 팔꿈치의 굽은 부분과 손가락 끝을 편하게 하라.

2. 팔

긴장된: 팔을 앞으로 뻗어 바닥과 평행이 되게 하라. 긴장을 느낄 것이다.

이완된: 허벅지에 손목과 팔꿈치를 놓아라. 그리고 팔 근육을 편하게 하라.

3. 손

긴장된: 주먹을 꽉 쥐어라.

이완된: 손가락을 약간 구부리고 무릎 위에 편하게 놓아라.

4. 등, 가슴, 배

긴장된: 배와 등을 활모양처럼 만들어라. 몸의 앞 뒤 근육을 긴장시켜라.

이완된: 의자에 등을 편하게 기대라. 등, 가슴, 배 근육을 편하게 하라.

5. 다리

긴장된: 무릎에 다리를 꼬아라.

이완된: 무릎과 발목이 90도가 되게 하라.

몸에서 이완된 것과 긴장된 것 사이의 차이를 느낄 수 있었나? 우리는 하루 종일 긴장된 상태로 지낸다. 당신은 몸이 긴장하고 있다는 것을 알 수 있을 것이다.

연습해 보기

하루 동안 연습해보라!

★ 위 다섯 부위를 연습하고, 어떻게 이완이 되는지를 보라.
★ 다섯 부위를 10~15분 동안 이완해보자. 자세와 감각에 주의를 기울여 보라.

호흡을 알아차리는 것 또한, 이완의 다른 부분이다. 호흡을 차분하게 하는 것은 어렵다. 자! 그럼 호흡하는 방법을 살펴보자.

▼ 기억비법: 의식적으로 호흡하기

의식적으로 호흡하는 것은 당신을 이완시키고, 기억을 좋게 한다. 스트레스가 있다면, 호흡에 집중해보라. "코로" 숨을 들이마시고, "입으로" 내뱉는 것을 반복해라. 천천히 깊게 쉬면, 이완이 될 것이다. 배와 가슴을 팽창시켜 숨으로 채워라. 호흡이 안정되면, 긴장이 빠져 나갈 것이다.

숨을 내쉬면서 미소를 지어보라. 얼굴에는 44개의 근육이 있다. 4개의 근육은 씹는 데 사용되고, 40개는 얼굴 표정을 짓는 데 이용된다(National Institute of Mental Health, 1995). 부정적인 표정보다는 긍정적인 표정에 여러 근육이 사용된다. 우울증 환자는 우울이 감소하면, 이마의 근육 활동이 줄어든다. 긍정적 얼굴 근육이 감정에 영향을 주면, 이완을 할 수가 있다. 웃는 것을 잊지 마라.

다음은 근육 인식과 호흡 통제, 시각화로 이완을 해보자.

점진적 근육이완

이제는 이완과 호흡을 같이 해보자. 이 기법은 점진적 근육이완이라고 한다. 이것은 먼저 호흡에 초점을 둔 다음, 근육을 이완하는 방법이다. 끈기 있게 해보라. 이 과정은 이완에 도움이 된다. 순서대로 해보자. 한마디씩 안정된 톤으로 읽어보라. 이를 위해 각본에 따라 순서대로 읽고 기록해라. 녹음테이프를 켜고, 의자에 앉아 편하게 지시를 따라해보라. 이것을 하루에 15분 동안 두 번씩 하라. 이완 후 스트레스를 받지 않게 하라. 끈기 있게 해보라.

━━━━━━━━━━ 연 습 ━━━━━━━━━━

점진적 근육이완

1. 발을 바닥에 두고, 의자 팔걸이나 무릎 위에 손을 놓고 편안히 앉아라. 준비가 되면, 눈을 감아라. 숨을 깊게 들이마신 다음, 천천히 내쉬어라. 긴장과 걱정, 불안을 내려놓아라. 이 상태를 유지하면, 이완이 될 것이다. 이제 눈을 뜨고, 몸의 감각을 느껴보라.

2. 숨을 깊게 마셔라. 코로 숨을 쉬고, 배에 신선한 공기를 불어 넣어 가슴을 올렸다 내려라. 몇 초 동안 천천히 입으로 공기를 내뱉어라. 몸에서 긴장이 사라지면, 이완이 될 것이다. 이완 상태가 되면, 호흡에 집중해라. 그러면 편안해질 것이다. 이것을 몇 번 해보라(30초 중지).

3. 호흡을 계속하면, 더 이완이 될 것이다. 그리고 발을 내버려둔 것을 알게 될 것이다. 발가락에 힘을 빼라. 발을 이완하고, 발끝을 교차시켜라. 그러면 뒤꿈치, 아킬레스건, 발목이 이완될 것이다.

4. 다리와 종아리 근육을 풀어라. 허벅지와 무릎, 다리 뒷부분의 힘을 빼라. 다리와 발이 이완될 것이다.

5. 호흡을 계속하면서 엉덩이를 이완해라. 엉덩이가 편해질 것이다. 허리, 등, 배 근육이 이완될 것이다. 등과 가슴도 이완될 것이다. 어깨가 점점 편해질 것이다. 그리고 팔과 이두근, 삼두근도 이완될 것이다. 모든 긴장이 몸에서 빠져나갈 것이다. 팔뚝이 무거워질 것이다. 손가락 끝은 완전히 편해질 것이다.

6. 목을 이완해라. 목 근육이 점점 편해질 것이다. 얼굴 근육도 이완될 것이다. 입이 열리고, 혀가 이완되면서 뺨이 무거워지고, 턱과 눈썹이 부드러워지면서 완전히 이완될 것이다.

7. 이제 당신은 완전히 이완되었다. 그리고 편안해졌다. 당신의 마음은 크고, 하얗고, 따뜻한 봄날 오후 솜털 구름처럼 어디든 갈 수 있게 되었다. 감각을 인식하라. 청각과 후각이 민감해질 것이다. 당신은 언제든지 집중하고 기억할 수 있다. 그리고 더없이 행복한 순간을 느낄 수 있다(2분 정지).

8. 준비가 되면, 천천히 눈을 뜨고, 몸의 감각을 살펴보라. 발, 다

> 리, 몸, 머리 순으로 돌아오라. 그러면, 상쾌하고, 기억도 잘 되
> 고, 쉽게 이완할 수 있을 것이다.

이완을 돕기 위해 녹음테이프를 들어보라. 각 단계를 끝낸 후, 멈추는 것을 명심하라. 하루에 두 번씩 테이프를 듣고, 당신만의 이완법을 만들어라.

단기 이완연습

이번에는 다른 활동을 하면서 이완연습을 해 볼 것이다. 당신은 언제 어디서나 이완을 할 수 있다. 예를 들면, 입술과 목구멍은 말하지 않는 상황에서 이완이 된다. 호흡은 말하거나 노력을 하지 않으면, 이완이 되고, 손은 사용하지 않으면, 이완이 된다. 이완을 할 수 있는 기회는 많다. 그러니 몸의 이완에 대해 생각하라.

이완의 단서

이완은 쉽게 할 수 있다—문제는 할 일이 많다는 것이다. 그러므로 이완을 위해 단서를 사용하면 좋다. 전화벨이 울리고 난 뒤나, 신문의 한 면을 다 읽었을 때, 그리고 TV쇼를 볼 때처럼, 이완을 떠올릴 만한 상황을 이용해 스트레스를 일으키는 사건이 있을 때마다 몸과 마음을 이완시켜보라. 그러면 나중에는 단서와 의식이 없어도 자동적으로 이완을 할 수 있을 것이다. 이완을 다시 해보기 전에 다른 기억방법을 살펴보자.

▼ 기억비법: 단어를 만들어라

만약, 기억해야 할 철자가 있다면, 철자가 포함된 단어를 만들어 보라. 예를

들어, 당신의 신용보고서를 위해 신용조사기관의 이름을 기억해야 한다고 해보자. 신용조사기관의 이름은 TRA 기업이다. 만약, 회사 이름이 잘 기억나지 않으면, "EXTRA"라는 단어와 연합시켜 보라. TRA는 회사의 이름이고 extra의 E는 기업(enterprise)을 의미한다.

다시 이완하기

감각은 정보를 찾는 탐지기 같다. 감각은 기억의 첫 단계에서 작동한다. 따라서 당신이 감각을 알아차리지 못하면, 회상을 할 수가 없다. 걱정은 감각이 제대로 작동하지 못하게 한다. 그리고 불안은 감각을 방해한다. 이완은 불편한 마음을 가라앉힌다. 우리는 새로운 정보를 배우기 위해 노력을 해야 한다. 이완은 불안을 안정시켜 심신의 안정을 돕는다. 오감이 기억의 첫 단계인 것처럼, 이완은 감각이 작동하기 위한 첫 단계이다.

우리는 이완 방법에 대해 배웠다. 그리고 호흡과 근육이완을 살펴보았다. *이것은 불안과 싸우는 방법이다.* 명심해라. 이완은 노력과 인내가 필요하다.

달걀은 시간이 지나야 닭이 된다.

- 에디오피아 속담

─── 연 습 ───
깊이 집중하기

이완으로 깊이 집중하는 방법이 있다. 날씨가 좋은 날 밖으로 나가 아름다운 것을 찾아보라. 주변을 둘러보라. 예쁜 꽃을 찾아 감각에 집중해보라. 꽃의 색과 촉감에 주의를 기울여보라. 꽃을 만져 어떤 감각이 느껴지는지를 보라. 산들바람과 햇빛을 느껴보라. 소리에 귀를 기울여라. 들리는 소리에 주목하라. 주목하지 않은 소리도 들어보라. 공기 냄새는 어떤지, 꽃 냄새는 어떤지, 맡아보라. 꽃을 먹어보고, 어떤 맛이 나는지도 보라. 이건 농담이다. 꽃은 먹지 마라! 근육을 이완하고, 꽃에 집중해 보라. 깊이 집중하는 것은 생생하게 기억을 할 수 있는 기회가 된다.

깊게 집중하기 위해서는 이완해야 하고, 모든 감각을 포함시켜야 한다. 이 연습은 이완하고 주의하면, 감각하는 모든 것을 알아차릴 수 있다는 것을 보여준다. 이완은 안정된 상태를 유지하도록 도와준다.

얼마만큼 이완하면 되나? 어느 정도 멈추고 있어야 하나? 이완을 위해 노력하고 있나? 명심하라. 이완은 RARE의 시작이다. 다음 단계 전까지 편하게 있는 것이 중요하다. 어떻게 이완하는지를 충분히 이해하는 데 초점을 둬라.

이완은 당신의 태도를 바꿔 기억을 좋게 한다. 우리는 이완을 통해 환경 속 정보를 가져오는 데 감각을 이용할 수 있다. 다음 장은 이완 상태를 유지하면서 주의를 기울이는 방법에 대해 소개할 것이다. 그리고 기억을 더 잘 부호화하기 위해 전략적인 태도를 적용하는 방법을 살펴볼 것이다.

때로 70세는 40세보다 유쾌하고 희망차다.

- 올리브 웬델 홈스 경

Part06
—

주의

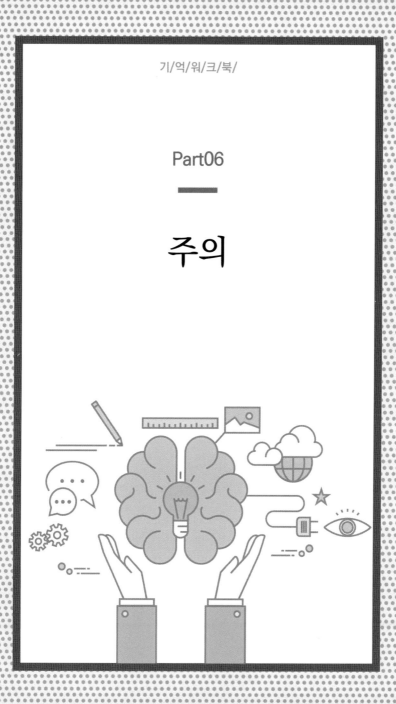

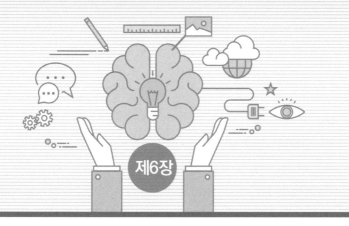

주의

　이번 장에서는 기억 프로그램의 두 번째 요소인 RARE의 "A"에 대해 살펴볼 것이다. 주의는 기억에서 중요한 요소이다. 기억을 잘 하려면, 집중을 잘 해야 한다. 기억 저장소로 들어가기 위해서는 의식적으로 노력을 해야 한다. 그리고 정보를 인출하기 위해 주의를 잘 기울여야 한다. 아울러, 정보를 입력하기 전에 여러 번 항목을 외우고, 조작을 해야 한다. 기억은 주의를 잘 기울이는 만큼 좋아진다. 우리는 이 책을 통해 효과적인 주의 방법에 대해 살펴볼 것이다.

소극적인 주의

　당신이 젊다면, 조금만 주의를 기울여도 기억을 잘 할 수 있을 것이다. 그러나 나이가 들면, 주의를 많이 기울여야 한다. 주의를 적게 기울이면, 기억을 잘 할 수가 없다. 노화에 따라 뇌와 몸은 변화한다. 따라서 정보를 기억하기 위해서는 주의를 기울여야 한다.

왜 주의를 기울여야 하나?

나이가 들어감에 따라 주의력 저하는 기억문제의 주된 원인이 된다 (Smith, 1980). 이것은 주변의 것은 차단하고, 하나에 주의를 기울여야 하는 선택주의에서 두드러진다(Backman & Nilsson, 1985). Yesavage와 Rose(1983)는 기억향상 훈련에서 주의의 중요성에 대해 연구했다(예, Yesavage & Jacob, 1984; Stigsdotter & Backman, 1989; Stigsdotter－Neely & Backman, 1993).

기억의 첫 번째 단계에서는 감각을 다룬다. 정보는 감각을 통해 작업기억으로 들어간다. 주의가 방해를 받으면, 기억은 손상이 된다. 예를 들면, TV 소리가 주의를 기울이는 것을 방해해 배우자의 말이 잘 들리지 않을 수 있다. 따라서 기억을 좋게 하기 위해서는 주의를 잘 기울여야 한다. 이제 주의 연습을 해보자.

━━━━ 연 습 ━━━━
수 연합법

"12일간의 크리스마스"라는 노래를 아는가? 이 노래를 숫자와 함께 연상해서 항목을 외워보자. 5분 동안 항목을 기억해 보라. 각 항목에다 숫자를 연결시켜보라. 그리고 사물에 숫자를 그려보라. 예를 들어, 시리얼상자와 바위를 기억하기 위해 숫자 2를 "바위" 단어에, 숫자 3은 "시리얼상자" 단어에 놓아보라. 마음속으로 2 바위와 3 시리얼상자를 시각화해라. 기억하고 시각화하기 위한 7가지 항목은 옷걸이, 컴퓨터, 디스크, 연필, 풀, 잡지, 스테이플러, 다리미이다. 항목을 기억하기 위해 시간을 줄 것이다. 기억력을 시험해보자.

주의 기울이기!

당신 어머니가 "집중해!"라고 말했을 때를 떠올려 보라. 우리는 본래 "주의를 기울이는 방법"을 알고 있다. "주의를 기울인다는 것"은 무엇인가? 우리는 무엇을 하고, 듣고, 볼 때, 잠시 멈추게 된다. 당신이 주의를 기울이면, 어머니는 좋아한다. 하지만, 주의를 기울이는 것은 생각보다 복잡하다.

노인과 성인은 주의를 기울이는 정도에 따라 기억 수행에 차이가 있다. 여기 몇 가지 주의의 종류가 있다. Stankov(1988)는 주의를 다음 여섯 가지로 구분했다.

1. *집중*(주의를 계속 기울이는 것): 지속적으로 정신적인 노력을 기울이는 것이다(독서를 할 때처럼). 집중은 목적을 가지고 주의를 다루는 능력으로, 짧은 시간 안에 초점을 두는(보통은 몇 초) 단순한 주의와는 다르다.

2. *각성*: 긴 시간동안 좀처럼 생기지 않는 신호를 탐지하는 능력이다(별똥별을 관찰하는 것 같은). 각성은 가끔 일어나는 자극을 제외하고 주의를 기울일 것이 없을 때, 주의를 지속하는 능력을 말한다.

3. *분할주의*: 이 능력은 두 가지 과제를 동시에 하는 것이다(걸으면서 껌 씹기). 이 과제는 같은 감각 자극뿐 아니라(동시에 두 사람이 이야기하는 것을 듣는 것), **여러 감각 자극을 포함하고 있다**(세금 계산을 하면서 농구 게임을 보는 것).

4. *선택주의*: 이 능력은 다른 자극을 차단하고, 한 자극에 주
   의를 기울이는 것이다(신문을 읽으면서 배우자와 대화하는 것).

5. *검색*: 이 능력은 유사한 자극들 중에서 특정 자극을 찾는
   것이다(건초더미에서 바늘을 찾는 것). 대표적인 예 중 하나
   가 단어찾기이다.

6. *전환주의*: 한 자극에서 다른 자극으로 주의를 전환하는 것
   이다(신문을 읽다가 멈추고 배우자와 대화하는 것).

주의의 종류를 알았다면, 주의와 관련된 기억비법을 살펴보자.

▼ 기억비법: 구분해서 결정하기

감각의 종류가 서로 다를 때는 주의하기가 쉽다. 예를 들어, 책을 읽으면서
강의를 듣는 것보다는 음악을 들으면서 노을을 보는 것이 쉽다. 읽거나 듣는
것이 다른 감각과 연관되어 있으면(눈 대 귀), 정보는 유사한 경쟁 체계에서
처리된다. 그것은 둘 다 언어정보이지만, 특징이 다르다. 그러므로 동시에 주
의를 기울이기 위해서는 경쟁 자극을 선택하는 것이 중요하다.

━━━ 연 습 ━━━
읽은 것을 기억하기

집중을 정의하라.

_____

_____

_____

_____

_____

_____

　　정답은 93쪽을 보라. 집중과 주의는 종종 헷갈린다. 집중은 주의의 특수한 형태이다. 그리고 주의보다 강력하고 지속적이다. 집중은 주의보다 에너지가 더 많이 든다. 그래서 집중을 잘 하면, 기억을 잘 할 수 있다.

━ 연 습 ━
수 연상 방법 기억하기

　　92쪽의 7개 숫자로 연상한 항목을 써보라.

1. _____
2. _____
3. _____
4. _____
5. _____
6. _____
7. _____

　　부록 E에서 정답을 확인해보라. 어땠나? 당신은 이 방법을 쓰고 싶은 가? 이 방법을 통해 주의는 숫자와 연합된 항목으로 확장되었다. 두 번 더해 보자. 네 개 이상을 회상했다면, 잘 한 것이다. 다음은 잘못 안내된 주의에 대해 살펴보자.

연 습
잘못 안내된 주의

　잠시 책을 놓고, 솜뭉치를 준비해 보라. 솜뭉치가 없다면, 종이뭉치를 사용해도 좋다. 솜뭉치를 탁자 위에 놓고 집중해보라. 그것에 집중하라. 할 수 있다! 그리고 솜뭉치를 움직여보라! 솜뭉치를 당신 쪽으로 움직이게 해보라.

　성공했나? 솜뭉치에 영향을 줬나? 움직였나? 움직이는 데 사용된 에너지에 주목하라. 그러나 솜뭉치를 마음으로 움직이게 하는 것은 불가능하다. 그것은 바람으로 움직이는 게 현실적이다. 지혜롭게 하는 것이 중요하다. 그리고 아래 제시한 것처럼 악순환이 되지 않게 하라.

잘못된 주의 → 좌절 → 무능감 → 낮은 자기 개념 → 기억저하

이 관점에서 보자

　마음으로 솜뭉치를 움직이려고 했을 때 어땠나? 좌절했나? 피곤했나? 어땠나? 강렬한 느낌이 들었나? 분명, 마음으로 솜뭉치를 움직이는 것은 불가능하다. 솜뭉치를 움직이려면, 적절한 방법을 써야한다. 우리는 백 명의 이름을 기억하는 방법을 가르쳐줄 수는 없다. 하지만, 새로운 사람의 이름을 기억하게 할 수는 있다.

연 습

주의하기

익숙한 길을 운전하면서 전에는 발견하지 못한 게 있었는지를 보라. 그러면, 주의를 기울이지 않아 놓치는 것이 얼마나 많은지를 알게 될 것이다. 1km도 채 안 되는 길에서 발견하지 못한 것이 많을 것이다. 오랫동안 이 길을 다녔었는데 왜 전에는 보지 못했을까? 그것은 주의를 기울이지 않았기 때문이다. 그때 당신은 라디오를 듣고 있었거나, 다음 달 카드 값을 생각했을 수도 있다. 핵심은 주의를 잘 기울이면, 기억을 잘 할 수 있다는 것이다. 다음 기억비법을 살펴보자. 그리고 기억일기를 써 보자.

▽ 기억비법: 산만함을 줄이는 자신만의 방법 찾기

운전 동안 자주 길을 잃어버린다면, 산만함을 줄일 필요가 있다. 환경 내 정보는 우리를 산만하게 한다. 그런 경우에는 라디오를 끄면 된다. 우리는 감각 정보가 적을수록 과제에 집중할 수가 있다. 더러운 차창도 길을 잃는 데 영향을 줄 수 있다. 대화, 목적지를 찾기 위해 하는 통화, 화장, 면도, 마음 속 복잡한 생각도 탐색을 방해한다. 어쩌면 그때 당신은 저녁에 뭘 할지를 생각하고 있었을 수도 있다. 소화가 안 되어 속이 좋지 않거나, 신발이 발을 불편하게 했을 수도 있다. 당신만의 방법으로 해보라. 건물이나 거리의 이름을 적어 보라. 눈앞의 일에 집중해라. 그러면 길을 잘 찾을 수 있을 것이다.

주의 기울이기: 현재에 머물기

당신 어머니가 '주의는 치러야 할 대가가 있다.'라고 했던 말은 옳다. 대가는 당신에게 무언가를 요구한다. 주의의 대가는 노력이다. 당신이 주의를 기울일 대상은 현재이다. 현재에 주의를 기울이려면, 노력이 필요하다. 우리는 아직 보지 못한 세부사항을 찾기 위해 노력을 기울이라고 했다. 운전 동안 전에는 보지 못했던 것을 얼마나 많이 보았는가? 어떤 노력을 했는가? 우리는 당신에게 전에는 보지 못했던 것을 찾아보라고 했다. 보지 못했던 세부 사항을 찾아보라. 새로운 눈으로 세상을 보라.

주의에 대한 첫 번째 교훈은 노력이다. 세부 사항을 찾으려고 노력하면, 주의에 초점을 두게 되고, 더 나은 부호화(학습)를 통해 더 잘 기억하게 된다. 노력은 기억을 좋게 한다. 기억이 실제로 좋아진다고 말한 것은 약간 잘못된 것이다. 당신의 기억은 항상 하던 것을 했을 뿐이다. 당신의 주의는 좋아질 수 있다. 왜인가? 그 이유는 노력을 기울일수록 더 잘 부호화되고, 더 많이 학습되고, 더 잘 기억할 수 있기 때문이다.

주의를 잘 기울일 수 있는 방법은 세부 사항에 초점을 두는 것이다. 예를 들어, 운전을 하면서 자연스럽게 환경의 어떤 요소에 초점을 두는 것처럼, 주의를 수동으로 바꿔보라. 노력을 하지 않으면, 처음에 끌렸던 요소에만 주의를 기울이게 된다. 노력을 하면 세부 사항에 주의를 기울일 수가 있다. 당신의 실수를 살펴보라. "나는＿＿＿＿＿＿에 주의를 기울일 것이다."라고 말하면서 주의를 전환해 보라. 예를 들면, 당신이 사람의 이름을 잘 기억하지 못한다면, 새로운 사람을 언제 만났는지에 주의를 기울여 보라. 당신은 이름과 같은 외적인 것 대신에, 내적인 것에 주의를 기울이는가? 어떻게 행동하고, 무엇을 말하는지에 민감할 수 있는가? 그렇게 되면, 당신은 다른 사람의 이름이 아닌, 자신의 수행에 주의를 기울일 것이다.

다음으로는 기억향상의 도구로서 외부의 도움과 조직화된 책략에 대해 살펴보자.

▼ 기억비법: 당신만의 기억 장소

당신만의 기억 장소를 만들어라! 그릇, 바구니, 종이상자, 휴대전화를 문 옆에 뒤라. 지갑, 안경, 영수증 등, 그날 당신에게 중요한 것을 여기에 놓아두라. 집을 나가지 않을 때도 자주 확인해 보라. 어떻게 습관을 만들 수 있을까? 그러기 위해서는 카네기 홀에서 연주를 할 수 있을 만큼 연습을 해야 한다! 연습을 하는 동안 변하기 쉬운 기억 장소를 고정시켜보라. 당신의 오른쪽을 사용해라. 식당에서는 항상 오른쪽에 지갑을 놓아라. 신용카드를 쓴다면, 오른쪽 주머니에 카드를 넣어라. 왜 이것이 방법이 될까? 잊어버리는 경우를 대비해 오른쪽을 찾는 습관은 당신의 기억을 의식화시킬 수 있을 것이다.

솜뭉치를 한 번 더 확인해 보자.

연 습
이것은 누구의 솜뭉치인가?

앞서 연습했던 솜뭉치를 떠올려보라. 걱정하지 마라. 마음으로 움직여 보라고 하지는 않을 것이다. 당신은 솜뭉치가 어떻게 생겼는지를 알 것이다. 하지만, 당신의 솜뭉치를 다른 솜뭉치와 구분할 수 있는가? 이 솜뭉치는 다른 솜뭉치와는 다를 것이다. 지문과 눈 결정처럼 솜뭉치도 다 다를 것이다. 당신의 솜뭉치를 보라. 섬유 패턴을 보라. 색깔, 음영, 색조를 보라. 그것은 다른 솜뭉치보다 약간 더 희거나 노랄 수 있다. 느껴봐라. 당신의 손가락과 혀끝에 대어보라. 혀에서 느껴지는 맛과 감촉을 느껴보라. 냄새가 나는가? 귀에 갖다 대고, 손가락으로 비벼봐라. 소리를 들어 봐라. 솜뭉치를 새롭게 경험해보라. 기억해라. 주의를 기울이는 것은 의식적으로 부호화하게 하고, 인출 동안 노력을 덜 들게 한다. 솜뭉치는 이제 당신의 작업기억에서 다중기억체계(시간, 절차, 지각, 삽화기억으로 알려진)의 장기기억으로 옮겨 갈 것이다. 이제 당신은 이 솜뭉치에 대한 파일을 이미 있는 파일(솜과 유사한 것)로 기억할 수 있겠는가? 만지고, 보고, 시간으로 파일을 만들 수 있나? 그리고 솜뭉치를 저장하기 위해 새로운 파일을 만들 수 있는가? 당신이 가장 잘 기억할 수 있도록 솜뭉치를 의식적으로 보고, 냄새 맡고, 맛보고, 듣고, 느껴보라. 다른 감각을 이용하는 것은 서로를 참조하게 하고, 솜뭉치에 대한 기억에 접근할 수 있게 한다. 기억은 세부 사항을 알고 개념에 접근할 때, 비로소 서로를 참조할 수 있게 된다. 나중에 이것을 알고 있는지를 물을 거니까, 이 솜뭉치에 익숙해지도록 시간을 들여 보라.

▽ 기억비법: 자동차 찾기

마트에서 차를 어디에 주차했는지 몰라 찾아야 할 경우가 있다면, 미리 안테나에 리본을 묶어보라. 비슷한 차가 나란히 주차 되어 있다면, 차를 찾기가 어렵다. 하지만, 형광색 리본이 안테나에 묶여져 있으면, 쉽게 찾을 수 있다.

— 연 습 —
세부 사항에 주의를 기울여라

다른 솜뭉치를 준비하라. 당신의 솜뭉치와 다른 솜뭉치를 섞어보라. 그러면 구분할 수 없을 것이다. 이제 두 솜뭉치를 자세히 보라. 어떤 사람이 원래 솜뭉치를 다른 솜뭉치와 구분할 수 있는지를 물으면, 당신은 아마 아니오라고 답할 것이다. 이제 당신이 선택한 솜뭉치를 부호화하는 방법을 배워보자.

솜뭉치에 향수를 뿌려 보라. 향기가 솜뭉치에 배면 후각을 활용할 수 있다. 솜뭉치의 향기가 주의를 기울이게 도와줄 것이다. 할 수 있다. 향기가 나면 기억이 날 것이다.

> *인내와 투지만이 모든 것을 가능하게 한다.*
> *"계속 밀고 나가라"는 구호는 지금까지 그래왔던 것처럼*
> *인류의 문제를 해결해 줄 것이다.*
>
> \- 칼빈 쿨리지

=== 연 습 ===

산만함에 주의하기

이 작업을 하기 위해서는 당신은 조금 색다른 것을 해야 한다. 의도적으로 산만함에 주의를 기울여 보라. 당신은 TV를 시청하면서 라디오도 듣고 싶어 한다! 텔레비전을 켜서 좋아하는 프로그램 하나를 골라보라. 동시에 라디오를 틀어라. 음악보다 라디오 방송을 찾아보라. 라디오와 텔레비전 모두에 집중해라. 우선, 라디오와 텔레비전에 번갈아 가며 주의를 주다가, 동시에 주의를 기울여 보라. 이것을 하려면 노력이 많이 든다.

당신은 텔레비전 프로그램을 잘 볼 수 있었나? 그리고 주제와 쇼 내용에 대해 말할 수 있었나? 어떤 것은 할 수 있었겠지만, 어떤 것은 힘이 들었을 것이다. 가벼운 기억실수에 주의를 기울이면, 기억실수와 주의를 기울이는 데 노력이 분산되어 집중을 할 수 없게 된다. 예를 들어, 누군가를 처음 만났을 때 의식이 되면, 그 사람의 이름을 기억하지 못할 수도 있다. 이때 주의는 다른 곳으로 간다. 따라서 라디오에 대한 주의산만 때문에 텔레비전을 볼 수가 없다. 그렇기 때문에 당신은 기억해야 할 정보에 주의를 기울여야 한다. 쇼를 잘 보기 위해서는 자기 의심이라는 내부의 라디오를 꺼야 한다. 다음은 조직화 전략에 대해 살펴보자.

▽ 기억비법: 조직화 전략

당신은 처리할 수 있는 것보다 더 많이 기억할 수 있나? 일상에는 많은 정보가 있다. 대부분의 정보는 장기기억에 저장되지 않는다. 그것은 다음번이나 내일 해야 할 일이 된다. 이런 일상의 정보는 어떻게 처리해야 하나? 어떻게 '일상'의 정보를 통합할 수 있나? 어떻게 수요일 12시 15분에 통화해야 하는 것을 기억할 수 있나? 어떻게 집에 가는 길에 마트에 들러 사야할 빵과 고기를 기억할 수 있나?

일상에서 효과적으로 기억을 할 수 있는 방법은 조직화하는 것이다. 어떤 사람은 달력이나 일정표를 들고 다니고, 또 다른 사람은 자동응답장치를 쓴다. 그리고 컴퓨터는 수첩이 했던 일을 대체 할 수 있다. 당신에게 효과적인 방법을 이용해보라. 장기기억을 흘릴 이유는 없다. 중요한 것은 저장을 해라. 핵심은 기억을 보완할 수 있도록 조직화 전략을 사용하는 것이다.

다음은 앞서 소개한 주의의 종류를 경험하는 데 도움이 될 것이다.

연 습

당신의 주의를 다루는 연습

다음 과제는 점차 복잡해지는 주의 형태를 실제로 적용해 본 것이다. 우리는 당신에게 선택주의와 교대주의, 그리고 분할주의의 기능에 관해 알려줄 것이다. 또한, 준비설정에 대해 가르쳐 줄 것이다. 당신은 주의력을 높이기 위해 준비설정을 이용할 수 있다. 이 연습을 위해 숫자를 제시할 것이다. 특정 숫자가 나타나면, 연필로 동그라미를 쳐라. 우리는 이 연습을 끝내는 데 시간이 얼마나 걸리는지를 볼 것이다. 첫 번째 연습은 선택주의의 예이다.

선택주의 과제

연습을 하기 전에 텔레비전 볼륨을 최대로 높여라. 텔레비전은 주의의 방해물이 된다. 선택주의 과제를 하는 동안 당신은 방해물을 없애야 한다. 즉, 텔레비전을 무시하고, 특정 숫자에 주의를 기울여야 한다. 3이 나오면 동그라미를 쳐라. 이 연습을 끝내는 데 시간이 얼마나 걸리는지를 보라.

1 5 9 8 7 6 3 0 9 6 7 8 3 0 8 7 8 1 0 3 7 6 5 2 9 8 7 3 9 8 2 5 0 3 7 6 5

1 3 3 7 8 5 1 0 8 2 5 3 7 6 5 1 9 0 4 3 2 9 1 7 6 4 8 7 1 5 6 4 1 0 7 3 9

0 7 4 0 9 1 4 6 2 9 7 5 1 3 6 4 4 8 6 9 4 4 9 8 4 5 4 7 3 4 5 7 9 3 1 5 4

5 8 7 4 5 6 3 2 5 5 6 3 8 9 7 4 1 2 8 9 2 4 3 9 5 7 3 2 4 5 7 9 3 5 8 5 2

이 연습을 끝내는 데 걸린 시간을 적어보라. 잘했는가? 이 과제를 하기 위해서는 탐색과 경계를 해야 한다. 이제 교대주의의 개념을 적용해 보자. 당신은 둘 이상에 주의를 번갈아 기울여야 한다. 3이 나올 때마다 동그라미를 쳐라. 하지만, 3 다음에 5가 나오면, 이번에는 과제를 바꿔서 6에 동그라미를 쳐라. 그리고 6 다음에 1이 나오면, 다시 바꿔 3에 동그라미를 쳐라. 쉽지 않을 것이다. 이 연습에 시간이 얼마나 걸렸는지를 보라.

교대주의 과제

1 5 9 8 7 6 3 0 9 6 7 8 3 0 8 7 8 1 0 3 7 6 5 2 9 8 7 3 9 8 2 5 0 3 7 6 5

1 3 3 7 8 5 1 0 8 2 5 3 7 6 5 1 9 0 4 3 2 9 1 7 6 4 8 7 1 5 6 4 1 0 7 3 9

0 7 4 0 9 1 4 6 2 9 7 5 1 3 6 4 4 8 6 9 4 4 9 8 4 5 4 7 3 4 5 7 9 3 1 5 4

5 8 7 4 5 6 3 2 5 5 6 3 8 9 7 4 1 2 8 9 2 4 3 9 5 7 3 2 4 5 7 9 3 5 8 5 2

이 연습을 끝내는 데 걸린 시간을 적어라. _____

다음 과제는 약간 어려울 수 있다. 이번에는 동시에 과제를 하는 능력인 분할주의를 해보자. 세 가지를 동시에 해야 한다. 발끝을 두드리면서 2와 W가 보이면 동그라미를 쳐라. 하나, 둘, 셋, 발을 두드린 뒤 잠시 멈춰라. 이 과제를 하는데 걸린 시간을 써보라.

분할주의 과제

2 9 D M 3 L 0 A V 5 M 6 0 D 2 W B 5 0 X 7 B M 3 B 52 C G 4 8 F Y 5

2 H V M D 2 E U 7 8 3 0 P L V W D R 3 7 4 9 F J V N W T 2 A Z 0 8 M

8 S 2 D O M 3 K 2 F 5 S 9 W 1 Z 8 B O M 3 B F 6 7 G 9 0 V 4 S H 2 M 1

3 J V W 8 C 5 A 8 X 9 2 0 4 M 3 2 6 D J W 7 G F H V C 2 4 3 I F 8 Y 3 4 F

과제를 완성하는 데 걸린 시간을 적어보라. _____

더 많이 주의 기울이기

당신은 선택, 교대, 분할주의 과제를 연습했다. 그리고 주의의 종류에 따라 서로 다른 노력이 필요하다는 것을 경험했다. 더 많은 노력이 요구될수록 더 많은 준비가 필요하다. 요구에 익숙해지면 준비를 할 수가 있다. 그러면, 정신 과제를 하는 데 필요한 노력을 추정할 수 있다.

교대주의의 예처럼 당신이 주의를 전환하기 위해서는 많은 노력이 든다. 교대주의의 좋은 예 중 하나는, 저녁만찬과 집안일로 바쁜 하루 일과가 될 수 있다. 당신은 집안일과 저녁 준비 모두를 해야 한다. 우선, 해동을 위해 칠면조를 전자레인지에 넣었다. 칠면조를 해동하는 동안 진공청소기로 카펫 청소를 하고, 전자레인지가 다 되었다는 벨에 주의를 기울였다. 전자레인지 벨이 울렸을 때, 청소를 멈추고 주방으로 갔다. 그런 다음, 칠면조를 오븐에 넣고, 요리를 위해 필요한 것에 다시 주의를 기울였다. 일단, 오븐에 넣은 다음 바닥을 닦기로 했고, 걸레질에 필요한 것에 주의를 두었다. 그리고 오븐 타이머가 울렸을 때, 다시 요리에 주의를 돌렸다. 과정이 복잡한 것처럼 보이지만, 이게 현실이다. 복잡한 일상 중에 옆집으로 이사 온 부부의 이름을 기억하지 못하는 건 놀랄만한 일은 아니다.

앞서 끝낸 선택주의 과제는 환경에서 경쟁하는 주의산만의 정도에 따라 다른 노력을 필요로 한다. 선택주의는 주의가 산만할 때, 주의하기 위한 당신의 능력에 집중된다. 그것을 선택주의라고 한다. 왜냐하면 다른 것은 차단하고, 주의를 기울인 것은 선택해야 하기 때문이다. 선택주의를 사용하는 상황은 자극이 많은 바쁜 사무실이 그 경우가 될 수 있다. 특정 과제에 초점을 둔 작업자는 주변에서 일어나는 중요하지 않은 말이나 옆에 직원의 일에는 초점을 두지 않을 것이다.

분할주의는 노력이 많이 든다. 이것은 동시에 두 가지 과제에 주의를 기울여야 한다. 화장을 하면서 운전을 하는 것은 분할주의의 예이다. 이것은 어렵고 복잡해서 많은 사람들이 불가능하다고 생각한다.

주의는 확대경 같다. 따라서 이미지가 선명해질 때까지 렌즈를 조절해야 한다. 다른 방법은 주의를 자동 조정 장치에 놓고 맞춰진 것을 받아들이는 것이다. 만약, 과제가 선택, 교대, 분할주의를 요구하면 그렇게 해라. 그러나 보다 복잡한 주의 과제를 할 때는 완벽하게 기억하려 하지 말고, 당신이 하고 있는 것을 이해해 보라. 당신은 주의를 기울이는 데 필요한 주의의 여러 종류를 경험했다. 그러면 주의를 어떻게 준비해야 하는지를 배워보자.

준비설정

이번에는 당신이 했던 과제 중 하나를 최선을 다해 해보라. 그러기 전에 정신적인 준비를 하라. 이것을 *준비설정*이라고 한다. 준비설정은 경기 전에 운동선수가 준비운동을 하는 것과 비슷하다. 당신은 준비설정을 위해 활동과 요구에 따라 일어날 수 있는 어려움을 되뇌어야 한다. 이것은 정신적 워밍업처럼 앞으로 닥칠 상황을 준비하게 한다. 어디에, 어떻게, 주의를 기울여야 하는지를 앎으로써 당신은 준비를 할 수 있을 것이다.

다시 세 가지 코스 만찬을 준비해야 하는 저녁을 예로 들어보자. 만찬을 위해 당신은 준비를 해야 한다. 미리 필요한 재료를 만들어 놓는 것은 일종의 준비설정 단계와 비슷하다. 우리는 효율적으로 요리하는 것을 상상하면서, 음식준비에 필요한 재료와 도구를 생각해볼 것이다. 준비설정은 몇 분밖에 걸리지 않는 단순한 과정이다. 하지만, 성공을 보장해 주는 효과적인 방법이다. 많은 사람들은 주의를 기울이는 것을 당연하게 여긴다. 하지만, 주의는 노력과 준비를 요구하는 기술이다. 파티, 회의, 쇼핑은 당신의 주의를 압도할 수 있다. 따라서 주의를 당연한 것으로 여기지 마라. 그리고 준비설정을 연습하는 동안 이완 기술도 함께 사용해 보라.

이완을 위해 시간을 들여 보라. 완전히 이완되기 위해, 앞서 배웠던 연습을 해 보라. 편하게 앉아 긴장을 풀어보라.

분할주의 연습을 위한 준비설정

숫자 연습을 다시 해보자. 우선, 준비설정을 해보자. 이 과제를 하는데 필요한 모든 요구를 마음속으로 되뇌어 보라. 준비설정을 활용하여 분할주의 연습을 반복해 보라. 세 박자로 발을 두드리면서 2와 W가 나오면 동그라미를 처라. 2와 W에 대해 생각하라. 과제를 준비하고 시작하기 전에 요구를 되뇌는 시간을 가져라. 102쪽의 지시 사항을 다시 읽어보라. 과제를 머릿속으로 그려보라. 2와 W가 어떻게 보일지를 생각해 보라. 어떻게 주의를 기울일 것인가? 빠르게 혹은 느리게 할 것인가? 처음 초점을 둘 것은 무엇인가? 두 번째로 초점을 둘 것은 무엇인가? 이 과제를 하는데 걸린 시간을 적어보라.

━━━━━━━━ 연 습 ━━━━━━━━

분할주의

2 9 D M 3 L 0 A V 5 M 6 0 D 2 W B 5 0 X 7 B M 3 B 52 C G 4 8 F Y 5

2 H V M D 2 E U 7 8 3 0 P L V W D R 3 7 4 9 F J V N W T 2 A Z 0 8 M

8 S 2 D O M 3 K 2 F 5 S 9 W 1 Z 8 B O M 3 B F 6 7 G 9 0 V 4 S H 2 M 1

3 J V W 8 C 5 A 8 X 9 2 0 4 M 3 2 6 D J W 7 G F H V C 2 4 3 I F 8 Y 3 4 F

과제를 완성하는 데 걸린 시간을 적어보라. _____

결과 비교

어땠나? 이번에는 쉬웠나? 시간을 줄일 수 있었나? 얼마나 잘했는지를 보기 위해 우리는 당신의 수행을 비교해 볼 것이다. 이 검사는 평균 31살의 25명의 임상심리학 박사과정 학생들에게 실시한 것이다. 명심하라. 당신의 시간은 이 학생들보다는 느릴 것이다. 결과는 다음과 같다.

선택주의 작업에서 평균 완성 시간은 28초였다. 가장 빠른 시간은 22초였고, 가장 느린 시간은 45초였다.

교대주의 작업에서 평균 완성 시간은 49초였다. 가장 빠른 시간은 30초였고, 가장 느린 시간은 75초였다.

분할주의 작업에서 평균 완성 시간은 51초였다. 가장 빠른 시간 39초였고, 가장 느린 시간은 82초였다.

준비설정이 도움이 되었나? 처음 연습 때보다 점수가 나아졌나? 두 번째 시간이 더 편했나? 명심하라. 주의는 기억에서 중요한 부분이다. 만약, 당신이 적절히 주의를 기울이지 않으면, *기억하기가 어려울 것이다.* 따라서 생각이 필요하거나 기억이 요구되는 상황이 되면 준비설정을 하라. 당신은 다음과 같은 경우에 준비설정을 할 수 있다: 운전하기 전, 심부름을

하기 전, 집안일을 하기 전. 당신의 하루에 대해 준비설정을 해 보라. 당
신이 당면하는 요구와 방해를 극복하기 위한 방법으로 모든 활동을 되뇌
어 보라. 운동선수처럼 당신의 하루라는 "큰 경기"를 위해 준비운동을 해
보라. 신뢰로운 기억을 위해 먼 길을 가듯, 잘 준비해 보라. 다음으로는
준비검토에 대해 살펴보자.

준비검토

준비검토는 실제 작업을 하는 것을 제외하고는 준비설정과 비슷하다.
준비검토를 통해 잠시 쉴 수도 있고, 작업을 마치기 위해 과거의 전략과
새로운 전략도 함께 살펴볼 수 있다.

준비검토 중에는 조치를 취하고, 진행 상황을 검토하면서, 무엇이 더
필요한지를 확인할 수 있다. 준비검토는 실패한 접근을 정신적으로 개조하
는 시간이다. 결국, 휴식으로 원기를 회복하는 것이다.

================= 연 습 =================

이완, 주의, 그리고 에드가의 차고에 적응적인 사고방식 적용하기

당신은 RARE-DREAM을 위한 세 가지 개념을 배웠다(합리적이고,
정서적이며, 적응적인 사고방식을 개발하는 동안 이완하고 주의하기). 이제
이것을 적용해 보자. 한 번 더 에드가의 차고를 보여줄 것이다. 처음
에는 이야기를 한번 훑어보라고 했었다. 이번에는 노력을 들여 보자.
우리가 가르쳐 준 방법(호흡, 점진적 근육이완)을 이용해 이완 상태를
만들어 보라. 이완이 되면 주의 기술을 적용하고 준비설정을 하라. 그
리고 계획을 훑어보라. 이야기 형식, 문맥, 과제(항목을 기억하는 것),

그리고 과제를 달성하기 위해 사용할 접근을 생각해보라. 그런 다음, 중간쯤에 준비검토를 해보라. 그리고 이완상태에서 간단하게 과제와 항목을 기억하기 위해 어떻게 하고 있는지를 검토해보라(이것이 준비 재검토이다). 본래의 계획으로 돌아가 꼭 필요한 것을 하라. 수행에 대해 비난과 부정적인 사고는 하지 마라. 모든 항목을 기억할 필요는 없다. 그러나 지금까지 논의한 방법을 적용해보라. 압력을 받아 좌절하거나 긴장하게 되면, 이완 연습을 해보라. 에드가 차고의 이야기를 다시 보여줄 것이다.

오랫동안 미루어 왔던 약속을 지키기 위해 에드가는 차고를 청소하기로 했다. 청소를 하지 않은 지 20년이 지난 차고는 장난감과 공구, 잡다한 잡동사니로 가득 차 있었다. 추억이 담긴 물건을 정리하면서 처음 버리기로 한 것은 먼지가 쌓인 낡고 고장 난 시계가 담긴 상자였다. 다음으로는 고장 난 램프를, 그리고 몇 년간 모아둔 신문 꾸러미와 오래된 라디오를 버렸다. 그는 책 더미를 발견했다. 그 중 한 권은 그가 좋아했던 *모비딕*이었다. 어렸을 때 그는 흰 고래와 사투를 벌이는 것을 꿈꿨었다. 에드가는 *모비딕*에 대한 애정 때문에 해군에 입대했었다.

그는 잡동사니 더미에서 오래된 휠 캡을 발견했고, 산더미처럼 쌓인 레코드에서 빙 크로스비 앨범을 찾았다. "오! 가여운 빙. 흠집이 났네." 그는 중얼거렸다. 다음으로는 작고 독특하게 생긴 낡은 바비큐 그릴을 버렸다. 딱히 이유 없이 보관해 두었던 오래된 전화번호부는 바로 쓰레기통으로 직행했다. 그리고 몇 년 전 바닷가에서 주운 유리병을 보자 눈이 커졌다. 병을 잡았을 때 피부에 차가운 느낌이 전해졌다. 그는 병의 매끄러움을 느낄 수 있었다. 아직도 짠 내와 모래의 감촉이 느껴지는 것 같았다. 이 병은 간직하기로 했다. 그는 먼지가 가득한 탁자 아래서 몇 년 전 잃어버렸다고 생각했던 드릴을 발견했다. 그는 따지도 않은 런천미트 스팸도 찾았다. 계란 프라이와 버터를 바른 식빵과 함께 먹으면 좋겠다는 생각이 들었다.

그는 도구 상자에서 망치도 발견했다. 그리고 닐 암스트롱이 "한 인간에게는 작은 걸음에 불과하지만 인류에게는 위대한 도약이다."라고 말했던 1969년 무더웠던 여름, 아들에게 선물했던 아폴로 13호 모형을 찾았다. 그는 또 제법 무거운 나무 야구 방망이를 발견했다. 왼손으로 스윙을 해보니 부드럽고 세밀한 나무 감촉이 느껴졌다. 여전히 방망이의 타격감을 느낄 수 있었고, 아들의 리틀리그 시절이 떠올랐다. 아울러 그는 아들이 입었었던 원피스를 발견했다. 쇼핑몰에서 샀던 뒤가 파진 멋진 분홍 실크 원피스였다. 그는 옷을 쓰레기봉투에 넣으며 미소를 지었다. 그는 절대 고칠 수 없을 것으로 보이는 낡은 텔레비전은 버렸지만, 아직 말이 남아 있는 체스게임은 보관하기로 했다. 그리고 아내와 체스게임을 하면서 하루를 마무리하면 좋겠다고 생각했다.

에드가의 차고 청소는 새로운 기술을 적용하고 통합하기 위해 다시 제시했다. 당신은 간단한 검사를 받을 것이다. 회상이 향상되지 않고 나빠졌더라도 실망하지는 마라. 이 기술은 익숙하지 않아 복잡할 수도 있다. 따라서 반복적으로 연습해야 한다. 복잡한 것을 일상에 적용하기 위해서는 연습이 필요하다. 더 많이 연습하고 검토할수록 더 잘 기억할 수 있을 것이다. 이런 마음으로 주의를 검토해 보자.

주의와 관련하여 학습한 개념:

★ *지속주의*: 활동을 반복하는 동안 자각에 초점을 맞춰 항상성을 유지하는 능력(집중).

★ *경계*: 장기간에 걸쳐 일어나는 특정 신호를 탐지하는 능력.

★ *분할주의*: 여러 정신적 요구에 유연성을 허용하는 능력.

★ *선택주의*: 자극의 변별과 초점을 유지하는 능력. 활성화(주의하기로 선택한 것)와 억제(지우기로 선택한 것)를 요구.

★ *검색*: 유사한 자극에서 특정 자극을 찾아내는 능력.

★ *교대주의(주의 전환)*: 한 자극에서 다른 자극으로 주의를 바꾸는 능력.

당신의 주의를 주의하라. 어떤 상황이든 어떤 종류의 주의를 하고 있든지 간에, 당장에 필요한 주의가 어떤 것인지를 생각해 보라.

우리가 배운 주의의 단계

★ *준비설정*: 정신적 워밍업. 다가올 상황에 필요한 능력과 요구를 준비하는 것. 어떤 상황을 접하기 전에 일어날 수 있는 활동과 잠재적 어려움을 머릿속으로 그려보라. 정신적 준비는 낙관성을 높인다.

★ *준비검토*: 수행을 적용하고 재고하기 위해 과제에서 한 발짝 물러나는 것. 이것은 한 과제를 하고 난 뒤 검토 시간을 가진다는

것을 제외하면, 준비설정과 비슷하다. 준비검토를 통해 멈추기 위한 단서로는 어떤 것이 있을까? 그 단서로는 피로, 혼란, 좌절 등이 있다. 당신이 피곤하고 혼란스럽거나 좌절스러우면, 잠시 쉬면서 준비검토 시간을 가져보라.

연 습

에드가의 차고에서 회상한 항목

에드가의 차고에서 기억나는 항목을 적어보라.

1. _____
2. _____
3. _____
4. _____
5. _____
6. _____
7. _____
8. _____
9. _____
10. _____
11. _____
12. _____
13. _____
14. _____
15. _____
16. _____
17. _____

18.

어떤가? 건강한 사고방식과 이완, 주의가 기억을 좋게 했나? 하지만, 당신이 학습한 것은 여전히 낯설고 부담스러울 것이다. 그러나 기술은 연습을 통해 좋아질 것이다.

주의를 잘 기울이는 것은 신뢰로운 기억과 같다

주의를 기울이는 것은 부호화를 향상시킨다. 아울러, 효과적으로 주의 기술을 활용하는 것은 기억을 좋게 한다. 주의의 자동 조정 장치를 끄고 이 책이 가르쳐준 기술을 이용해보라. 그러면, 기억의 다른 점을 알 수 있을 것이다. 어떤 형태의 주의(지속, 분할, 교대)를 사용할지를 선택해보라. 기억 촉진을 위해 준비설정과 준비검토를 하고, 기억하고 싶은 정보를 흡수하라.

아무 기억술이나 선택하지 마라. 당신은 이미 훌륭한 이완 기술을 배웠다. 이완은 주의를 위한 기초를 제공한다. 스트레스와 불안은 주의를 방해한다. 그러므로 아무렇게나 RARE를 하지 마라. 이완 기술을 연습하고 당신을 둘러싼 세계에 주의를 기울여라.

당신은 RARE에서 R과 A를 배웠다. 이완하고, 주의를 기울이고, 건강한 사고방식을 개발하라. 건강한 사고방식은 세상의 요구에 반응할 수 있게 하고, 새 기술을 가르쳐 준다. RARE의 두 번째 R과 E인 되뇌기와 시각화하기에 들어가기 전에 기억의 다른 면을 살펴보자. 다음 장은 기억과 우울과의 관계에 대해 알아볼 것이다.

Part07
—

우울

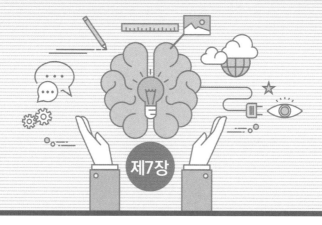

우울

이 장에서는 노인의 우울에 대해 살펴볼 것이다. 신경학자들은 우울을 "가성치매"라고 부른다. 그 이유는 우울이 기억에 영향을 미치기 때문이다. 사실, 우울은 '가짜'가 아니다. 우울은 잘 인식되지 않지만, 기억에 영향을 준다. 이 장에서는 기억에 관한 당신의 지각과 우울 증상과의 관계에 대해 살펴볼 것이다.

연습
당신의 발을 생각하지 마라

당신의 발을 생각하지 마라. 발에 대한 생각을 떨쳐 버리고, 다른 것을 생각해보라. 발이 떠오르지 않게 하라.

책을 내려놓고 잠시 쉬어라. 적어도 5분은 쉬어라. 할 수 있다면, 한 시간을 쉬어 보라. 어떤 것을 하던 간에 발은 생각하지 마라. 쉬어라.

당신은 반추하는 사람인가? 집을 나오면서 우체통에 편지 넣는 것을 잊어버리면, 그것을 하루 종일 생각하나? 그리고 "다른" 실수와 비교하면서 자책하는가?

반추와 강박사고

쉬는 동안 어땠나? 발을 생각하지 않았나? 얼마나 자주 발을 떠올렸나? 발이 생각이 나 걸림돌이 되었나? 이런 현상은 강박적일 때 생긴다. 만약, 잊어버릴 때마다 반추했다면, 발이 떠올랐을 것이다. 하나에 주의를 기울이면, 정작 기억해야 할 것에 집중을 할 수가 없다. 발을 생각하는 데 정신을 쏟으면, 원하는 것을 얻지 못한다. 가게에서 사야 했었는데 잊어버린 항목에 대해 신경을 쓴다면, 다른 항목을 기억할 수가 없다. 당신은 기억에 영향을 줄 정도로 강박적일 수 있다! 부정적인 사고 패턴에 대해서는 조금 뒤에 자세히 살펴볼 테니 계속 집중해보라(당신의 발에는 말고).

기억에 대한 주관적인 평가

더 나가기 전에, 기억 평가의 문제점에 대해 살펴보자. 우리는 주관적인 기억 저하를 평정하는 연습에 대해 살펴봤었다. 하지만 당신의 실제 기억 수행을 측정해서 추적할 기회가 없었기 때문에 결정하는 게 쉽지만은 않다. 사실, 당신의 기억이 어떻게 기능하는지에 대한 객관적인 현실과 당신의 기억에 대한 지각을 비교할 윤리적이거나 실제적인 방법은 부족한 실정이다. 종합적인 기억 평가를 위해서는 결과 해석을 전문적으로 훈련받은 사람이 평가를 할 필요가 있다. 그럼, 기억 평가에 대해 어떤 연구가 이루어졌는지를 살펴보자.

기억에 대한 자기평가는 실제 수행을 반영하지 않는다(McGlone et al., 1990; Dellefield & McDougall, 1996). 연구에 따르면, 기억문제로 치료받고 싶어 하는 노인은 자신의 기억을 부정적으로 왜곡했다. 노인은 기억검사 결과가 정상적이어도 기억이 손상되었다고 생각한다. 건강한 노인의

25~30%가 자신의 기억수행을 낮게 평가했다. 사실, 80세 이하의 노인에게 있어, 저조한 기억에 대한 자기 보고가 치매로 이행될 가능성은 적다 (Kaye, 1998). 하지만, 기억에 대한 부적응적인 신념은 다른 사람에 대한 의존을 높이고, 우울하게 하며, 기억에 도전할 동기를 부족하게 하고, 불필요하게 의학적인 관심을 많이 갖게 한다. 검사는 정상이나 기억이 나쁘다고 느끼는 노인에게 대체 무슨 일이 있는 걸까?

감퇴에 대한 선택적 관점은 우리를 우울하게 하고 관련된 기억이 나지 않게 한다. 따라서 나무 때문에 숲을 보지 못하는 실수를 범하지 마라. 연구에 따르면, 기억에 문제를 느끼면, 그것은 노화에 따른 정상적인 변화일 수 있다. 주관적인 기억저하의 두 번째 원인은 우울이다. 우울은 경미한 치매를 일으킬 수 있다. 그리고 기억에 문제가 있으면, 알츠하이머병의 가능성도 있다.

여러 연구에 따르면, 주관적인 기억 저하 호소와 우울 증상 사이에는 높은 상관이 있다. 비행기 조종사를 대상으로 한 연구에서 우리는 RARE−DREAM을 실시해보았다. 참가자의 1/3은 우울 치료가 필요했고, 우울이 호전된 후 기억이 좋아졌다. 우선, 당신이 우울한지를 살펴 볼 것이다. 그러기 전에 먼저 우울 증상을 일으키는 우울의 원인과 상황 변화 및 가성치매에 대해 알아보자.

고립과 열정

이제는 할아버지 할머니가 가족의 중심이 되는 시대는 지났다. 과거에는 "서부로 가라. 젊은이여."라는 모토가 있었다. 확장에 대한 이상과 기회는 우리의 유산이 되었다. 불행히도 기회와 자원이 많아진 만큼 가족 간의 거리는 멀어졌다. 세대를 통해 전해지던 이야기는 텔레비전이나 비디오 같은 오락물로 대체되었다. 아이들의 영웅으로 람보가 할아버지의 자리를 차지했고, 집에서 구운 케이크, 쿠키, 파이는 패스트푸드로 바뀌었다. 노인은 나이가 들수록 과거를 그리워하고, 변화하는 문화에 소외감을 느낀다.

노인은 상실과 고립, 소외를 경험한다. 노인은 노화의 현대적 관점에 도전을 받아 청춘의 열정을 원한다. 늙어 보이지 않으려고 하지만, 늙어간다. 억지로 노화를 받아들이면, 우울은 어김없이 찾아온다. 노인은 우울의 영향을 받는다. 그리고 품위 있게 늙는 것은 선택된 일부에게만 해당된다.

나이가 들수록 바람이 세다.
그것은 항상 당신 얼굴에 있다.

- 잭 니콜라스

노화에 따라 경험되는
사회적 정서적 변화

나이가 들면, 신체적인 변화 외에도 다른 변화가 찾아온다. 은퇴를 하면, 뇌를 다르게 사용하게 된다. 뇌도 근육처럼 형태를 유지하려면, 훈련을 해야 된다. 노인은 예전처럼 활동적이지 않고, 시간도 다르게 경험한다. 나이가 들면, 변화를 경험하고, 죽음과 같은 문제로 고민하게 된다. 그리고 삶의 의미를 찾고, 소외와 고독에 직면한다. 아울러, 돈 걱정하는 자신을 발견하게 된다.

노인은 생리적 변화뿐만 아니라, 기억에 부정적인 영향을 주는 사회적 정서적 변화도 경험한다. 그래서 도전할 것을 찾는다. 노인이 운동을 하는 것은 유행처럼 보인다. 매일 산책로를 걷고, 체육센터에도 등록한다. 오해하지 마라. 이것은 건강에 중요하다. 그러나 정신을 훈련하는 것도 중요하다. 정신을 훈련하라. 책을 읽고, 강의를 듣고, 취미생활을 하고, 퍼즐을 하며, 도전적이고 흥미로운 대화를 하고, 그림을 그리고, 글을 쓰고, 일하고,

놀고, 사랑하라. 각각의 활동은 마음을 훈련시키고, 기억과 인지기능을 강화시킬 것이다.

노화는 영혼의 변화이다. 나는 늙는다는 것을 믿지 않는다.
- 버지니아 울프

가성치매

가성치매 혹은 가짜치매는 신경학자들이 우울증에 붙여준 이름이다. 가끔 우울증은 치매증상과 구별하기가 어렵다. 그러나 증상의 원인은 치료를 위해 중요하다. 사실, 어떤 사람을 위한 치료가 다른 사람에게는 고통일 수가 있다. 예를 들어, 기억문제의 원인이 우울이라면, 추천할 만한 것은 밖으로 나가 새로운 일을 하는 것이다. 그런데 이것은 환경을 단순화할 필요가 있는 초기 치매 환자에게는 부담이 된다.

우울은 나이가 들어감에 따라 심해질 수 있다. 황혼기는 상실과 존재에 대해 갈등을 겪는 시기이다. 만약, 증상이 두 달 이상 지속되지 않고, 기능손상, 심리증상, 무가치감, 자살사고, 그리고 활력이 뚜렷하게 저하되지 않고, 상실의 문제가 사별이라면, '임상적 우울(주요 우울장애)'로 봐서는 안 된다(Kaye, 1998). 우울이나 슬픔으로 힘이 들면, 기억은 많은 영향을 받는다. 한 연구에 따르면, 우울은 인지저하와 상관이 있다(Yaffe et al., 1999). 우울하면 기억이 저하된다.

주요우울장애는 *DSM-IV*(APA, 1994)에서 다음과 같이 정의된다. 아래 증상 중 5가지 이상이 거의 매일 하루 대부분 2주 이상 지속된다. 대표적인 증상은 우울한 기분과 흥미나 즐거움의 상실이다.

1. 하루의 대부분 거의 매일 지속되는 우울한 기분(슬프거나

공허한 느낌).

2. 활동에 대한 흥미나 즐거움이 뚜렷하게 감소.

3. 식욕에 변화가 있거나 체중의 유의한 감소나 증가(한 달 동안 체중의 5% 이상 변화).

4. 수면장애(불면이나 과다수면).

5. 유의하게 증가 혹은 감소된 활동수준.

6. 피로나 활력 상실.

7. 지나친 죄책감이나 무가치감.

8. 집중력 감소나 우유부단.

9. 죽음이나 자살을 반복적으로 생각.

노인의 우울증은 명백한 우울 기분이 없을 수도 있다. 대신, 에너지 상실이나 즐거움 부족이 나타날 수 있다(Lawton et al., 1996). 우울은 치료 가능한 병이다. 당신이 우울하다면, 진료를 받아보라. 기억문제는 우울의 다른 증상일 수 있다. 당신은 우울한가? 우울한지를 살펴보기 위해 아래 연습문제를 풀어보자.

───────── 연 습 ─────────

우울평가

아래 질문에 해당되는 것을 표시하라(노인우울척도 수정판: Sheikh et al., 1991 & 1986; Yesavage et al., 1983; Brink et al., 1982).3)

1. 자신의 삶이 불만족스럽습니까?　　　　　　예/아니오

2. 활동이나 관심거리가 많이 줄었습니까?　　　예/아니오

3. 삶이 공허하다고 느낍니까?　　　　　　　　예/아니오

4. 지루하거나 따분할 때가 많습니까?　　　　　예/아니오

5. 앞날에 희망이 없다고 생각합니까?　　　　　예/아니오

6. 떨쳐버릴 수 없는 생각들 때문에 괴롭습니까?　예/아니오

7. 대체로 기분이 처지고 무기력합니까?　　　　예/아니오

8. 자신에게 좋지 않은 일이 생길 것 같아 걱정스럽습니까?

　　　　　　　　　　　　　　　　　　　　예/아니오

9. 대체로 우울하다고 느낍니까?　　　　　　　예/아니오

10. 아무것도 할 수 없을 것 같은 무력감이 자주 듭니까?

　　　　　　　　　　　　　　　　　　　　예/아니오

11. 불안해지거나 안절부절못할 때가 자주 있습니까?　예/아니오

12. 외출하고 새로운 것을 하는 것보다 그냥 집안에 있는 것이 더

　　좋습니까?　　　　　　　　　　　　　　예/아니오

13. 앞날에 대해 걱정을 자주 합니까?　　　　　예/아니오

14. 다른 사람들보다 기억력에 문제가 많다고 느낍니까?

　　　　　　　　　　　　　　　　　　　　예/아니오

15. 요즘 사는 게 힘들고 허무합니까?　　　　　예/아니오

16. 기분이 가라앉거나 울적할 때가 자주 있습니까?　예/아니오

17. 요즘 자신이 아무 쓸모없는 사람처럼 느낍니까?　예/아니오

18. 지난 일에 대해 걱정을 많이 합니까?　　　　　　예/아니오
19. 사는 게 지루하고 따분합니까?　　　　　　　　예/아니오
20. 새로운 일을 시작하는 것이 어렵습니까?　　　　예/아니오
21. 활력이 부족합니까?　　　　　　　　　　　　　예/아니오
22. 자신의 처지가 절망적이라고 느낍니까?　　　　예/아니오
23. 다른 사람들이 대체로 자신보다 낫다고 느낍니까?　예/아니오
24. 사소한 일에도 속상할 때가 많습니까?　　　　예/아니오
25. 울고 싶을 때가 자주 있습니까?　　　　　　　예/아니오
26. 집중하기가 어렵습니까?　　　　　　　　　　예/아니오
27. 아침에 일어나는 게 어렵습니까?　　　　　　예/아니오
28. 사람들과 어울리는 자리를 피하는 편입니까?　예/아니오
29. 결정하는 게 어렵습니까?　　　　　　　　　예/아니오
30. 예전처럼 정신이 맑지 않습니까?　　　　　　예/아니오

위 질문에 '예'라고 답한 문항을 세어 다음 빈칸에 적어보라.

'예'라고 답한 총 점수 ＝ ＿＿＿＿

우울척도의 결과

10점 이상이면, 가벼운 정도의 우울이므로 심리치료나 상담을 받으면 좋다. 16점을 넘으면, 심한 우울이며, 심리치료가 필요하므로 반드시 치료자를 만나야 한다.

우울증은 치료가능하다. 점수가 높게 나왔다면, 기억이 영향을 받을 것

---

3) Reprinted, with permission, from Yesavage, " Imagery Pretraining and Memory Training in the Elderly." *Gerontology*. 1983. The Hawthorn Press.

이다. 앞 장에서 기억에 대한 부적응적인 신념은 우울에 영향을 준다고 했다. 이것은 우울이 기억저하에 미치는 영향과는 다른 문제이다. 우울은 기억에 영향을 준다. 이것은 기억 향상 프로그램이 심리치료에 필수적이라는 것을 의미한다. 우울을 치료하면, 기억이 좋아진다.

▼ 기억비법: 차의 배기가스를 점검하라

운전하고 난 뒤 기억력이 떨어지는가? 기억문제가 심해지고, 두통이나 메스꺼움이 있나? 오래된 자동차를 타고 있다면, 배기가스를 점검할 필요가 있다. 배기가스 노출은 기억저하를 일으키고, 문제가 될 수 있다. 정비사에게 차를 맡겨라. 경고하지만, 이것은 점검할 가치가 있다.

RARE의 되뇌기로 가기 전에 다음 몇 장을 통해 기억의 기초에 대해 살펴보자. 8장에서는 기억이 어떻게 구성되고 작동되는지를 알아 볼 것이다. 9장에서는 언어기억과 시각기억에 대해 살펴볼 것이다. 이는 당신의 강점이 무엇인지를 아는 데 도움을 줄 것이다.

어린 시절 추억에 대한 시 한편을 소개하겠다. 메이블 메이슨은 어머니에 대한 추억과 인생의 성취와 꿈에 대해 썼다. 그녀는 예순 여섯의 나이에 꿈을 실현했다.

아름다운 추억

어릴 적 추억은
나를 미소 짓게 한다.

세상 어디에도 없는

오래된 할머니 통나무집 옆
개울가에 앉아
나는 아무 말 없이
잠이 들었다.

드레스를 입고 부츠를 신은
걱정 없는 소녀는
아름다운 동화에 흠뻑 빠져
지난날을 추억한다.

색색 보닛을 쓰고
앞치마를 두른 채
솔을 걸친
화려하지 않은 소박함.
한 결 같이 찰랑거리며
속삭이던 개울가.
벽난로는 높아보였고
의자는 내게 자리를 내어주었다.

녹슨 손잡이가 달린 오래된 주전자에
약초를 캐어 끓이시던
마음 따뜻한 할머니를
나는 오늘 꿈속에서 만난다.

- 메이블 메이슨

Part08

—

기억

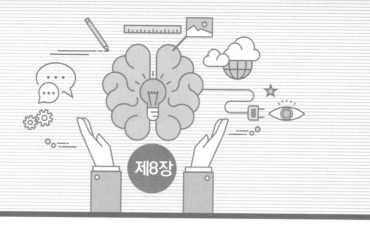

기억

기억은 우리가 생각하는 것보다 복잡하다

　뇌는 기억을 여러 체계로 관리한다. 기억의 과정을 설명하는 모형에는 여러 가지가 있다. 이 장에서는 기억이 어떻게 기능하는지에 대해 알아 볼 것이다. 기억이 어떻게 기능하는지에 대한 지식은 기억을 좋게 하는 데 도움이 된다. 부록 D는 뇌의 영역과 기능에 대한 정보를 담고 있다. 우선, 기억의 정의에 대해 살펴보자.

기억은 무엇인가?

　기억은 정보와 경험을 저장하고 인출하는 과정이다. 정보는 감각을 통해 입력된다. 그리고 뇌의 여러 체계에서 처리되어 나중에 사용하기 위해 저장된다. 아래에 기억의 처리 과정을 제시하였다.

감각 → 저장고(기억 통합) = 기억 ← 인출

　기억이 적절히 기능하기 위해서는 감각을 통해 정보가 들어와야 한다.

기억은 *각기 다른 주제에 따라* 다르게 정보가 저장(부호화)된다. 기억은 시간에 따라(언제, 어떤 일이 일어났는지) 범주화되고(동물, 식물, 무생물), 기능 (망치는 못을 박는 데 사용된다)에 따라 저장된다. 정보는 뇌의 기억체계에 표상된다. 그리고 하나 이상의 체계에 저장되었다가 인출할 때 사용된다. 인출의 용이성과 정확성은 부호화에 따라 달라진다. 검색은 새로운 정보가 어떻게 학습되는지에 따라 결정된다. 즉, 기억 속에 분류되어 저장된 후 *선택된다.* 당신은 이미 존재하는 장소에 기억을 연결시킬 수 있다. 이것을 *연상*이라고 한다.

기억에 대해 살펴 볼 수 있는 방법은 많이 있다. 먼저, RARE -DREAM 모형의 개념에 대해 알아보자.

기억모형

과거부터 제안되어 온 여러 가지 기억모형이 있다. 우리는 RARE-DREAM과 관련하여 세 가지 기억모형을 살펴볼 것이다: Atkinson과 Shiffrin모형, 인지노력모형, 처리과정 깊이모형.

Atkinson과 Shiffrin모형

대부분의 기억 모형에서는 기억을 시간의 여러 단계를 거쳐 기능이 조작되는 체계로 본다(Laaksonnen, 1994). 많이 받아들여지고 있는 기억 모형은 Atkinson과 Shiffrin(1968)이 제안한 모형이다. 이 모형은 감각등록기 (감각이 처리되어 저장됨), 단기기억, 장기기억으로 구성된다. 감각을 통해 들어온 정보는 단기기억에 저장된다. 정보처리 동안 얼마나 많은 감각이 관여하느냐에 따라 부호화도 중재되고, 단기기억으로 저장된다. 단기기억 으로 들어간 정보는 망각되거나, 처리되어 영구적으로 저장되는 장기기억 으로 옮겨간다. "작업기억"이라는 용어는 단기기억 대신에 사용된다. 왜냐하면 정보는 일방적으로 이 수준에서 기능하고, 망각되며, 나아가 장기기억으로 응고화되기 때문이다. 예를 들어, 전화번호부에서 번호를 찾아 전화기 버튼을 누를 때까지 번호는 작업기억(단기기억)에 있다. 버튼을 누르고 나면, 번호는 망각이 된다. 따라서 이 번호를 계속 기억하려면, 정보가 적절히 부호화되어 장기기억으로 가기 위해 번호를 되뇌어야 한다. 다음 모형은 인지노력의 관점에서 기억을 설명하는 모형이다.

인지노력모형

인지노력모형은 신뢰로운 기억의 주요 변수가 정보를 처리할 때 사용되는 인지적 노력의 정도와 관련이 있다는 역동적인 모형이다. 인지적 노력을 많이 들이면, 확실하고 오랫동안 기억이 저장된다. 이 모형에 따르면, 동기의 정도는 기억의 통합과 인출의 성공을 결정한다. 필연적으로 기억을 부호화하기 위해, 노력을 많이 할수록 더욱 잘 기억할 수 있다. 이러한 노력이 효과적이기 위해서는 정보가 제대로 배치되어야 한다. 다음 소개할 모형은 처리과정 깊이모형이다.

처리과정 깊이모형

기억의 '처리과정 깊이'에 대한 개념은 Craik와 Lockhart(1972)가 제안했다. 이 개념은 부호화를 하는 동안 강조된 정보의 특징이 기억을 결정한다는 것이다(Reed, 1992). 이 모형에 따르면, 의미 있는 방법으로 정보가 부호화되면, 회상하기가 쉽다. 한편, 노인은 정보를 깊이 처리하지 못한다(Zarit et al., 1981). 처리 깊이 개념에 따르면, 기억 훈련에 대한 최근의 접근은 부호화 단계 동안 일어나는 처리에 초점이 맞춰져있다(Smith, 1980).

전술한 기억의 세 모형은 RARE-DREAM의 기초가 된다. 세 모형을 통합해 보면, 효과적인 기억은 감각정보를 작업기억으로 얼마나 적절하게 전이하는가에 달려있다. 그리고 작업기억의 정보는 장기기억에 영구적으로 저장되기 전에 중요한 회상 단서를 제공한다. 이제 기억의 종류를 살펴보자.

기억의 종류

Ogrocki와 Welsh-Bohmer(2009)는 기억을 두 가지로 나누었다. 첫째는 *학습된 경험*을 통한 의식적 기억. 둘째는 *행동의 자동적 변화*로 인한 무의식적 기억. 이는 의식적 또는 계획된 기억, 그리고 무의식적 또는 자동적 기억이라고도 한다. 우선, "선언적" 기억과 "비선언적" 기억에 대해 살펴보자.

선언적 기억

*선언적 기억*은 의식적인 기억이다. 이것은 사건의 *삽화*정보(시간과 관련된 과거 경험의 정보)와 *의미*정보(사실과 관련된 정보)를 포함한다. 선언적 기억은 사실(누구, 무엇, 언제, 어디)에 대한 정보와 이것 사이의 관계로 정의할 수 있다.

선언적 기억은 다른 말로 "외현기억", "의식적 기억"이라고 한다. 이것은 기억을 실패했을 때와 관련이 많다. 이것은 또한 우울의 영향을 많이 받는다.

비선언적 기억

*비선언적 기억*은 의식적으로 접근할 수 없는 기억이다. 이것에는 운동학습, 습관, 훈련 등이 있다. 비선언적 기억은 자동차를 운전하거나 자전거를 타는 것과 같은 반복적인 노출을 통해 기술을 습득한다. 비선언적 기억은 여러 감각과 관련이 있고, 다양한 운동과 인지를 이용한다. 비선언적 기억의 다른 이름은 "암묵기억", "절차기억" 또는 "비의식적 기억"이다.

비선언적 기억의 예로는 피아노를 연주하기 위해 손동작 기술을 학습하는 것이 있다. 다른 예로는 비의식적 기억, 점화, 조건형성 등이 있다. 비선언적 기억은 직관적이다. 종종, 한쪽 어깨 위에 앉아 속삭이는 악마와, 다른 어깨에 앉아 속삭이는 천사로 묘사된다. 이것은 초기 기억체계이며, 인간과 동물 모두가 사용하고 있다. 이 기억체계는 잘 구성되어 있고, 기억을 향상시킬 훌륭한 도구가 된다.

신발 끈을 매거나 자전거를 타는 것을 말로 설명해보라. 노래를 부르거나 그림을 그리는 단계를 자세하게 말해보라. 데자부를 설명해 보라. 만약 당신이 힘이 들었다면(당신이 그랬을 거라고 생각되지만), 그것은 당신이 선언적 기억을 이용해 비선언적 기억 경험을 말로 설명하려고 했기 때문이다. 반대로, 제스츄어 게임은 선언적 개념을 비선언적 과정으로 설명하는 것이다. 이것은 당신의 기억이 얼마나 복잡하고, 사실적이며, 대단한지를 보여준다. 만약, 당신이 기억저하로 의기소침해진다면, 기억이 얼마나 복잡한 개념인가를 떠올려보라. 그리고 악기를 연주하고 자전거를 타는 것과 같은 숙달된 비선언적 기술에 관해 생각해보라. 아래 선언적 기억을 연습해 본 다음 해부학적 관점으로 기억에 대해 살펴보자.

━━━━━━ 연 습 ━━━━━━

선언적 기억

선언적 기억의 대표적인 예로는 "쌍 연합학습"이 있다. 이것은 두 단어를 연결시켜 학습하는 것이다. 이 학습이 선언적 기억의 좋은 예가 되는 이유는 세상과 내적 기억에 대한 이해를 담당하고 있기 때문이다. 선언적 기억은 기억의 내용을 담는 맥락을 제공한다.

다음 단어 쌍을 기억해보라. 마음속으로 쌍을 연결해보라. '책'이라고 하면, '스테이플러'라고 말할 수 있게 하라.

- ★ 책 / 스테이플러
- ★ 가방 / 장갑
- ★ 나무 / 잎
- ★ 해 / 남자
- ★ 플러그 / 코드
- ★ 컴퓨터 / 텔레비전
- ★ 시계 / 셔츠
- ★ 울타리 / 잔디

기억의 해부학

뇌에는 기억과 관련이 있는 여러 부위가 있다. 해마는 기억에서 중요한 역할을 한다. 기억을 담당하는 또 다른 부위는 중뇌 측두엽과 간뇌가 있다. 신경과학자들은 기억만을 담당하는 특정 뇌 부위는 없다고 주장한다. 기억은 뇌를 통해 저장되고 만들어진다. 이것이 의미하는 바는 "기억"이 나빠진다는 것에 대한 개념이 심장이나 신장이 나빠지는 개념과는 다르다는 것이다. 만약, 기억이 뇌의 특정 부위와만 관련이 있다면, 기억은 유연하게 기능할 수 없을 것이다. 즉, 기억의 적절한 활용은 그 다양성에 있다.

각기 다른 기억은 뇌의 다른 영역이 담당한다. 운동기억은 뇌의 운동영역에 저장되고, 감각기억은 뇌의 감각영역에 저장된다. 또 다른 뇌 영역은 정보를 연결하고 전달하는 역할을 한다. 예를 들어, 불에 손을 대었을 때 통증은 감각수용기로 전달된다. 이 정보는 손과 척수에 빠르게 연결된다. 그래서 우리는 회상을 예방할 수 있다. 이처럼 기억은 복잡하게 기능하기 때문에, '기억이 단일 체계이지는 않을까'라고 염려할 필요는 없다. 우리는 기억을 부호화하고, 인출하기 위해 개별화된 방법을 사용할 수 있다.

예를 들어, 냄새가 나는 종이클립이 있다고 하자. 당신은 새로운 경로로 종이클립의 특성을 저장하고, 종이클립과 냄새를 연합할 수 있을 것이다. 그러면, 새로운 경로가 만들어져 회상을 할 수 있게 된다. 그리고 목표에 관한 이미지가 생각나고, 집에 가는 길에 가게에 들러 종이클립을 살 수 있게 된다.

처리 과정의 수준

중요한 점은 정보 처리가 어디서, 어떻게 이루어지는가이다. 당신은 기억의 기능을 확인하기 위해 정보가 깊게 처리되는 것이 얼마나 중요한지를 살펴보았다. 만약, 냄새에 대한 기억이나 행동과 운동기억으로 이야기를 만들 수 있다면, 종이클립을 사와야 한다는 것을 쉽게 기억할 수 있을 것이다. 여러 수준으로 부호화된 정보는 RARE의 R과 E의 중심이 된다.

연 습
선언적 기억

아래 단어와 연결시켰던 단어를 써보라.

★ 책 /

★ 가방 /

★ 나무 /

★ 해 /

★ 플러그 /

★ 컴퓨터 /

★ 시계 /

★ 울타리 /

답을 확인해 보라. 어떤가? "책"이란 단어를 읽고, 스테이플러를 기억할 수 있었나? 우리는 활동을 더 정교화 해볼 것이다. 몇 개를 잊어 버려도 괜찮다. 기억은 시간이 지나면, 잊어버리게 되어 있다. 5~8개의 쌍을 기억했다면, 괜찮게 한 편이다. 이제 우리는 장기기억의 일종인 선언적 기억에 대해 살펴볼 것이다. 그 사이에 우선, 다섯 가지 기억체계를 통해 기억의 기능에 대해 알아보자.

다섯 가지 기억체계

우리는 다섯 가지 기억체계를 살펴볼 것이다: 작업기억, 의미기억, 삽화기억, 절차기억, 지각기억. 기억은 여러 구조가 함께 작동한다. 그리고 각기 그 목적이 다르다. 앞서 설명한 기억의 두 종류(선언적 또는 의식적 기억과 비선언적 또는 무의식적 기억)와 헷갈리지 마라. 이렇게 다른 기억체계에 대한 학습을 통해 우리는 파지와 회상을 하는 데 그것을 이용할 수 있다. 먼저, 작업기억을 살펴보자.

작업기억

작업기억은 현재 작업하고 있는 것에 대한 의식을 말한다. 작업기억은 정보를 잊어버릴지, 아니면 나중에 사용하기 위해 저장할지를 결정한다. 나중에 사용하기 위해 기억을 변형하면, 그것은 장기기억으로 바뀐다. 당신이 지금 생각하고 있는(작업기억에 관해 읽는 것) 정보는 감각을 통해 들어온 자료와 당신이 읽고 있는 것을 이해하도록 돕기 위해 장기기억에 저장된 연합된 기억을 포함하고 있다. 작업기억은 일시적인 과정이다. 그리고 장기기억에 저장되지 않고 사용하고 나면 잊혀 진다. 작업기억 또는 단기기억이 장기기억으로 변환되는 것을 *기억의 응고화*라고 한다. 우리는 정보를 서로 비교하기 위해 장기기억에서 정보를 가져온다. 그러면 문제를 해결하고 이해할 수 있다. 작업기억과 비슷한 용어로는 즉각기억, 활동기억, 주요기억이 있다.

작업기억은 세 개의 하위 구조로 되어 있다: 중앙집행기, 시공간 스케치패드, 음운루프. *중앙집행기(central executive)*는 정보를 조작하고 관리한다. 이것은 기억 기능을 조절하고 장기기억과 연결되어 있다. *시공간 스케치패드(visuo-spatial sketchpad)*는 정보를 즉각적으로 사용하기 위해 시각정보와 공간정보를 다룬다. *음운루프(phonological loop)*는 언어적인 부호로 들어온 정보를 변환시켜, 읽고, 이해하고, 언어화할 수 있게 한다. 음운루프는 마음의 "귀"라고도 불린다.

▼ 기억비법: 맥락의존기억

맥락의존기억은 기억이 형성된 비슷한 장소와 상황을 통해 회상하는 것을 말한다. 맥락의존기억을 사용하면, 더 쉽게 회상을 할 수 있다. 맥락의존기억은 기억이 형성되었을 때와 같은 맥락에 있으면, 기억을 보다 잘 할 수 있다는 것을 의미한다. 당신은 무언가를 잊어버려 방을 서성인 적이 있는가? 그런데 방에 오면 찾고 싶은 게 떠오른 적이 있을 것이다. 이것이 바로 맥락의존기억의 예이다. 생각이 나지 않으면, 그곳으로 가서 기억해보라. 그때와 비슷한 기분이나 상황을 느껴보라. 그러면 기억을 할 수 있을 것이다.

자! 이제는 장기기억에 대해 살펴보자.

장기기억

이것은 많은 사람들이 "기억"이라 부르고, "나중기억"이라고도 한다. 장기기억은 정보가 저장되어 나중에 인출할 수 있는 영구기억이다. 만약, 혀끝에서 이름이 맴돌면, 장기기억 인출에 실패한 것이다. 장기기억은 *의미*기억과 *삽화*기억으로 되어 있다(Tulving, 1972). 장기기억은 실제의 기억구조가 아니다. 오히려 일반적으로 사용되는 추상적인 용어이다.

의미기억

의미기억은 장기기억의 일반 정보를 포함하고 있고, 시간과 장소와는 상관이 없다. 이것은 누구, 무엇, 왜와 관련이 있다.

삽화기억

삽화기억은 시간, 장소와 관련된 정보를 학습하는 기억이다. 이 기억구조는 맥락의존기억을 이용한다. 삽화기억은 언제, 어디서에 관한 기억이다. 예를 들어, 당신이 어제 저녁에 먹은 샐러드를 기억하는 것은 삽화기억이다(언제). 상추가 광합성으로 자란다는 것을 아는 것은 의미기억이다(누구, 무엇, 왜).

절차기억

절차에 대한 정보의 저장은 어떤 것을 어떻게 하는가와 관련이 있다. 절차기억은 기술, 습관과 같은 지식이다. 이 지식은 삶에서 일어난 일에 관한 것이다. 이 정보는 연습을 통해 얻어진다. 기억상실에 걸린 사람을 보라. 그 사람은 무엇을 해야 하는지에 대한 기억을 잃어버린 것이 아니라, 자신이 누구인지를 잊어버린 것이다. 그래서 과거는 기억하지 못하지만, 이전에 해 본 경험이 있다면, 점화플러그는 바꿀 수 있다.

지각기억

지각기억은 대상의 정체와 구조를 나타낸다. 그것은 보다 큰 자료 패턴을 평가하기 위한 기초가 된다. 그것은 기억에 맥락을 제공하고, 다른 기억체계에서 사용되는 개념이나 비교 논리를 포함하지 않으며, 직관적이다. 이것은 나무를 보는 것이 아니라, 숲을 보는 것이다. 지각기억은 천재나 예술가, 음악가에게 잘 나타난다. 이 기억 구조를 통해 우리는 그 내용과 직관에 대해 알 수 있다. 지각기억체계는 시각과 운동 정보를 통합한다.

지각기억은 음악가, 요리사, 숙련된 기술자에게 잘 발달되어 있다. 그들은 전문 기술과 관련된 복잡한 지식을 가지고 있고, 이런 형태의 정보를 주로 사용한다. 강점을 인식하는 것은 기억을 좋게 한다. 당신이 형태 정보를 잘 처리 할 수 있다면, 더 많은 정보를 빠르고 효율적으로 처리할 수 있을 것이다. 이것은 지각기억을 최적화해서 사용하는 것을 의미한다.

▼ 기억비법: 회상 잘하기

삽화기억과 절차기억은 회상에 유용하다. 만약, 무언가를 기억하기 어렵다면, 그 시간에 있었던 다른 일을 떠올려 보라. 그날 어떤 일이 있었나? 무슨 옷을 입었었나? 누구랑 있었나? 무엇을 했나? 각각의 기억체계들은 서로 연결되어 있다. 떠올리고 싶은 기억에 관한 생각은 다른 기억체계를 활성화시킨다. 이는 회상하고 싶은 기억을 생각나게 한다.

다섯 가지 기억체계-개관

다섯 가지 기억체계는 다음과 같다.

1. 작업기억
2. 의미기억

   3. 삽화기억

   4. 절차기억

   5. 지각기억

(삽화기억과 의미기억은 장기기억을 구성한다)

이 기억체계들의 이름은 WEPPS라는 두문자로 기억할 수 있다. W=working memory(작업기억), E=episodic memory(삽화기억), P=perceptual memory(지각기억), P=procedural memory(절차기억), S=semantic memory(의미기억). 이것을 잘 기억해 둬라. 나중에 다시 물어볼 것이다.

연 습
선언적 기억

   134쪽에서 보았던 단어 쌍을 기억할 수 있는가? 그것이 무엇이었는지를 써 보라.

★ 책 / _____

★ 가방 / _____

★ 나무 / _____

★ 해 / _____

★ 플러그 / _____

★ 컴퓨터 / _____

★ 시계 / _____

★ 울타리 / _____

답과 연습 항목을 비교해 보자. 어떤가? 기대 이하라도 걱정하지는 마라. 우리는 더 많은 형태의 기억을 다루어 볼 것이다. 그리고 선언적 기억이 어떻게 작동하는지를 살펴볼 것이다. 당신이 첫 번째 시행에서 맞춘 것과 수행이 비슷하다면, 잘하고 있는 것이다.

연 습
장기기억

장기기억을 반영하는 다음 질문에 답해보라.

1. 당신의 가치관은 무엇인가?
2. 지난번에 먹은 파이의 맛은 어땠나?
3. 작년 크리스마스에 어떤 옷을 입었나?
4. 무지개는 어떤 색으로 되어 있나?
5. 오렌지는 어떤 색인가?
6. 면의 느낌은 어떠한가?

1-6번이 삽화기억인지, 아니면 의미기억인지를 적어 보라.

1.

2.

3.

4.

5.

6.

부록 E에서 답을 확인해 보라.

이제는 기억의 단계에 대해 살펴볼 것이다.

기억의 단계

기억은 세 단계로 정보가 처리된다: 부호화, 저장, 인출.

1. **부호화**: 정보가 들어오면, 뇌는 경험을 기록하기 위해 "부호화"를 한다. 정보가 부호화되지 않으면, 인출에 영향을 줄 수가 있다. 예를 들어, 사무실에서는 그 사람이 누구인지를 알 수 있지만, 밖에서는 그 사람을 알아보는 게 어려울 수도 있다. 그 이유는 얼굴이 일과 연합되어 부호화되면, 밖에서의 부호화 전략으로는 얼굴을 알아볼 수 없기 때문이다. 이는 의미기억체계로 안내된 기억이 맥락을 잃어버렸다는 것을 의미한다.

2. **저장**: 이것은 기억을 유지하고 효과적으로 보존하는 능력이다. 되뇌기는 정보를 보유하는 데 중요하다. 기억문제는 종종 되뇌기 부족 때문에 생긴다.

3. **인출**: 이는 정보가 필요할 때 회상하는 능력을 말한다. 정보를 성공적으로 저장하면, 검색하기가 쉽다. 효과적으로 정보를 저장하면, 단서를 통해 회상을 할 수 있다. 집에 오기 전에 우유를 사는 것이 당신이 일상적으로 하는 일이라면, 쉽게 잊어버릴 수가 있다. 종종 우리는 어떤 것을 저장했다는 것조차도 잊어버린다. 우리는 기억을 인출하는 데 도움이 필요하다.

세부 사항에 주의를 기울이는 것은 중요하다. 너무 많은 정보와 스트레스에 사로잡히게 되면, 필요한 기억을 인출하기가 어렵다. 이때 이완은 효과적으로 기억하는 데 중요한 요소가 된다. 불안이나 우울과 같은 정서적 요소가 있으면, 기억하기가 어려워진다. 이때 기억을 돕는 도구를 사용하면, 기억을 하는 데 도움이 된다. 당신은 이 책의 기억비법에서 이러한 방법들을 찾을 수 있을 것이다. 그러나 기억비법이 어떤 경우에는 작동하고, 어떤 경우에는 작동하지 않을 수도 있다. 이 책을 통해 당신에게 잘 적용되는 방법을 찾아보라. 이완 연습을 잊지 말고, 기억일기를 써보라.

아침에 조깅을 하고 싶으면
침대 옆에 조깅이 생각날 만한 것을 놓아 둬라.
"바지, 신발!"
이것이 기억을 하는데 도움을 줄 것이다.

- 피셔와 놀랜드

당신의 감각을 기억하라

감각은 정보를 저장하는 첫 번째 단계이다. 감각이 정보를 잘 담아내지 못하면, 기억을 하기가 어렵다. 감각은 주의 용량에 따라 조절된다(당신이 주의를 얼마나 잘 기울이는지). 당신이 정보에 주의를 잘 기울이면, 감각정보를 수용할 수 있다. 만약, 주의를 기울이지 않으면, 정보를 얻을 수가 없다. 예를 들어, 시각적으로 주의를 기울이지 않으면(당신이 눈을 감고 있으면), 시각 정보를 얻을 수가 없다. 그리고 듣지 못하면, 청각 정보를 얻을 수 없다.

기억의 작동 모형:

감각등록	작업기억	장기기억
정보 ––––––––>	부호화 <––––––––	회상
	("학습")	

시각

청각

촉각   단기기억   저장된 자료

후각

미각

기억 향상을 위한 방법

이완하기   이완하기/주의하기   주의하기/되뇌기   되뇌기/시각화하기

우리는 여러 종류의 기억을 소개했다. 이것은 정보를 부호화할 때 당신이 해야 할 일이다. 결국, 여러 방식으로 자료를 살펴보면, 뇌는 연상과 기억 흔적을 잘 형성할 수 있고, 더 큰 맥락에서 자료를 선택할 수 있다.

▼ 기억비법: 독소

독소는 적은 양으로도 인지 손상을 일으킬 수 있다. 우리는 보통 어떤 독소에 자주 노출되는가? 대부분은 신경독인 알코올이다. 최근에 독소에 노출된 적이 있었나? 페인트, 풀, 연료, 기름, 청소기 등. 이것은 환기가 잘 되는 곳에서 사용해야 한다. 그리고 마스크와 피부 보호를 위한 장비를 사용해야 한다. 기억문제는 메스꺼움, 피부 이상, 두통 등의 신체증상을 동반한다. 가능하면 독소를 피해라.

──────── 연 습 ────────

기억체계

앞서 언급한 5가지 기억체계를 써보자.

$$W = \underline{\hspace{8cm}}$$
$$E = \underline{\hspace{8cm}}$$
$$P = \underline{\hspace{8cm}}$$
$$P = \underline{\hspace{8cm}}$$
$$S = \underline{\hspace{8cm}}$$

답을 부록 E에서 확인해 보라.

기억문제-신세대의 기억 단계

기억에 대해 배운 것을 노화과정에 적용해보자. 노화에 따른 기억장애는 주로 회상 단계에서 발생한다(Smith, 1980). Perlmutter(1978)와 Loewen 등(1990)은 이 주제에 대해 연구를 했다. 노인은 젊은 사람보다 효과적으로 부호화 책략을 사용하지 못한다(Hill et al., 1990). 요약하면, 노인은 부호화와 검색을 잘 하는 것으로 보인다. 하지만, 효과적인 전략을 찾는 과정은 젊은 사람과는 다른 것으로 여겨진다.

무엇이 부호화와 인출을 어렵게 하나?

기억은 여러 변인의 영향을 받기 때문에, 나이가 들면 부호화나 인출이 잘 되지 않는 원인을 알기가 어렵다. 이를 설명할 수 있는 몇 가지 이론들이 있다. 나이가 들수록 부호화가 어려운 것은 노인들이 깊은 수준의 정보처리를 촉진하는 시각심상의 사용이 어렵기 때문이다(Sheikh et., 1986). 다른 원인으로는 다음과 같은 것들이 있다: 조직화 감소(Yesavage, 1989), 효율적인 정보처리 문제(Camp et al., 1993), 주의손상(Yesavage & Rose, 1983), 불안에 따른 주의산만(Yesavage & Jacob, 1984), 우울(Zarit et al., 1981), 기억에 관한 부적응적인 신념(Lachman et al., 1995). 이러한 요인은 단독적이라기보다는 몇 개가 조합되어 노화에 따른 기억 변화에 영향을 준다.

기억의 다중체계, 단계, 그리고 종류 = 개입을 위한 기회

당신은 기억의 개념이 얼마나 복잡한지를 알게 되었을 것이다. 이러한 복잡성은 기억을 좋게 하기 위해 지속적인 개입을 요구한다. 아울러, 기억에 관한 교육은 회상을 잘 할 수 있다는 희망을 갖게 한다.

우리는 이미 존재하는 강점은 강조하고, 단점은 개선하고자 했다. 지금까지 배운 부호화 책략의 이행과 통합에는 이완과 주의의 원리가 그 중심에 있다. 합리적이고, 정서적이며, 적응적인 사고방식을 개발하기 위해 기억일기를 써보라. 또한, 당신에게 적용할 수 있는 기억 보조 도구(개인적인 장소, 달력, 목록)를 이용해보라. 삶 속에서 일어나는 생물학적이고, 사회적이고, 정서적인 변화 때문에 더 이상 작동되지 않는 기억 책략은 포기해도 좋다. 그리고 당신의 기억 도구상자에 새로운 방법을 적용해 보라. 다음으로는 시각기억과 언어기억에 대해 알아보고, 당신이 어느 것에 강점이 있는지를 살펴볼 것이다. 우선, 배운 것을 간략하게 복습해 보자.

RARE-DREAM의 복습

효과적으로 기억하기 위한 방법은 무엇인가? RARE-DREAM이다! RARE-DREAM은 무엇인가?

1. Relax 이완하라
　　2. Attend 주의하라
　　　　3. Rehearse 되뇌어라
　　　　　　4. Envision 시각화하라

Developing Rational and Emotionally Adaptive Mindsets
개발하라. 합리적이고, 정서적이며, 적응적인 사고방식을.

　　　침대 끝에 반바지가 걸쳐져 있고,
　　손에는 신발이 쥐어져 있으며, 컵에는 틀니가 담겨져 있다.
　　　나는 단서를 찾고 있지만, 질문을 할 수는 없다:
　　지금 이 상황은 자러가는 중인가, 아니면 일어나는 중인가?
　　　　　　　　　　　　　　　　- 피셔와 놀랜드

Part09

시각기억과 언어기억

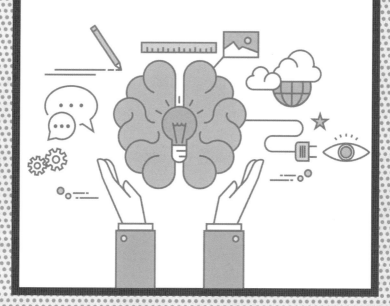

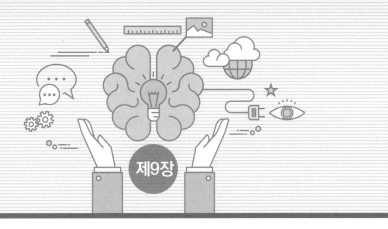

시각기억과 언어기억

환경을 이해할 때 눈과 귀는 매우 중요한 역할을 한다. 아울러 감각은 기억을 구분하는 첫 단계에 영향을 준다. 사람들은 여러 감각들 중에 특정한 감각에 강점이 있다. 당신은 시각과 언어 중 어느 것에 강점이 있나? 시공간 잡기장과 음운고리 중 어느 것을 더 많이 사용하나? 금요일에 있을 파티에 어떻게 갈 것인지를 기억하거나 새로 이사온 이웃의 이름을 기억하기 위해 당신은 어떤 것에 의존하는가? 이 장에서는 당신의 강점이 무엇인지를 살펴보고, 시각과 언어기억을 강화하기 위한 방법을 제시할 것이다.

이 장은 시각기억과 언어기억을 좋게 하기 위한 방법을 제시하고 있다. 무의식적으로 선택한 기억을 체계적으로 활용하면, 주의와 부호화를 좋게 할 수 있다. 예를 들어, 사야 할 물건이 있다면, 목록을 서로 상호작용하게(버터통에 달걀을 던지는 우유팩처럼) 연결시켜 시각기억을 활용할 수 있다. 만약, 당신이 언어 지향적이라면, 각 항목의 첫 글자를 사용해("MEB"은 우유Milk, 달걀Egg, 버터Butter를 의미한다) 두문자를 만들어 반복해서 목록을 기억할 수 있을 것이다.

언어기억은 주의를 더 많이 요구한다

당신이 언어나 시각 중 어느 것을 더 선호하는지를 살펴보기에 앞서, 우선 언어기억이 시각기억보다 주의에 더 의존적이라는 것을 알 필요가 있다. 일반적으로 시각 정보는 더 자세히 주의를 기울여야 한다. 시각 정보는 상황에 따라 정보를 놓칠 수도 있고, 얻을 수도 있다. 반면, 언어 정보는 선형적이다. 만약, 1초라도 주의를 놓치면, 정보를 잃어버리고 기억을 못 할 수도 있다. 언어기억 훈련이 어려운 이유는 주의를 기울이기가 힘들기 때문이다. 이 장에서는 5장의 주의 훈련을 다시 살펴볼 것이다. 당신이 주의를 기울이는 데 시간이 많이 걸리면, 그것은 아마 언어기억이 문제의 원인이 될 것이다. 명심하라. 주의의 변화는 정상 노화 과정에서 예상되는 일이다. 그러나 주의 실수가 많다면, 기억 평가를 받아볼 필요가 있다. 우선, 시각기억에 대해 살펴보자.

당신은 시각 지향적인가 언어 지향적인가?

기억을 좋게 하기 위해서는 당신의 강점을 알 필요가 있다. 어떤 사람들은 시각 지향 정보를, 다른 사람은 청각 정보를 더 잘 처리한다. 이것은 감각에서 정보를 선택하는 것처럼, 기억을 좋게 하는 데 있어 중요한 부분이다. 다음 질문에 답해보면서 당신이 시각과 언어 중 어디에 더 지향되어 있는지를 알아보자.

― 연 습 ―

시각 또는 언어 지향

해당되는 것에 동그라미를 쳐보라.

1. 누구의 지시를 받으면:

  a. 언어적인 지시를 따른다.

  b. 시각적인(주요 지형지물) 지시를 따른다.

2. 새로운 사람을 만날 때:

  a. 말하는 것에 초점을 둔다(예, 이름).

  b. 신체 특징에 초점을 둔다.

3. 여가 시간에:

  a. 음악을 듣는다.

  b. TV를 본다.

4. 지시를 적을 때:

  a. 글로 적는다.

  b. 그림을 그린다.

5. 종이에 낙서를 하면:

  a. 글을 쓴다.

  b. 그림을 그린다.

6. 당신이 좋아하는 것은:

  a. 시 쓰는 것.

  b. 그림 그리는 것.

7. 흥미를 위해 대학 강의를 듣는다면 신청할 강의는:

  a. 영문학 개론.

b. 사진 촬영.

8. 영화를 볼 때:

a. 어떤 말을 하는지에 집중한다.

b. 어떤 일이 일어나는지에 집중한다.

"a"에 동그라미를 친 개수와 "b"에 동그라미를 친 개수를 아래에 적어 보라.

a = _____ b = _____

"a"가 "b"보다 많으면, 당신은 언어 지향적이다. "b"가 "a"보다 많으면, 시각 지향적이다. 둘의 차이가 1점 이내라면, 언어와 시각 모두에 강점이 있다.

▼ 기억비법: 당신의 우세 반구는 어디인가?

보통, 언어 정보는 좌반구에서 처리되고, 시각 정보는 우반구에서 처리된다. 사람은 어느 한 쪽 손이 더 우세한 것처럼, 어떤 기억체계는 다른 기억체계보다 뛰어나다. 시각이나 언어 중 어느 것을 지향하는지는 기억의 약점과 관련이 있다. 예를 들어, 시각을 지향해 사람을 만났는데 이름을 기억하는 것이 어려운 이유는 이름보다 옷이나 머리 스타일에 주의를 뒀기 때문이다. 그렇다면, 의식적으로라도 이름에 초점을 둬야 한다. 아니면, 옷에 주목해서 자연스럽게 시각적인 부분을 이름과 결합해서 이름과 옷을 연결하면 된다. 에드가가 진(Jin)을 만났을 때, 그녀가 청바지(Jean)를 입은 것을 보았다. 이런 식으로 정보를 연결하면, 기억은 잘 응고화가 되고, 필요할 때 쉽게 정보에 접근할 수 있다. 다음 연습 또한 기억에 이름을 잘 저장하는 방법이다. 만약, 당신이 언어 지향적이라면, 지도를 따라 가는 것 보다 언어적인 지시가 위치를 보다 쉽게 찾을 수 있게 한다. 이 정보를 어떻게 만들지를 생각해 보라. 창조적으로 기억을 저장해 보라.

―――― 연 습 ――――

시각기억 연습

다음 그림을 10초 정도 보고 아래에다 그려보라.

그림 1

이 그림을 10초 동안 보라. 그리고 다른 종이로 그림을 가려라.

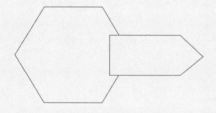

아래에 그림을 그려보라.

그림 2

이 그림을 10초 동안 보라.
그리고 다른 종이로 그림을 가려라.

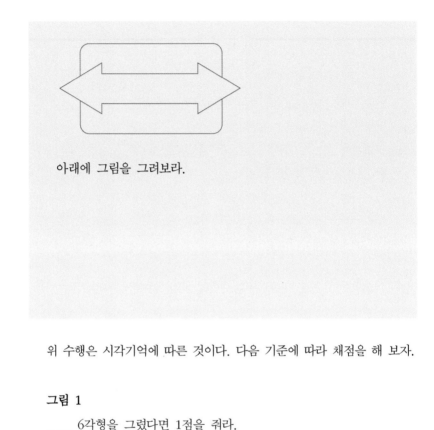

아래에 그림을 그려보라.

위 수행은 시각기억에 따른 것이다. 다음 기준에 따라 채점을 해 보자.

그림 1

_____ 6각형을 그렸다면 1점을 줘라.

_____ 6각형을 바르게 그리고, 본래 도형과 크기가 비슷하면, 추가로 1점
을 줘라.

_____ 6각형의 6면을 같은 길이로 그렸다면, 추가로 1점을 줘라.

완벽한 수행＝3점

_____ 5각형을 그렸다면 1점을 줘라.

_____ 5각형을 바르게 그리고, 본래 도형과 크기가 비슷하면, 추가로 1점
을 줘라.

_____ 5각형의 평행한 면이 짧은 면보다 두 배 이상 길면, 추가로 1점
을 줘라.

완벽한 수행＝3점

____ 두 면을 그렸다면, 1점을 줘라.

____ 두 도형의 면을 겹치게 그렸다면, 추가로 1점을 줘라.

____ 6각형에 5각형을 가로질러 그렸다면, 추가로 1점을 줘라.

완벽한 수행＝3점

총점

8~9점＝훌륭한 시각 모사

6~7점＝좋은 시각 모사

4~5점＝평균의 시각 모사

2~3점＝부족한 시각 모사

그림 2

____ 도형의 4면을 그렸다면, 1점을 줘라.

____ 모서리를 둥글게 그리고, 본래 도형과 크기가 비슷하면, 추가로 1점을 줘라.

완벽한 수행＝2점

____ 화살표를 그렸다면, 1점을 줘라.

____ 본래 도형과 크기가 비슷하면, 추가로 1점을 줘라.

완벽한 수행＝2점

____ 둥근 모서리 도형 안에 화살표를 그렸다면, 1점을 줘라.

____ 화살표가 둥근 모서리 도형을 가로 지르면, 추가로 1점을 줘라.

총점

5~6점＝훌륭한 시각 모사

3~4점＝평균의 시각 모사

1~2점＝부족한 시각 모사

이 연습은 당신의 시각 능력을 보여준다. 잘 그리지 못했다면, 시각 모사 점수가 낮게 나올 것이다.

▼ 기억비법: 시간 또는 공간 지향

당신은 시각과 공간 중 어느 것을 더 선호하는가? 대상을 식별하는 것과 각도나 공간 관계를 판단하는 능력은 서로 다른 체계에서 처리가 된다. 예를 들어, 당신이 리모콘으로 텔레비전 채널을 바꾼다고 해보자. 당신은 채널을 바꾸기 위해 리모콘을 텔레비전으로 향하게 한 뒤 버튼을 누른다. 이때 당신은 리모콘의 버튼 패턴을 기억해서 누르나? 아니면, 정확하게 버튼을 누르기 위해 리모콘을 보고 확인하나? 시계를 볼 때 당신은 시계 바늘의 패턴으로 시간을 확인하나? 아니면, 숫자를 보고 확인하나? 만약, 당신이 패턴 재인이나 시각재인을 통해 이러한 과제를 수행한다면, 당신은 공간 지향적인 것이다. 그러나 시각 확인으로 이러한 과제를 한다면, 당신은 시각 지향적인 것이다. 당신의 직업은 무엇인가? 당신의 직업은 시공간 기술, 시각운동 협응 또는 숫자나 단어를 기억하는 능력을 요구하는가? 이것은 당신의 능력에 관해 실마리를 주고 당신에게 맞는 기억법을 적용할 수 있게 해준다.

연 습
시각 정보의 언어 전환

아래 그림을 보라

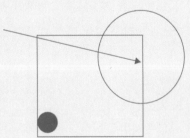

　　위 그림을 본 적이 없는 사람이 그릴 수 있게 한 문단으로 설명해
보라.

_____

_____

_____

_____

_____

　　설명한 것에 대해서는 부록 E를 보라. 정확한 답은 없다. 이것의 성공
여부는 얼마나 정확히 묘사했는가에 달려있다. 이것을 성공했다면, 언어기
술과 언어기억이 당신의 강점이라는 증거가 될 것이다. 그러면 당신은 기
억을 할 때 언어기억을 이용할 수 있을 것이다.

　　이제 반대로 해보자. 글로 된 것을 아래에 도형으로 그려보라:

연 습

언어 정보의 시각 전환

　　아래에 다음의 도형을 그려보라.

　　종이의 중앙에 큰 원을 그려라. 원에 닿지 않게 사각형을 중앙에
크게 그려라. 사각형의 왼쪽 위에 큰 사각형 크기의 1/4정도로 사각형
을 그려라. 작은 사각형을 검은 색으로 칠해라. 큰 사각형의 오른쪽
위 구석과 왼쪽 아래 구석을 반으로 가로지르는 대각선을 양끝이 모두
원의 바깥쪽으로 나가게 그려라. 정답은 부록 E를 보라.

잘 그렸나? 그렇다면 당신은 시각 처리에 강점이 있는 것이다. 도형을 말로 설명한 결과와 비교해 보라. 한쪽이 다른 쪽보다 나은가? 말로 설명한 것을 도형으로 보다 잘 그리면, 당신은 시각기억이 언어기억보다 강한 것이다. 반대로, 그림을 말로 더 잘 설명하면, 조금 더 언어 지향적인 것이다.

▽ 기억비법: 말로 하라

말로 하는 것은 기억을 오래 동안 남게 한다. 기억해야 할 것이 있다면, 큰소리로 말하면서 부호화해보라. "4시에 여동생에게 전화를 해야 한다." 이것은 마음속에 고정 장치를 만들고 기억을 강화시켜 준다. 또한, 작업을 끝냈는지를 기억할 때도 다음의 방법을 사용해 볼 수 있다. 예를 들어, "나는 개를 밖에 풀어놓았다." 또는 "나는 문을 닫았다."처럼 말로 기억을 보강해 보라. 이 것은 작업을 효율적으로 만든다. 그러면, 작업을 끝낸 다음에 확인을 하지 않아도 된다.

연 습

언어 정보를 위한 기억

다른 사람이 신문의 다음 공지 사항을 당신이 들을 수 있게 크게 소리 내어 읽게 해보라. 한번만 읽게 하라. 훔쳐보지는 마라.

"지역 상인 샘 로빈슨은 폐업을 결정했다. 그는 가구점의 전체 주식을 팔기로 했다. 상점은 가족들이 4대에 걸쳐 운영해 왔다. 퇴직 후 그와 47살인 아내는 남부 플로리다로 이주해 골프를 치면서 지낼 계획이다."

아래 빈 칸에 그의 이야기에 대해 가능한 많이 기억해 써보라.

_____

_____

_____

_____

_____

_____

이제 당신의 언어기억을 확인해 보자. 그리고 다음의 단어와 개념을 비교해 보자. 모든 단어를 그대로 기억할 필요는 없지만, 주요 개념을 포함해야 한다. 예를 들면, 단순히 샘을 기억해낸 것만으로는 이것을 정답이라고 할 수는 없다. 반면, "폐업을 결정했다."라는 문구를 완벽하게 기억할 필요는 없다. 그래서 "폐업" "결정하다."와 비슷한 단어를 포함하고 있으면, 정답이 될 수 있다. 괄호 안의 단어는 점수를 받기 위해 반드시 들어가야 하는 핵심단어를 포함하고 있다.

____ 샘 로빈슨(샘 로빈슨)

____ 지역 상인(상인)

____ 결정하다(발표하다, 말하다, 계획하다)

____ 폐업(사업을 접다)

____ 팔았다(없앴다)

____ 주식(주식)

____ 그의 가구점(가구점)

____ 상점(상점)

____ 운영해 왔다(가족이 해왔다)

____ 4대에 걸쳐(4대)

____ 퇴직 후(퇴직)

____ 그와 그의 아내(아내)

____ 47살의(47살)

____ 이사할 계획(이사, 이주, 거주)

____ 남부 플로리다로(플로리다)

____ 골프치기(운동 시작, 골프)

정답을 확인하고, 수를 세어 점수를 내어 보라.

점수가 15~16점이면, 당신은 훌륭한 언어기억을 가진 것이다. 12~14점이면, 평균 이상이다. 9~11점이면, 평균이다. 6~8점이면, 평균에서 약간 밑이다. 5점 이하이면, 즉각적인 언어기억에 문제가 있는 것이다. 이 연습은 당신의 강점이 무엇인지를 알 수 있게 해준다.

—— 연 습 ——

이름 기억하기

아래 이름을 순서대로 기억해보라. 앞서 배운 방법으로 정보를 입력하는 데 시간을 들여 보라. 당신의 강점이 되는 시각이나 언어 책략을 사용해보라.

1. 존 마샬
2. 릴리 필드
3. 마치 밀러
4. 해리 필링
5. 샘 스마트
6. 마이크 힐
7. 샌디 해머
8. 데드릭 워터스

▽ 기억비법: 기억을 좋게 하기 위해 음악 이용하기

당신은 음악가인가? 음악을 좋아하는가? 기억 향상을 위해 음악을 사용해보라. 음악으로 정보를 기억해 보라. 예를 들어, 컴퓨터 주변기기를 떠올려보라. 컴퓨터 주변기기를 기억하기 위해 단어를 넣어 노래를 불러보라. "반짝반짝 작은 별" 노래에 "모니터, 키보드, 마우스, 스피커, 비디오카드, 사운드카드, 램, 시디, 마더보드, 프린터, 스캐너, 마이크…" 좋다. 당신은 이것을 기억할 수 있을 것이다. 이제 앞서 제시한 이름을 기억해보자.

연 습
이름 연합

이름과 성을 연결해 보라(성은 순서대로 제시하지 않았다).

1. 존	밀러 (	)
2. 릴리	스마트 (	)
3. 마치	마샬 (	)
4. 해리	워터스 (	)
5. 샘	필드 (	)
6. 마이크	힐 (	)
7. 샌디	해머 (	)
8. 데드릭	필링 (	)

앞서 연습 목록과 비교해 보라. 어땠나? 이름을 기억하는 방법을 살펴보자. 우선, 괄호 안에 이름을 넣은 다음 성과 이름을 연결해서 목록을 만드는 방법이 있다. 이는 반복과 시각화를 포함한다. 당신은 어떤 게 나은가? 이름을 기억할 수 있는 방법을 써보라. 부호화 전략을 배우기 위해 목록을 검토하고 나중에 사용하기 위한 기초가 무엇인지를 보라.

▼ 기억비법: 청킹

청킹은 정보를 여러 단위로 쪼개는 방법이다. 그래서 정보를 관리하기 위해 큰 조각을 작은 조각으로 나눌 수 있다. 전화번호는 7개 번호의 개별 정보에 대한 부담을 줄여 쉽게 처리할 수 있게 두 부분으로 청킹을 할 수 있다. 비록, 번호의 일반성(전화번호, 주민등록 번호) 외에 다른 것이 없어도 청킹을 할 수가 있다. 예를 들어, 식료품 항목은 범주 별로 청킹해서 기억을 할 수 있다. 창조성이 적으면, 독특한 정보도 평범해 지고, 그 힘을 잃어버리게 된다. 공통 점이 없는 항목을 기억하려면, 각 항목의 첫 글자를 약어로 만들어 연합을 하 면 된다. 이를 청킹이라고 한다. RARE-DREAM은 청킹으로 만든 것이다.

연 습

두문자 청킹 이용하기

아래 항목의 첫 글자로 단어를 만들어 보라. 당신의 목표는 두문자 와 연합된 단어를 기억하는 것이다. 당신이 본래 목록을 두문자로 바 꾸기 위해서는 목록을 여러 번 읽어야 한다: 카메라(camera), 갈퀴 (rake), 멸치(anchovies), 접시(dishes), 립스틱(lipstick), 봉투(enve - lopes). 이 목록은 약자 CRADLE(요람)로 표현할 수 있다.

▼ 기억비법: 기억해야 한다는 것을 기억하라

어떤 것을 기억할 필요가 있다면, 나중에 기억을 할 수 있도록 단서가 있으면 좋다. 그 예로는 손가락에 실을 묶는 것과 같은 방법이 있다. 시계를 반대 손 목에 끼거나 고무 밴드를 찰 수도 있다. 어떤 식으로든 효과적인 방법을 이용 하면 된다.

연 습

두문자 청킹

각 글자 다음에 첫 글자와 연합된 항목을 적어보라.

C
_____
R
_____
A
_____
D
_____
L
_____
E
_____

당신이 얼마나 잘했는지를 보기 위해 앞 쪽을 확인해보라. 그런 다음, 기억해야 할 진짜 목록으로 해보라. 그리고 어떻게 작동하는지를 보기 위해 여러 번 연결시켜 보라.

마지막으로 다음 연습은 장기 언어기억과 시각기억을 검사하기 위한 것이다. 아래 그림과 단어를 기억해보라. 나중에 이 그림과 단어를 떠올려 보라고 할 것이다. 그리고 당신의 강점이 어떤 것인지를 살펴보기 위해 각 수행을 비교해 볼 것이다.

───── 연 습 ─────
장기 시각기억과 언어기억

각 그림을 보고 옆에 그려보라.

1.

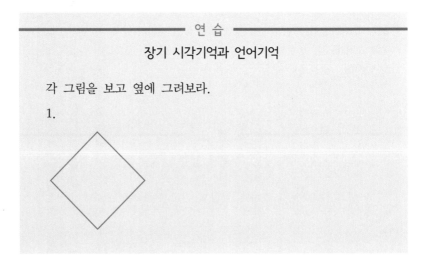

2.

3.

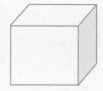

이제 단어로 해보자. 아래 단어를 빈칸에 써보라.

1. 종이
_____
2. 깔개
_____
3. 카메라
_____

나중에 다시 이것을 물을 것이다. 지금까지 우리는 당신의 시각기억과 언어기억을 살펴보았다. 그리고 각각의 연습을 점검했다. 당신은 어떤 패턴을 보였는가? 당신은 언어나 시각 정보 중 어느 것이 더 강한가? 이제는 당신의 강점을 반영하는 방법을 새로운 지식을 얻는 데 사용할 수 있을 것이다.

다음은 되뇌기에 대해 살펴보자.

한계와 두려움은 삶의 척도가 된다.
상황이 우리의 생각과 맞지 않으면 그것은 고통이 된다.

- 벤자민 프랭클린

Part10
—

되뇌기

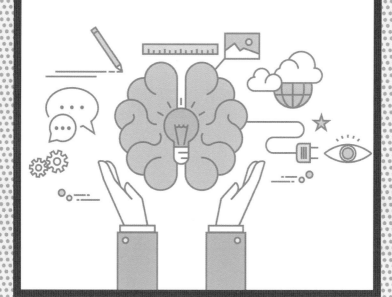

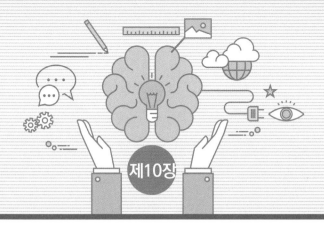

되뇌기

이 장에서는 정보를 기억으로 부호화하는 방법인 되뇌기에 대해 살펴볼 것이다. 되뇌기는 RARE에서 두 번째 "R"에 해당한다. 이 모형과 다른 모형의 차이점은 충분히 주의를 기울일 수 있게 되뇌기에 초점을 둔 것이다. 되뇌기는 서로 다른 기억과 감각 양상을 이용해 다중기억체계 내에서 정보를 깊이 처리하는 방법이다. 되뇌기는 주의를 효과적으로 활용할 수 있는 위계적이고 직관적인 기술이다. 그리고 정보를 장기기억으로 부호화하기 위해 충분히 작업기억에 정보를 유지하는 방법이다(Parente & Stapleton, 1993). 알파벳, 구구단이나 국기에 대한 맹세를 외울 수 있나? 당신은 정보를 반복함으로써 기억을 할 수 있었다.

다음 전화번호를 보라.

724-9650

휴대폰 자동다이얼 기능에 의존하면, 전화번호를 기억하는 게 어렵다. 어떤 전화번호는 다른 것보다 기억하기가 쉽다. 이유는 숫자가 반복되거나 연속적으로 되어 있기 때문이다. 에드가는 이사를 와서 외우기 어려운 전화번호를 받았다. 위 번호는 그의 집 전화번호이다. 이 번호는 기억하기 위해 적어둬야만 한다.

연 습

수 세기

과거에 하고 싶었던 게 있었는데, 잊어버리는 경우가 있다. 보라. 모두가 잊어버린다. 그렇다고 자책하지는 마라. 이걸 해보자. 간단한 계산이다. 3씩 거꾸로 빼보자. 39부터 시작해라. 머릿속으로 39부터 거꾸로 세자(39, 36, 33...). 3까지 하는 데 걸리는 시간을 재라. 아래 시간을 기록해보라. 준비 – 시작!

시간: _____

이것은 간단한 집중 연습이다. 반복은 주의를 확장시킨다. 몇 번 실수가 있더라도, 보통은 25초 내에 할 수가 있다. 연습이 어렵고 실수를 반복하면, 신경심리학자나 신경과 의사에게 정식으로 기억평가를 받아보기를 권한다. 의뢰를 위해 주치의를 만나보라.

단기기억에서 장기기억으로 정보 전달하기

앞의 전화번호를 기억할 수 있나? 대부분은 기억하지 못할 것이다. 왜냐하면 시간이 많이 지났기 때문이다. 또한 부호화할 시간도 없었다. 당신에게 기억하라고 지시도 하지 않았고, 전화번호를 기억할 기회도 주지 않았다. 그러나 되뇌기로 전화번호를 기억해 보자. 되뇌기는 간단하지만, 기억을 돕는 효과적인 기술이다. 그리고 전화번호를 기억하기 위한 자연스러운 방법이다. 전통적인 되뇌기에서는 말을 반복한다. 우리는 감각을 이용한 되뇌기와 전통적인 구두 형태의 되뇌기로 상호작용을 확장시킬 수 있다.

되뇌기는 정보를 얻기 위해 반복하는 것을 말한다. 큰 소리로 정보를 반복하면 효과가 커진다. 전화번호부에서 번호를 찾아 소리를 내어 반복하면 전화기를 들고, 다이얼을 누르기 전까지 번호를 기억할 수 있다. 집중해서 여러 번 반복하면, 효과적으로 정보를 작업기억에서 장기기억으로 넘길 수 있다. 명심해라. 노화에 따른 기억문제는 주의집중의 변화 때문에 생긴다.

주의집중 문제

되뇌기는 정보에 집중하게 한다. 되뇌기는 전화번호, 이름, 지식과 약속을 기억하는 데 좋은 방법이다. 반복을 통한 주의는 기억 유지와 인출을 향상시킨다. 따라서 정보를 기억하는 과정에서 당신이 있는 장소와 시간에 대한 정보를 저장할 수 있는 기억 노트를 만들어 보라. 이것은 삽화기억(시간지향 기억)을 통해 정보를 재생하는 백업 경로를 만들어 준다.

> **▼ 기억비법: 효과적인 되뇌기**
>
> 기억을 위해 되뇌기를 하는 경우, 다른 기억 체계(WEPPS, 시각과 언어)로 정보를 반복할 수가 있다. 이것은 다른 백업 경로를 만들고 깊이 부호화할 수 있게 한다. 예를 들어, 전화번호를 소리 내어 읽고, 휴대폰 키패드 번호를 머릿속으로 그려보라. 이것은 숫자 순서에 대한 기억과 시공간 기억을 제공한다. 당신의 전화번호를 이미지로 만드는 것은 운동 체계의 기억 흔적을 활성화시킬 수 있다.

무엇이 되뇌기를 통제하는가?

효과적인 기억은 단지 되뇌기만의 문제인가? 왜 우리는 쉽게 산만해지나? 탁자 위에 백만 달러가 있다. 30초 안에 이것을 당신 것으로 만들기 위해 기억해야 할 것이 있다면, 어떻게 하겠는가? 되뇌기를 자연스럽게 할 수 있는가? 백만장자가 되기 위해 무엇을 했나? 무엇이 되뇌기를 통제 하는가? 매번 집중을 하지만 백만 달러에 대한 생각 때문에 되뇌는 동안 산만해질 것이다.

당신이 전화번호를 되뇌었지만 전화를 걸러 갔을 때 번호를 잊어버렸 다면, 무슨 일이 일어난 걸까? 어쨌든 당신은 주의가 산만해졌다! 그것은 전화벨 소리나, 당신의 기억이 얼마나 좋지 않은지를 되뇐 혼잣말 때문일 수 있다. 이런 주의산만은 당신 주변과 내면에서 늘 있는 일이다. 해결방 법은 의식에 있다.

당신의 되뇌기를 방해하는 요인을 살펴보라. 외부 산만(갑자기 울리는 전화)보다 내부 산만(방해되는 생각, 갈등하는 정서)을 더 의식해보라. 왜냐하 면 내부 산만이 훨씬 더 미묘하고 은밀하기 때문이다.

▽ 기억비법: 간격두기 인출

Landauer와 Bjork(1978)는 "간격두기 인출"이라는 되뇌기 방법을 개발했다. 이는 오랫동안 정보를 반복하는 것이다. 일 분 후에 다시 정보를 반복해보라. 두 번씩 네다섯 번 정도 반복해 보라. 인출에 실패하면, 시간을 반으로 줄여 라. 그리고 다시 시간을 배로 늘려 저장해보라. 이 기법은 되뇌기로 정보를 부호화하는 데 도움을 줄 것이다.

한 번 더 해보자

이번에는 다른 전화번호를 기억하기 위해 되뇌기를 해보자. 전화번호 를 보여줄 것이다. 앞서 이완이 주의력을 높였던 것을 생각해보라. 아울러 주의를 기울이면, 기억이 잘 부호화된다는 것을 명심하라. 되뇌기는 적극적인 집중 방법이다. 편하게 집중하고, 반복해서 되뇌어보라. 다음으로는 39에서 3을 빼는 주의집중 훈련을 할 것이다. 소리 내어 계산하면서 전화번호를 반복하라. 5장의 분할주의에서 배운 것처럼 충분히 집중을 하면, 전화번호를 기억할 수가 있다. 우리는 이것을 하는 데 걸리는 시간은 신경 쓰지 않을 것이다. 목표는 전화번호를 기억하는 것이다. 불행히도 우리는 당신에게 줄 백만 달러가 없다. 그러나 건강한 기억은 당신에게 소중한 것이다.

연 습
반복

전화번호는 724-9876이다. 번호는 시공간 방향을 이용해 기억할 수 있다. 휴대폰 키패드 번호를 누르면서 방향을 손가락으로 그려보라. 큰 소리로 읽으며 반복해보라: 724-9876. 두 방법을 이용해 기억을 향상시켜보라.

이제 39에서 거꾸로 3을 빼는(36, 33, 30...) 동안 전화번호를 반복해보라. 따라가면서 리듬을 만들어 보라.

그럼 전화번호를 써 보자: _____

전화번호를 기억했는가? 충분히 시간을 들여 주의하고 반복했다면, 번호는 장기기억에 저장될 것이다. 그리고 쓰기와 기억노트는 기억을 나게 하는 외부의 도움이 될 것이다. 아울러, 글을 쓸 때 운동과 시각기억을 이용하면, 다중기억체계로 정보를 잘 부호화할 수 있을 것이다.

전화번호가 무엇이었나? _____

전화번호가 당신의 장기기억에 영향을 주었나? 당신의 강점을 아는 것은 기억을 신뢰롭게 한다.

▽ 기억비법: 외부도움을 통한 조직화

외부도움은 기억을 보완하기 위한 도구이다. 여기에는 목록, 달력, 녹음기 등이 있다. 당신이 외부 도움을 이용하는 습관이 있다면 계속 사용해보라. 아울러, 조직화를 위한 방법으로 외부 도움을 이용해 보라. 예를 들면, 식료품 가게에서 마주치는 순서대로 사야 할 항목을 적어보라. "사야 할" 목록을 순서에 따라 관계를 만들어보라. 조직화하기는 기억해야 할 목록을 기록하고, 당신의 기억이 제 기능을 못할 때 중요한 역할을 한다.

우리는 첫 번째 R(이완하기)을 끝냈고, A(주의하기)와 두 번째 R(되뇌기), 그리고 DREAM을 시작했다. 우선, E(시각화하기)에 대해 논의하기 전에 몇 가지 다른 방법을 통해 인출 전략 프로그램인 DREAM을 완성해보자.

난관을 뚫고 나가자

잔주름이 깊어지고
너그러움이 마음의 모서리를 둥글게 할 때,
그것은 넓고 평평한 기둥이 될 것이다.
당신이 외부의 변화와
내부의 변화를 알게 되면,
더 이상 나이에 추월되지 않을 것이다.
계속하라. 그것이 인생이다!

- 놀란드와 피셔

Part11

DREAM의 마지막 해석

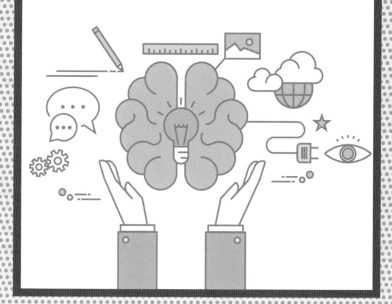

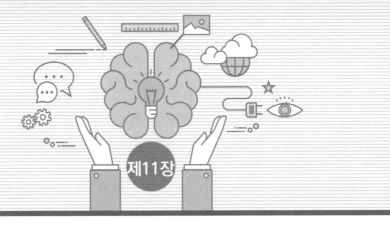

DREAM의 마지막 해석

이 장에서는 기억일기의 항목에 대해 살펴보고, 기억에 관한 부정적인 신념을 합리적으로 바꿔볼 것이다. 그리고 기억에 영향을 주는 신념에 대해 살펴볼 것이다. DREAM을 검토해보자.

연 습
DREAM의 검토

DREAM의 개념을 써보자.

D _____

R _____

E _____

A _____

M _____

사고방식이란 무엇인가? *사고방식*은 신념 체계이다. 신념은 사고와 정서를 포함한 여러 요인들로 구성된다. 신념은 우리를 돕거나 방해한다. 그

럼, 당신의 사고방식을 검토하기 위해 기억일기를 써보자.

기억일기의 검토

우리는 당신의 기억일기를 살펴볼 것이다. 일기의 다섯 항목은 이 장의 마지막에 제시된 양식을 활용하면 된다. 우리가 사용할 양식은 다음 범주를 포함한다:

| 기억실패 | 정서 | 부정적인
사고 | 인지왜곡 | 긍정적인
반응 |

연습을 하기 전에 이 범주들을 자세히 살펴보자.

컬럼 1-기억실패

일기의 첫 번째 컬럼에는 기억실패에 대해 쓴다. 예를 들면, 차 열쇠를 잃어버린 것, 약속을 잊어버린 것, 집에 지갑을 두고 가게에 가는 것 등이다. 우리 모두는 이렇게 한다. 그리고 일반적으로 자신을 비난한다. 다음 컬럼에서는 기억실패와 관련된 정서에 초점을 맞출 것이다.

컬럼 2-정서

정서는 사고에 기초한다. 우리는 정서가 나타나기 전에 사고를 먼저 한다. 따라서 정서에 앞서 사고에 주의를 기울임으로써 부정적인 정서를 바꿀 수가 있다. 예를 들어, 당신이 현관 앞에서 이웃을 보았다. "안녕하세요."라고 인사를 했지만, 이웃은 아무런 반응도 하지 않았다. 당신은 "그 사람은 나를 좋아하지 않는 것 같아. 나를 소개하기 위해 시간을 내야겠어."라고 생각한다. 이러한 사고 때문에 당신은 화가 나고 무시 받는 기분을 느꼈다. 그런데 다르게 생각해보자. "아마 내 인사를 듣지 못한 것 같아. 막 이사를 와서 이것저것 생각이 많았던 모양이야." 이때 당신이 경험하는 정서는 공감이다. 같은 상황에 대해 서로 다른 두 정서는 다른 사고와 신념에 근거한다.

우리는 마음속으로 내적인 해석을 한다. 이러한 혼잣말은 마음속 언어이고, 당신을 안내하는 의식적인 생각이다. 혼잣말은 외부사건에 대한 지각을 토대로 정서에 영향을 준다. 내적인 해석은 당신이 개입할 기회가 된다. 일단, 정서가 경험되면 자율신경계와 변연계가 작동한다. 그러면 합리적인 사고가 어려워진다. 접근−회피 반응이 촉발되면, 공포와 스트레스 반응은 활성화된다. 정서가 경험되면, 개입하기가 쉽지 않다. 다른 경로를 살펴보자.

지각변화에 대한 개입

↓

상황 → 상황에 대한 사고 → 정서 → 신념

복합 정서

정서는 일차적이거나 이차적이다. 공포는 일차 정서이지만, 분노는 공포에 따른 반응이다. 따라서 분노는 이 상황에서는 이차 정서이다. 우울 또한 대체적으로 이차 정서이다. 우울은 압도당할 때 생긴다. 예를 들어, 당신이 통제감을 잃으면, 일차정서인 무력감은 우울의 이차 경험으로 나타난다. 이 때는 무력감을 완화시키기 위한 방법을 찾기가 어렵다. 그리고, 여러 정서(공포, 분노, 슬픔)를 동시에 경험할 수 있다. 때로, 상반되는 정서(미움과 사랑)를 동시에 느낄 수도 있다. 서로 상반되는 감정을 *양가감정*이라고 부른다. 하지만, 정서는 옳거나 그르지 않다. 단지, 정서일 뿐이다. 정서가 무의식적으로 남아있으면, 다른 상황에까지 영향을 줄 수 있다. 예를 들어, 당신이 상사에게 화가 났다면, 집에 가는 길에 고양이를 발로 찰 수도 있다.

연습지의 두 번째 칼럼에는 기억실패와 관련된 정서(분노, 공포 등)를 써보라. 그리고 1에서 10까지 정서를 평정해보라. 1은 가볍고 심각하지 않은 정서이고, 10은 강하고 심각한 정서이다. 부정적인 정서로는 다음과 같은 것이 있다: 분노에 찬, 비참한, 놀란, 뒤죽박죽인, 공황에 빠진, 수치스러운, 억울한, 혼란스러운, 패배한, 곤란한, 우울한, 위협적인, 충격적인, 쓸모없는, 미안한, 낙담한, 당황스러운, 제정신이 아닌, 긴장한, 좌절스러운, 실의에 빠진, 절망적인, 적대적인, 굴욕적인, 짜증나는, 부적절한, 무능력한, 불안정한, 화난, 격노한, 비관적인, 공포스러운, 부담스러운, 유감스러운, 어리석은, 후회하는, 슬픈, 자포자기한, 자의식적인, 어리석은, 끔찍한, 절망한, 피곤한, 실망스러운, 갇힌 듯한, 불안한, 침범한, 취약한, 격정스러운. 긍정적인 정서로는 다음과 같은 것이 있다: 우스꽝스러운, 즐거운, 고요한, 행복한, 만족스러운, 낙관적인, 평화로운, 피로가 풀리는, 사랑스러운, 흥미진진한, 기쁜, 감사하는, 장난기 많은, 관심 있는, 여유로운, 안심하는, 가치 있는. 다음 컬럼에서는 부정적인 사고에 대해 살펴보자.

컬럼 3-부정적인 사고

사고 과정은 스스로가 하는 해석이다. 이것은 우리가 미묘하게 사고하는 방식이다. 그것은 깊이 내재되어 있어 의식조차 하지 못한다. 혼잣말은 정서를 반영한다. 그리고 이미지나 단어 형태로 지각되어 감지하는 게 쉽지가 않다. 혼잣말은 초기 발달단계에 만들어진다. 동시에 그것은 핵심 사고와 저장된 감정을 연결시키고 촉발시키기도 한다.

부정적인 혼잣말은 거의 대부분 비합리적이고, 의심할 수 없지만 사실로 지각된다. 그것은 공포에 의해 유발되는데 *정서*에 기반한 신념체계에 뿌리를 두고 있다. 그것은 자동적으로 발생하고 받아들여진다. 그래서 비합리적인 신념체계는 변화되지 않고, 상황을 피하게 만든다. 예를 들어, 파티에서 사람의 이름을 기억하지 못하면, 파티에 참가하는 것이 꺼려지고, 이름을 잊어버렸다는 당황스러움 때문에 두려울 수가 있다. 부정적인 혼잣말은 스트레스에 대한 생리 반응(심박수가 증가하면 아드레날린이 방출됨)을 활성화시키고, 불안과 우울의 기초가 된다(우울은 내부로 향하는 불안이다). 세 번째 컬럼의 부정적인 혼잣말에 대해 더 살펴보자.

연 습
당신이 사용하는 혼잣말에는 어떤 것이 있나?

종종 우리는 자신의 적이 될 수 있다. "바보 같으니" "나는 항상 왜 그럴까?" 부정적인 혼잣말은 학습되기도 하고, 학습이 되지 않을 수도 있다. 이를 위해 먼저 우리는 이것을 확인하는 방법을 배워야 한다. 당신은 어떻게 자신을 비난하는가? 아래 부정적인 혼잣말의 예가 있다. 부정적인 혼잣말을 쓰는 경향을 1~5점으로 매겨보라. 당신은 어디서나 이를 확인할 수 있다.

비판적인 혼잣말: 항상 자신을 비난하고 있나? 매번 스스로 잘못을 지적하는가? "나는 실패자야."처럼 목표에 도달하지 못하면, 비판적인 혼잣말로 자신을 비난하는가? "나는 더 잘 해야 해." "자신을 끌어내려서는 안 돼."라는 말은 자기 비판적인 생각을 반영한다. 비판적인 혼잣말을 할 때 우리는 "해야 한다."라는 말을 쓴다. 비판적인 혼잣말

은 긍정적인 특징을 무시하고 부정적인 것을 부각시킨다. 비판은 부모, 상사, 또는 교사의 내면화된 목소리이다. **이런 특징을 1~5점으로 매겨보라**(5는 가장 심함). _____

무기력한 혼잣말: 무기력한 혼잣말은 희생자가 될 거라는 느낌을 준다. "나는 상황을 변화시킬 수 없어." "인생은 무기력하고 강력한 힘이 나를 조종해." 이런 내적인 혼잣말은 우울과 불안을 유발한다. 앞으로 한 발을 걸으면, 두 발을 뒷걸음질 친다. 실패할 것이 틀림없기 때문에 어떤 시도도 하지 않는다. **이런 특징을 1~5점으로 매겨보라**(5는 가장 심함). _____

불안한 혼잣말: 이러한 혼잣말은 당신이 걱정을 하고 있음을 의미한다. 계속되는 해석은 최악의 시나리오를 만든다. "기억이 나를 망쳤어. 잘 되지 않을 거야." 이는 *오즈의 마법사*에서 용기를 찾아 나서는 사자에서 잘 묘사된다. 사자는 모든 것이 두려워 재앙이 올 거라고 생각한다. 그리고 공황 증상이 악화되는데, 왜냐하면 스트레스에 대한 반응으로 신체 증상이 나타나기 때문이다. 불면은 불안한 혼잣말의 영향을 받는다. 잠재된 실패는 지속적인 공포의 대상이다. **이런 특징을 1~5점으로 매겨보라**(5는 가장 심함). _____

완벽주의 혼잣말: 완벽주의자는 항상 "해야 한다." "할 것이다." "할 수 있다."의 규칙으로 살아간다. "나는 잘 할 수 있다." "나는 이것을 할 수 있다." 이러한 유형은 더 잘 할 거라는 생각을 제외하고, 비판적인 혼잣말과 비슷하다. 이런 형태의 혼잣말은 당신을 실패로 이끌고 불안과 우울을 일으킨다. 완벽주의자는 우울하면 일을 잘 하지

않는다. 완벽주의자는 외부 사건을 통해 자신을 평가한다. 일, 승진, 돈, 사회적 지위는 자신의 가치를 반영하는 척도가 된다. **이런 특징을 1~5점으로 매겨보라**(5는 가장 심함). _____

우리는 전술한 것과 같은 내적인 해석을 한다. 만약, 이것이 일상적인 사고 패턴의 핵심이라는 것을 알게 되면, 기억을 잘 할 수 있을 것이다. 전체 점수를 합해보라. 10점 이상이면 개입이 필요하다. 한 영역에서 점수가 3점 이상이라면 이런 혼잣말을 바꾸는 데 집중하라.

이러한 내적인 사고는 기억에 부정적인 영향을 주고 부적절하게 나타난다. 변화의 첫 단계는 문제를 정의하는 것이다. 일단, 당신이 부적응적인 사고를 발견하면, 의식적으로 그것을 변화시켜 부정적인 정서를 변화시킬 수 있을 것이다. 일상의 삶에 깨어 있으라. 다음에도 비슷한 생각을 하면, 그 생각을 멈춰라. 그리고 주의를 다른 곳으로 돌리고, 자신을 비합리적으로 만든 것에 대해 생각해보라. 아울러, 그 상황에서 일어난 생각을 설명하기 위해 친구에게 할 조언을 떠올려보라. 마지막으로, 부적절한 생각을 적절한 생각으로 대체하고 신념을 바꿔보라.

연습지의 세 번째 컬럼에는 기억실패("나는 항상 잊어버린다." "이런 바보 같으니")와 같은 부정적인 사고(혼잣말)를 기록한다. 부정적 사고의 심도를 1점에서 10점까지 평정해보라(10점이 가장 좋지 않은 것이다). 다음은 인지왜곡을 살펴보자.

컬럼 4-인지왜곡

Beck(1967, 1979)과 Ellis(1962, 1970)[4]는 인지왜곡을 복잡한 자기해석

---

4) Reprinted, by permission, from Albert Ellis, *The Essence of Rational*

에 기초한 사고패턴이라고 정의했다. 인지왜곡은 종종 지각을 왜곡시킨다. 그것은 부정적인 혼잣말을 의심 없이 받아들이게 한다. 아래 인지왜곡에 대해 살펴보자.

> ★ *과잉일반화*: 하나의 사건을 너무 자주 발생하는 것으로 본다. 그리고 이런 일이 항상 일어날 거라고 생각한다. 과잉일반화는 긍정적인 사건을 무시하고 부정적인 사건에 초점을 둔다.
>
> ★ *모두 또는 전부가 아니라고 생각하기*: 이것은 흑백사고이다. 완벽하지 않으면 자신을 실패자로 본다(칫솔 하나를 잃어버렸지만 24개로 묶여진 전체 칫솔꾸러미에 대해 신경을 쓴다).
>
> ★ *결론으로 뛰어넘기*: 근거가 없음에도 상황을 부정적으로 해석한다. ("나는 이것을 엉망으로 만들 거야.")
>
> ★ *정서적 추론*: 부정적인 정서가 생활을 반영한다고 가정한다. 당신이 그렇게 느끼면, 그건 진실이다.
>
> ★ *파국화*: 실수나 작은 사건을 과장한다.
>
> ★ *최소화하기*: 자신의 긍정적인 자질에 걸맞은 보상을 주지 않는다.
>
> ★ *당위성*: "해야 한다"라는 단어를 사용하면서 자신을 실패자로 본다 ("나는 다른 방식으로 그것을 해야 한다."). 당위성은 사기를 꺾는 반추로 가득 차있다.
>
> ★ *개인화*: 아무 연관도 없는데 자신을 부정적인 환경의 결과로 본다.
>
> ★ *잘못된 명명*: 극도의 과잉 일반화. "나는 실패했어."라고 하는 대신 "나는 실패자야."라고 규정짓는다.

연습지의 네 번째 컬럼에서는 부정적인 사고와 관련된 인지왜곡을 살펴보았다. 마지막으로 긍정적인 반응에 대해 알아보자.

Psychotherapy: A Comprehensive Approach to Treatment. 1970. Institute fro Rational Living.

컬럼 5-긍정적인 반응

긍정적인 반응은 긍정적인 신념에 기초한다. DREAM의 최종 목표는 기억, 나이 및 자신에 관한 신념을 수정하고, 건강하게 기억할 수 있도록 긍정적인 기초를 발전시키는 것이다. 건강하고 긍정적인 신념은 아래 제시한 목록보다 많다. 이러한 신념이 당신에게 있는가? 이것은 당신이 누구이고 어떤 믿음이 있는지를 알게 한다.

긍정적인 신념과 기억

1. *나는 변할 수 있다.* 특정 방식을 고집하고 행복을 제한할 필요가 없다. 당신은 선택한 것을 변화시킬 수 있다. 아울러, 기억을 통제할 수 없다는 믿음을 바꿀 수 있다. 나는 기억이 불완전하더라도 부호화할 힘이 있으면, 잘 작동할 거라는 것을 알고 있다.

2. *나는 일이 잘못되어도 이를 수용할 수 있다.* 일이 잘못되면, 부정적인 혼잣말이나 부정적인 생각을 하지 않아도 된다. 일이 잘못되고 기억이 원하는 대로 되지 않는다고 해서 자신을 비난할 필요는 없다.

3. *나는 모든 사람을 행복하게 할 필요가 없다.* 모든 사람들이 나를 받아들일 수는 없다. 실수로 사람의 이름을 잊어버려 본의 아니게 그 사람을 무시했다면, 용서를 구하면 된다.

4. *나는 모든 일을 통제할 필요가 없다.* 일이 원하는 대로 되지 않더라도 만족하며 살 수 있다. 나는 불완전한 영향과 불완전한 기억과 불완전한 사람을 수용할 수 있다.

5. *실수해도 괜찮다.* 나는 실수하더라도 좋은 사람이다. 내 기억은 항상 완벽하지 않다.

6. *나는 유연할 수 있다.* 유연성은 기억을 좋게 하고 안녕감을 준다. 나는 세상을 다른 관점으로 보고 대안을 찾을 수 있다.

7. *시도했다는 것이 중요하다.* 실패하더라도 시도했다는 것이 중요하다. 회피는 성장을 방해하고 기억을 어렵게 한다.

8. *나는 책임감이 있다.* 나는 나의 감정과 행동에 책임이 있다. 그리고 선택한 대로 느끼고 행동할 수 있다. 기억 때문에 의기소침해진다면, 그것은 내가 선택했기 때문이다. 나는 의기소침하거나 무력감을 느끼지 않을 수 있다.

9. *나는 할 수 있다.* 나는 자신을 보호하고 선택할 수 있다. 그리고 나의 기억을 위해 누군가에게 의지할 필요가 없다. 나는 선택한다면 기억할 수 있다.

마지막으로 다섯 번째 컬럼에는 적응적이고 긍정적인 반응을 써보자. 각각의 부정적인 사고(3장)를 대체할 긍정적인 사고 3개씩을 써보라. 그리고 긍정적인 반응에 대한 신념을 1~10점으로 매겨보라(10이 가장 좋은 반응).

부정적인 사고에 대한 긍정적인 반응의 예

인지왜곡에 기초한 부정적인 사고를 대체하는 3가지 긍정적인 반응의 예는 다음과 같다:

부정적인 사고 (컬럼 3)	긍정적인 반응(컬럼 5)
1. "나는 항상 잊어버린다." (7)	1. 기억을 하면 좋겠지만 나는 모든 것을 기억할 수는 없다. (8) 2. 기억에 대한 기대가 현실적이라면, 나는 만족할 수 있을 것이다. (9) 3. 나는 기억이 완벽하지 않아도 괜찮다. (7)

연 습

신념 검사하기

기억실패 삽화를 반영하는 5개 목록을 떠올려 보라. 그것을 다음 연습지(Beck et al., 1979)에 적어보자. 당신의 정서, 부정적인 사고, 긍정적인 반응을 1에서 10점으로 매겨보라. 이는 패턴을 확인하고 긍정적으로 반응하는 데 도움이 된다.

우리는 당신의 기억일기에서 5개 항목을 분석했다. 기억에 실패하면, 다음을 적용해 보라. 부정적인 사고를 긍정적인 반응으로 바꿔보라. 다음 번에 당신이 무언가를 잊어버렸을 때 부정적인 정서로 이끄는 사고를 찾아보라. 보다 적응적인 사고로 대체함으로써 사고방식을 적극적으로 바꿔보라. 모든 사람은 잊어버린다. 기억을 향상시키는 과정에서 자신을 있는 그대로 수용해야 한다는 것을 명심하라. 다음 장에서는 마음속 그림을 시각화해서 RARE를 완성할 것이다. 그것은 RARE에서 E이다.

기억실패	정서	부정적인 사고	인지 왜곡	긍정적인 반응

기억실패	정서	부정적인 사고	인지 왜곡	긍정적인 반응

기억실패	정서	부정적인 사고	인지 왜곡	긍정적인 반응

기억실패	정서	부정적인 사고	인지 왜곡	긍정적인 반응

기억실패	정서	부정적인 사고	인지 왜곡	긍정적인 반응

Part12

—

시각화하기-감각 정교화

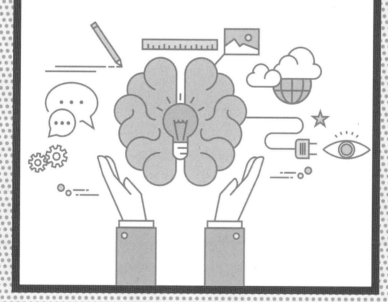

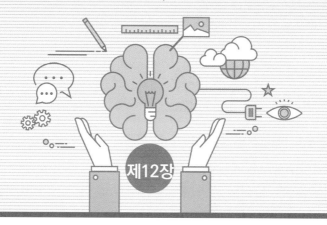

시각화하기-감각 정교화

왜 시각화하기인가?

　이 장에서는 감각 정교화로 기억을 향상시키는 방법을 살펴볼 것이다. 시각심상은 아주 좋은 기억법으로 증명되어 왔다. 기억을 정교화 하는 데 일반적으로 시각심상이 사용되지만, 우리는 사용할 수 있는 모든 감각을 이용하려고 한다. 기억 전문가들은 20년 넘게 가장 좋은 기억훈련법으로 시각심상을 다루어 왔다(West, 1995)5). 그리고 노인의 기억을 향상시키는 데 상호심상이 매우 효과적이라는 것을 발견했다(West & Crook, 1992; Yesavage et al., 1983; Zarit et al., 1981). 상호심상에서 기억되는 항목은 다양하게 상호작용하는 이미지라고 할 수 있다. Verhaeghen 등(1992)은 49개 연구 중 2개만이 기억 훈련 방법으로 시각심상을 사용하지 않았다는 것을 발견했다.

---

5) Reprinted, with permission, from Alan D. Baddeley, Barbara A. Wilson, and Fraser N. Watts, *Handbook of Memory Disorders*. 1995. John Wiley and Sons, Ltd.

심상은 정교화를 이끈다

심상은 정교화를 통해 부호화를 강화시킨다. 그리고 복잡한 기억체계를 사용한다. 정교화는 정보 처리 수준과 관련이 있다. 정교화를 잘 하면, 처리가 깊어진다. 그러므로 시각이나 청각, 후각에 정보를 연결시키면, 보다 잘 기억할 수 있다(Robertson-Tchabo, 1980). 예를 들어, 꽃을 후각과 연결시키면, 기억이 잘 난다. 심상의 목표는 정보에 대해 감각의 경험(정신적 그림)을 만드는 것이다.

상호심상이란 무엇인가?

상호심상은 생생하고 독특한 정신적 이미지를 말한다. 거기에는 여러 가지 방식으로 연결되고 상호작용하는 대상이 있다(West, 1995). 당근과 달걀을 사기 위해 가게에 갈 것을 기억해야 한다면, 달걀이 당근을 발로 차는 상상을 해 보라. 상호심상은 비상호심상보다 두 배 가량 기억효과가 높은 것으로 알려져 있다(Poon et al., 1980).[6]

> ▼ 기억비법: 얼굴-이름 학습
>
> Yesavage 등(1983)은 노인을 대상으로 얼굴과 이름을 연결시켜 학습하기 위해 시각심상을 이용했다. 얼굴-이름 학습의 목표는 독특한 얼굴 특징을 시각적으로 바꾸고, 이름을 연합해서 시각심상으로 전환하는 것이다(예를 들어, 반슈노젠 박사는 코가 크다). 즉, 이 방법은 누군가의 이름을 기억할 때, 그 사람의 특징을 찾아 이름과 연관시키는 것이다. 독특할수록 이름에 대한 기억

---

6) Reprinted, by permission, from L. W. Poon, *Handbook of Psychology of Aging.* 1985. Harcourt, Inc.

은 잘 날 것이다.

심상의 영향

우리는 심상을 이용한 기법을 소개할 것이다. 이는 당신이 기억하고 싶은 것을 시각화하는 방법이다. 심상은 당신이 기억하고 싶은 정보에 많은 영향을 준다. 그리고 세부사항도 포함하고 있다. 결국, 이것은 정보의 질을 좋게 해서 회상이 잘 되게 한다. 자동차를 보이는 대로 기억하고 싶다면, 잘 회상하는 방법은 무엇인가? 자동차를 말로 묘사하게 한 뒤 자동차 그림을 보여주면 어떨까? 그렇다. 자동차를 말로 묘사하게 한 후 그림을 보여주면, 기억을 더 잘 할 수 있다.

심상을 기술하면, 뇌는 보다 잘 활성화된다. 그러면 작업기억 속에 시각적이고 언어적인 처리가 활성화되어 뇌의 두 측면을 사용하게 된다. 이것이 우리가 하려는 것이다─제시된 정보에 정신적 그림을 그리거나 다른 감각 사용하기. 우선, 시각에 초점을 맞추고, 이를 후각, 청각, 미각, 촉각에 적용해 보자.

단순한 심상 경험부터 시작해보라. 이것을 잘하면, 보다 좋은 방법을 사용할 수 있을 것이다. 먼저, 당신이 잘 아는 사람의 얼굴을 떠올려 보자.

───── 연 습 ─────
친숙한 얼굴 시각화하기

배우자나 자녀로 하는 것이 좋다. 눈을 감고 한 사람의 얼굴을 떠올려 보자. 친숙한 사람이면 좋다. 천천히 이미지를 그려보라. 머리, 눈, 입, 얼굴을 상상하라. 몇 분이 걸릴 수도 있다. 그 사람이 웃고 있나? 어떤 행동을 하고 있나? 당신을 보고 있나? 누구를 보고 있나? 이미지가 선명해지면, 더 잘 아는 사람의 얼굴을 떠올려보자. 선명하게 얼굴을 떠올려보라.

마음속으로 이미지를 만들 수 있을 때까지 계속하라. 시각화의 다음 단계는 이 기법을 견고하게 하는 것이다. 편해지면 시각화의 다음 단계로 가보자.

연 습

유명인 얼굴 떠올리기

다음은 조금 덜 익숙한 이미지로 그려보자. 유명인을 떠올려 보라. 조지 부시 전 대통령은 어떤가? 눈을 감고 선명한 이미지를 그려보고, 조지 부시를 자세하게 떠올려 보라. 이미지를 만드는 데 시간이 걸릴 것이다. 그의 입술을 그려보라. 이미지가 선명해질 때까지 해라. 빌 클린턴, 리차드 닉슨, JFK, 윈스턴 처칠, 엘머 퍼드도 해보라.

이미지 그리기가 쉬웠나? 이미지를 만들 수 있었는가? 긴장을 풀어라. 이 기술을 연습으로 다듬어 볼 것이다. 얼굴 떠올리기는 연습이 필요하다. 따라서 기초부터 해야 한다. 이 연습이 편해지면, 좀 더 어려운 단계로 갈 것이다.

연 습

대상 떠올리기

어떤 대상을 떠올려 보자. 대상을 심상으로 만드는 데는 시간이 걸릴 것이다. 이 대상이 편해질 때까지 다른 대상으로 옮겨가지는 마라.
심상이 떠오를 때까지 시간을 들여라. 준비되었나?

★ 장미
★ 펜
★ 셔츠
★ 망치
★ 비행기
★ 전구

좋다! 이제 심상을 연결해보자.

상호작용의 안내

망치, 비행기, 전구로 해보자. 비행기에서 떨어진 망치가 전구에 떨어
져 산산조각 나는 장면을 떠올려 보자. 따라해 보라—비행기에서 떨어진
망치가 전구에 떨어져 산산조각이 난다. 떠올릴 수 있나? 몇 분 동안 이
단어를 기억해 보라. 다음으로는 "핵단어법(Pegging)"이라 불리는 기억 방
법에 대해 살펴보자.

▼ 기억비법: 핵단어법

당신이 언어 지향적이라면, 핵단어법은 당신을 위한 것이다. 이것은 기억하기
쉽게 대상을 구조화하는 연상방법이다. 항상 같은 순서로 기억할 수 있도록
단어를 정해보라. 예를 들어 1에서 5까지의 숫자와 운이 맞는 다섯 개 단어를
보자.

1(one) = 총(gun)
2(two) = 신발(shoe)
3(three) = 나무(tree)
4(four) = 문(door)
5(five) = 벌통(hive)

이제 기억하고 싶은 항목을 단어 목록과 연결시켜보라. 기억하고 싶은 단어를 걸이단어(주제어)에 걸어라. 이 방법은 새로운 이름과 결합된 단어에 대한 기억을 좋게 한다. 그리고 걸이단어와 상호작용해서 항목을 시각화하는 것은 연습으로 발전시킬 수 있다. 이 방법은 기억을 향상시키는 데 도움이 된다.

더 나은 주의를 위한 상호작용

201쪽에서 상호작용하여 떠올린 세 단어가 기억나는가? 상호작용한 심상은 당신의 기억을 돕는다. 핵심은 생생한 심상일수록 기억하기가 쉽다는 것이다. 예를 들어, 망치 이미지만 떠올리는 것보다, 하늘에서 떨어지는 망치는 더 쉽게 기억할 수 있다. 왜냐하면, 하늘에서 떨어지는 망치가 세부사항을 더 많이 포함하고 있기 때문이다. 그렇게 되면, 뇌는 더 쉽게 이해할 수가 있다. 아울러 재미가 있을수록 주의를 끈다. 주의를 많이 기울일수록 더 나은 부호화와 검색이 가능해진다.

만약 당신이 한 가지 이상을 기억하려고 한다면, 둘 이상의 세부 이미지를 생생하게 연결시켜보라. 예를 들어, 망치와 전구를 분리해서 기억하는 것보다 하늘에서 망치가 떨어져 전구가 산산조각 나는 것이 더 기억하기가 쉽다. 연습을 해보자. 대상에 세부 사항을 더해보라. 명심하라. 재미있는 것이 좋다.

—— 연 습 ——

한 대상의 상호작용

장미를 상상해보자. 1~2분 동안 구체적으로 장미 이미지를 떠올려 보라. 색깔을 보고, 꽃잎과 잎의 감촉을 느껴보라. 가시를 주목해보라. 향기를 맡아보라.

★ 장미를 아주 작게 상상해보라. 정말 작게 만들어보라.

★ 아주 큰 장미를 떠올려보라.

★ 펜을 상상해보라. 무슨 색인가?

★ 아주 큰 펜을 상상해보라.

★ 하늘을 날아다니는 펜을 떠올려보라.

★ 셔츠를 그려보라.

★ 깃대에 셔츠가 걸려있다.

★ 셔츠가 바다에서 수영을 한다.

★ 이번에는 비행기다.

★ 비행기가 도로로 내려온다.

★ 비행기가 뒷마당에서 난다.

어떤가? 움직이는 대상은 기억하기가 쉽다. 얼마나 많은 세부사항을 이미지에 넣었나? 셔츠는 어떤 색인가? 셔츠는 당신에게 익숙한가? 비행기는 어떤 특징이 있나? 큰 제트 비행기인가? 아니면, 작은 프로펠러 비행기인가? 재미있는 시각심상(바다를 수영하는 셔츠처럼)을 만드는 데 시간을 들이면, 쉽게 회상을 할 수가 있다. 이제 좀 더 복잡한 시각화 단계로 가보자.

연 습

여러 대상이 상호작용하는 심상

이제 두 대상이 상호작용하는 심상을 만들어보자. 당신에게 두 대상을 주겠다. 전구를 부수는 망치처럼 생생하게 상호작용하는 심상을 만들어 보라. 상호작용하는 두 대상을 편하게 떠올릴 수 있을 때까지 충분히 시간을 들여 보라. 창의적으로 재미있게 해라.

좋다. 장미와 펜은 어떤가? 상상하는 동안 시간을 들여라. 두 개의 심상을 떠올릴 수 있나?

이제 셔츠와 비행기로 해보자. 명심해라. 상호작용을 위해 충분히 시간을 들여라. 세 단어로 해보자.

빵, 자, 정지 표시로 해보자. 창의적인 방법으로 세 단어를 시각적으로 연결하기 위해 시간을 들여 보라. 그리고 상호작용하는 이야기를 만들어 보라. 언어기억은 정보를 깊게 처리할 수 있게 한다.

어떤가? 연습을 하면 쉬워질 것이다. 당신에게 7개의 기억 대상을 주었다. 얼마나 떠올릴 수 있는지 보자.

연 습

상호작용하는 여러 대상의 회상

앞서 연습에서 연결한 대상을 적어보자. 회상을 돕기 위해 상호작용을 이용해보라. 이 방법으로 한 대상을 기억할 수 있다면, 그 대상과 상호작용하는 다른 대상도 기억할 수 있을 것이다. 이것은 기억의 연결망을 제공한다.

1.

2.

3.

4.

5.

6.

7.

답을 확인해보라. 연습에서 성공한 것을 다른 것과 비교해 보라. 앞서 다른 방법을 사용해 기억하라고 한 것이 있었다. 당신은 어떤 것을 더 잘했나? 이미 했던 연습을 복습해보고 이 방법을 일상에 적용해 보라.

가장 중요한 것, 재미있게 해라

이전 연습의 요점은 기억하고 싶은 것을 마음속으로 그릴 때 회상하기가 쉽다는 것이었다. 기억할 대상이 하나 이상이라면, 여러 대상을 시각적으로 연결해보라. 심상에 움직임을 넣어보라. 창의적으로 하나 이상의 대상을 움직여보라. 생생한 색깔과 특이한 배경을 떠올려라. 뇌는 대상이 어디에 있는지, 무엇을 하는지에 몰두한다. 기억하라. 정교하고 우스꽝스러울수록 기억이 잘 된다. 좋은 기억을 검사하는 것은 당신이 기억을 할 수 있느냐가 아니라, 얼마나 쉽게 기억할 수 있느냐에 달려있다. 예방은 치료보다 낫다. 그리고 부호화를 통해 회상이 잘 되지 않는 것을 예방할 수 있다. 중요한 것은 창의적이고 재미있게 하는 것임을 명심해라.

특정한 것에 주목하기

다음 주제로 해 보자. 장면을 마음속에 그리기 위해 시간을 들여 보라.
긴장을 풀고 심상을 준비해라.

연 습
감각 확장하기

가지가 처진 버드나무를 상상해 보라. 가지가 어떻게 되어 있는지
를 보고, 땅을 만져보라. 나무에 있는 이끼를 보라. 나무 아래 풀에 주
목하라. 상쾌한 공기와 들꽃의 부드럽고 달콤한 향기를 맡아보라. 새
소리와 나뭇잎을 바스락거리는 산들바람 소리를 들어보라. 나무껍질의
감촉을 느껴보라. 껍질은 거칠고, 가지는 부드러울 것이다. 심상 속의
색과 감촉에 주의를 기울여라. 모든 감각을 나무에 집중시켜라. 그림
자와 빛을 보라. 나무 소리를 들어보라. 냄새를 맡아보라. 맛보라. 느
껴보라.

감각은 렌즈의 초점을 맞추는 것과 비슷하다. 그것은 경험을 확장
시킨다. 상상하는 동안 세부적인 것에 주의를 기울이면 부호화가 쉬워
진다. 대상을 경험할 수 있게 감각을 열어두라. 산만해져도 좋다. 주의
를 나무의 다른 부분으로 옮겨보라. 나무를 보거나 만진 후, 기억이
잘 되었는가?

감각의 정교화는 회상을 효율적으로 할 수 있게 한다

대상이 자연스럽게 감각을 포함할 때 노인도 젊은이와 동등하게 대상

을 기억할 수 있다는 앞서 소개한 연구를 당신은 기억할 것이다. 이 연구는 노인이 기억을 하기 위해 감각을 포함하는 것이 얼마나 중요한지를 보여주었다. 노인은 여러 감각을 사용할 때 젊은이들만큼 정보를 부호화하고 회상할 수 있다!

어떻게 여러 감각을 사용할 것인가?

감각 능력을 최대화하기 위해서는 먼저 이완을 해야 한다. 그리고 환경에 초점을 맞추도록 감각에 주의를 기울여야 한다. 환경에 주의를 두는 것으로 당신은 감각을 사용할 준비가 된다. 이를 통해 갑작스러운 상황에서도 주의를 사용할 준비가 된다. 기억을 잘 하기 위해 여러 측면으로 대상을 검토해 보라. 어떤 냄새인지, 어떤 맛인지, 소리는 어떤지, 느낌은 어떤지를 살펴보라. 대상을 기억하기 위해 활동을 끌어들여라. 기억하고 싶은 것이 있을 때 이 기법을 사용해보라. 그리고 일상생활에 적용해보라.

일반화

*일반화*는 한 맥락에서 배운 지식을 다른 맥락으로 옮기는 것이다. 일반화는 이 책에서 배운 것을 일상으로 옮기는 능력이다. 이것은 새로운 방법과 기술을 생활 속에 적용시키는데 필수적이다. 기억 향상의 성공 여부는 이 책을 통해 배운 것을 일상에 적용시키는 능력에 달려있다. 기억해야 할 것에 이 방법을 적용해보라. 기억을 돕기 위해 검색 기술을 이용해라. 재미를 잊지 마라. 명심해라. 재미와 함께 즐거움이 오고, 즐거우면 주의를 기울일 수가 있다.

사람들은 일반화를 어떻게 배울까? 어떻게 하면 카네기 홀에 갈 수 있을까? 연습하고, 연습하고, 연습해라! 최고의 재즈 연주자는 연습하고, 연습하기 때문에 음악이 자연스러워진다. 음악이 그들에게 자연스러워지면,

즉흥 연주를 할 수 있게 된다. 그리고 자신만의 음악을 창조할 수 있게 된다. 기억은 즉흥 연주 같은 것이다. 그러므로 연습을 통해 새 기술을 익혀라. *당신의 기술을 매일 이용해라. 상상하라. 일반화하라. 재미있게 하라!*

장소법(Method of Loci)

이번에 배울 것은 심상 기술을 더 좋게 할 것이다. 이것은 '장소법'이라고 하는데 기억하려는 것을 익숙한 장소에 시각화해서 놓는 것이다. 장소법은 고대 그리스에서 기억술로 사용되었다. 장소법은 특정 시간에 해야할 일을 순서대로 기억하는 방법이다. 장소법을 이용하기 위해서는 우선, 익숙한 장소를 정해라. 다음으로는 이 장소에 기억하고 싶은 것을 놓아라. 장소에 도착하면, 각 심상을 떠올리면서 익숙한 장소를 걷고 있는 자신을 상상해보라. 당신은 기억하고 싶은 항목을 장소에 놓기만 하면 된다.

자신만의 장소법 만들기

장소법을 이용하기에 좋은 장소 중 하나는 자신의 집이다. 순서대로 갈수 있게 열 군데 정도 장소를 정하는 것이 첫 번째 단계이다. 장소법을 통해 기억의 내용을 고정시킬 맥락을 만드는 것이다. 하나의 예로, 에드가 집에 열 군데 장소를 정해보자. 장소를 떠올린 후 각 장소에 기억하고 싶은 대상을 놓아보자.

에드가가 현관문을 열었을 때, 처음 본 곳은 거실이었다. 그곳이 장소 #1이다. 그리고 나서 손님방으로 들어갔는데 거기가 장소 #2이다. 손님방에 들어간 후 옷장을 열었다. 이곳이 장소 #3이다. 그런 다음 손님방을 빠져나와 장소 #4가 될 부엌으로 갔다. 그는 부엌을 나와 장소 #5인 주방으로 들어갔다. 그리고 #6인 서재로 갔다. 다음으로는 #7인 화장실로 갔다. 화장실에 있는 동안 샤워 커튼을 열고 욕조를 보았다. 거기가 #8이다. 다음은 안방으로 갔고 그곳이 #9이다. 마지막으로 현관이 #10이다. 에드가는 장소를 확실히 기억했다. 그는 걸어가는 것을 상상하면서 순서대로 기억을 했다. 그럼 에드가가 할 일을 위 장소에 어떻게 놓는지를 보자.

에드가의 집에 기억 항목 놓기

얼핏 허술해 보이지만, 한 번 장소가 정해지면, 습관처럼 쉽게 할 수 있다. 다음 단계는 장소에 기억하고 싶은 항목을 놓는 것이다. 이 과정을 창의적이고 재미있게 하라. 그 장소에 항목을 시각화하기 위해(한 장소에 한 항목씩) 시간과 노력을 들여라. 예를 들어, 주방에 자동차를 놓으면, 당신은 자동차를 정비해야한다는 것을 기억할 수 있을 것이다.

그럼, 다섯 가지 해야 할 일이 있는 에드가의 하루에 대해 이야기해보자. 먼저, 그는 책을 반납하러 도서관에 가야 한다. 그리고 도서관 사서인 존스에게 할 말이 있다. 그 다음, 마트에 가서 우유를 사고, 차에 기름을 넣어야 한다. 마지막으로 병원에 가야 한다. 모든 것은 순서대로 해야 한다.

다음 단계는 각각의 이미지를 에드가 집의 미리 정해 놓은 장소에 놓는 데 시간을 들이는 것이다. 에드가의 거실이 첫 번째 장소이고, 도서관이 그가 가야 할 첫 번째 곳이다. 에드가는 거실에 들어섰을 때 책 한 꾸러미가 있는 것을 상상했다. 거기에는 걸을 수 없을 정도로 책이 엄청나게 많다. 두 번째 장소는 손님방이고, 두 번째로 기억해야 할 것은 존스에게 할 말이 있는 것이다. 그래서 그가 손님방에 들어갔을 때 존스가 침대에 누워있는 것을 상상했다. 세 번째 장소는 옷장이고, 다음 일은 우유를 사는 것이다. 에드가는 옷장 문을 열고, 옷걸이에 걸려 있는 우유병을 상상했다(명심해라. 특이한 이미지일수록 기억하기가 쉽다). 네 번째 장소는 부엌이고, 다음으로 기억할 것은 차에 기름을 넣는 것이다. 그래서 그는 오븐 위에 자동차가 있는 독특한 이미지를 만들었다. 다섯 번째 장소는 주방이고, 기억해야 할 것은 의사와의 약속이다. 이를 위해 주방에서 식사중인 의사를 상상했다. 그리고 반복해서 두세 번 정도 심상을 떠올렸다. 그는 장소를 통과하는 상상을 하며 해야 할 일에 대한 기억을 강화시켰다. 이것은 에드가가 기억을 잘 할 수 있게 했다. 한 번 장소가 정해지면, 심상을 놓는 데는 노력이 많이 들지 않는다. 이것은 좌뇌(언어기억)와 우뇌의 기능(시공간기억)을 통합하는 방법이다. 명심하라. 여러 기억체계를 이용하면, 기억이 좋아진다. 이제 당신만의 장소를 정해보자.

연 습

당신만의 장소법 만들기

당신만의 장소법을 만들어라. 중요한 것은 순서대로 갈 수 있는 열 군데 장소를 정하는 것이다. 에드가가 했듯이 여러 장소를 사용할 수 있다. 집을 걸으며 마음속으로 떠올릴 수 있게 장소를 정해보라. 집을 걷고 있는 자신을 상상해보라. 열 군데 장소를 아래에 적어라. 필요하다면, 방을 더 작은 부분으로 나누어도 좋다(오븐, 옷장, 냉장고처럼). 장소법으로 사용할 열 군데를 순서대로 적어보라.

1. _____
2. _____
3. _____
4. _____
5. _____
6. _____
7. _____

8. _____

9. _____

10. _____

이제 이것을 기억해보라. 종이에 적어보라. 복사본을 자동차나 필요한 곳에 둬라. 반복적인 쓰기는 정보를 부호화하는 또 다른 방법이다.

연 습

당신만의 장소법 사용하기

이제 몇 가지 과제를 줄 것이다. 당신이 정한 장소에 심상을 놓아보라. 다섯 가지 과제는 다음과 같다.

1. 우체통에 편지를 넣어야 한다.

2. 그리고 빵을 사러 가게에 가야 한다.

3. 이제 자동차 타이어에 바람을 넣을 차례다.

4. 다음으로 은행에 들러 입금을 해야 한다.

5. 마지막으로 집에 가서 화분에 물을 줘야 한다.

당신이 이미지를 방에 잘 놓았는지를 분명히 하기 위해 필요하다면 장소 목록을 사용해보라. 시각화를 통해 할 일을 장소에 놓기 위해 시간을 들여라. 독특하게 만들어라.

창조성-효과적으로 기억하기 위한 열쇠

당신의 개인적인 특성을 기억술에 통합해보라. 이를 *당신*에 맞게 해보라. 예를 들어, 유머는 사람의 이름을 독특하게 연결시켜 준다. 당신의 한계를 넘어 시간과 노력을 들이면서 이제껏 볼 수 없었던 세부사항을 연결시켜보라. 좋은 기억은 당신의 감각과, 독특하고, 의미있고, 우스꽝스러운 인출 방법 및 창조성을 통해 부호화된 정보의 질로부터 나온다.

연 습
장소법을 이용한 회상

이제 당신의 장소법으로 기억한 항목을 적어보라. 할 일을 얼마나 잘 기억하고 있는지를 보자.

1. _____
2. _____
3. _____
4. _____
5. _____

연 습
가게에서의 장소법

당신이 가게에서 사야 할 목록으로 해보자. 이번에는 각 물품을 당신의 장소에 놓아보라.

우유

빵

쿠키

감자

커피

아스피린

땅콩버터

물품이 뚜렷하게 구분되지 않기 때문에 조금 어려울 것이다. 따라서 심상을 가능한 생생하게 만들어라. 집중하라. 이완하고, 주의하고, 되뇌고, 시각화하라. 개인적인 장소를 만들고 항목을 장소에 놓는 데 시간을 들여보라.

장소법으로 돌아가기 전에 다른 기억 방법을 살펴보자.

▽ 기억비법: 구조화 전략인 PQ3RST

읽고, 보고, 들은 정보를 구조화하기 위해 PQ3RST 방법을 써보라(Glasgow et al., 1997; Sandman, 1993). PQ3RST는 개관(Preview), 질문(Question), 읽기-되뇌기-복습(Read-Rehearse-Review), 요약(Summarize), 그리고 검사(Test)를 말한다. 정보를 입력하기 전에 무엇이 포함되어 있을지를 마음속으로 그려보라. 그런 다음 자신에게 중요한 것에 대해 질문하라. 이것은 정보를 확장시킨다. 읽고, 되뇌고, 복습해라. 되뇌기는 기억 전략의 핵심적인 요소다. 그리고 중요한 것을 요약해라. 마지막으로 검사해라. 이 방법은 시나 긴 목록(회계 보고서의 순자산과 같은)과 같이 많은 정보를 기억할 때 유용하다.

— 연 습 —

가게에서의 장소법 계속

가게에서의 항목을 적어보라.

1. _____
2. _____
3. _____
4. _____
5. _____
6. _____
7. _____

정답은 211쪽의 연습을 보라. 이 기술은 연습을 할수록 익숙해질 것이다. 이것을 시험하기 위해 밖으로 나가라. 그리고 가게에 갈 때 적용해 보라. 정보를 오랫동안 가지고 있어야 하는 것이라면, 복습을 해야 한다.

다음 연습은 시각심상과 장소법을 연결할 필요가 있다. 예를 들어, 하루에 여러 일을 해야 할 때처럼, 둘의 결합은 세부 정보를 기억할 때 유용하다.

발전된 장소법

다음 시나리오를 떠올려 보라. 하루 동안 해야 할 몇 가지 과제를 떠올려 보자. 효율성과 필요성의 이유로 이 일은 순서대로 해야 한다. 그래서 일의 순서뿐만 아니라 세부 사항을 기억해야 하는 부담도 있다. 과제는 오로지 당신을 위한 것이다. 우리는 순서대로 기억해야 할 10가지의 과제를 줄 것이다. 이 과제를 위해 상호 시각심상과 장소법을 연결해 보자. 예를 들어, 순서대로 해야 하는 두 가지 일을 떠올려 보라. 일 #1은 재활용 휴지통에 알루미늄 캔을 버리는 것이다. 일 #2는 재활용 업체의 톰 미들톤에게 오전 8시에 재활용 쓰레기가 수거된다는 것을 말하는 것이다. 이 일을 기억하기 위해 장소법과 상호심상을 사용해보라. 첫 번째 장소가 거실이면, 텔레비전 화면에서 캔이 재활용 휴지통으로 다이빙하는 장면을 상상할 수 있다. 두 번째 장소가 주방이면, 일 #2는 식탁 위에 놓인 화려한 마을 지도를 떠올릴 수 있다. 그리고 마을 광장에서 고양이가 깃대 끝에 매달려 숫자 8이 적힌 깃발을 흔드는 것을 상상할 수 있다(톰 미들톤, 오전 8시). 이것은 약간 노력이 필요하지만 마음속에 깊이 새겨질 것이다.

연 습

발전된 장소법

이제 순서대로 기억해야 할 열 가지 과제를 줄 것이다. 저녁에 바비큐 파티를 할 예정이기 때문에 바쁜 하루가 될 것이다. 10~15분 정도 해야 할 일을 장소법과 상호심상에 연결해보라. 나중에 성공 여부를 확인할 것이다. 그런 다음 답을 목록과 비교해보자.

해야 할 일

1. 일어나면, 날씨(채널 24)를 확인하고 비 예보를 점검해라.
2. 차고에 숯이 충분히 있는지를 살펴보라.
3. 그린버그 박사에게 전화해서 팜마트 약국에 처방전을

보냈는지를 확인해라.

4. 옆집 커플리 부인에게 펀치 사발을 빌릴 수 있는지를 물어라.

5. 폐기를 위해 생일축하카드를 쓰고, DREAM지에서 본 기억 향상 기사를 챙겨라.

6. 팜마트로 가서 약을 찾고, 우표를 사라.

7. 리즐리 마트에 들러 마요네즈와 양배추, 숯을 사라.

8. 마트 주차장 우체통에 페기에게 보낼 생일축하카드를 넣어라.

9. 집으로 돌아온 후, 치즈캐서롤을 만들기 위해 오븐을 예열하고, 쇠고기 네 덩이를 해동해라.

10. 바비큐를 해라.

할 일에 대한 심상을 만들기 위해서는 시간이 필요하다. 이 심상을 미리 만든 장소에 연결시켜라. 곧 성공 여부를 확인할 수 있을 것이다.

말하기 반복 대 쓰기 반복

앞으로 이것을 사용하고 당신에게 무엇이 유용한지를 결정하기 위해 부호화 방법을 비교해 보자. 우선, 여러 번 반복해서 목록을 부호화하는 능력에 대해 살펴보자. 이것은 언어기억 검사에 좋다. 우리는 목록을 주고 여러 번 쓰라고 할 것이다. 여기에는 언어기억뿐만 아니라 시각운동협응도 관여한다. 기억해야 할 열 개의 단어 두 묶음을 줄 것이다. 첫 번째 묶음은 큰 소리로 반복해서 읽어야 한다. 두 번째 묶음은 여러 번 써야 한다.

―― 연 습 ――

말하기 반복

아래 열 개의 단어를 큰 소리로 다섯 번씩 읽고, 주의 깊게 단어를 검토하고, 기억하기 위해 마음에 새겨보라. 첫 단어만 다섯 번 반복하지 말고, 두 번째 세 번째 단어로 넘어가서 목록 전체를 기억해라. 우리가 배운 기억술을 사용하지 말고, 오직 말하기만 반복해라.

1. 새
2. 캠프
3. 열쇠
4. 종이
5. 다리미
6. 책
7. 곰
8. 갈고리
9. 셔츠
10. 라디오

다시 전체 단어를 크게 다섯 번 읽어라. 3분이 지난 다음 빈칸에 기억나는 단어를 적어보라.

1.		2.	
3.		4.	
5		6.	
7		8.	

9.	10.

어땠나? 다른 기억 체계도 활용해 보자(시각과 운동).

연 습
쓰기 반복

다음 10개의 단어를 다섯 번씩 써라. 한 단어를 다섯 번 쓰지 말고, 전체 목록을 다섯 번씩 써라. 10개의 단어는 다음과 같다.

1. 고양이
2. 포크
3. 전화기
4. 스테이플러
5. 카페트
6. 그림
7. 거울
8. 탁자
9. 램프
10. 나무

목록을 다섯 번 쓴 다음 보이지 않는 곳에 둬라. 그리고 3분 정도를 쉬어라.

1.	2.
3.	4.
5	6.
7	8.
9.	10.

말하기 반복과 쓰기 반복 결과가 어땠나?

말로 외운 목록과 써서 외운 목록의 맞는 개수를 비교해보라. 두 방법 중 두 개 이상 더 잘한 방법이 당신에게 좋은 것이다. 대부분은 쓰기가 낫다. 기억은 여러 기억 체계를 통해 더 깊은 수준의 부호화로 결정된다.

연 습

발전된 장소법

발전된 장소법을 통해 해야 할 일을 적어보라. 당신의 답과 본래 목록을 비교해 보라.

1.
2.
3.
4.
5.

6. _____

7. _____

8. _____

9. _____

10. _____

이것은 아마 지금까지 했던 연습 중에서 가장 어려웠을 것이다.
어땠나? 절반 이상을 기억했다면, 잘한 것이다. 당신이 장소법으로 정한
열 군데 장소로 복습을 해 보자.

━━━━━ 연 습 ━━━━━

장소법 복습

장소법의 마지막 복습이다. 앞서 선택한 열 군데 장소를 적어보라.

1. _____	2. _____
3. _____	4. _____
5. _____	6. _____
7. _____	8. _____
9. _____	10. _____

— 연 습 —

지연된 읽기와 쓰기 반복

아래에 읽기와 쓰기를 반복한 20개 항목을 써보라. 명심해라. 10개의 단어로 된 두 목록이 있었다. 어느 단어가 어느 목록에 있었는지는 걱정마라. 그냥 기억할 수 있는 단어를 적어보라.

1. _____	11. _____
2. _____	12. _____
3. _____	13. _____
4. _____	14. _____
5. _____	15. _____
6. _____	16. _____
7. _____	17. _____
8. _____	18. _____
9. _____	19. _____
10. _____	20. _____

이제 처음 제시했던 곳으로 가보자. 읽기와 쓰기 반복으로 몇 개의 단어를 기억했는지를 보라. 그리고 부호화한 단어 개수를 세어보라.

_____ 말로 반복해서 외운 단어 수
_____ 써서 반복해서 외운 단어 수

두 부호화에 차이가 있나? 결과가 즉시회상 연습과 비슷한가? 만약, 1~2점 이내라면, 두 영역 모두 강점이 있는 것이다. 한 쪽이 다른 쪽에 비해 3점 이상이 높으면, 그 영역에 강점이 있는 것이다. 당신에게 가장 잘 맞는 방법을 이용해 보라.

연 습

RARE-DREAM의 복습

지금까지 우리는 프로그램의 핵심을 소개했다. 이제 머리글자 RARE−DREAM으로 된 프로그램을 복습해 보자. 왜 각 단어가 대문자로 되어있을까? 각 단어는 우리에게 어떤 도움을 줄까? 각 단어가 무엇을 의미하는지를 알기 위해 각 단계가 어떻게 사용되고, 무엇으로 되어있는지를 확인해 보라. 다음 정보를 본 후 작업이 더 필요하다고 생각되면, 앞의 장을 다시 보라. RARE−DREAM이 친숙해지면, 13장("회상")으로 넘어가라.

RARE-DREAM 개요

이완 기술
감각을 최대로 활용해라.
부호화와 인출 단계를 잘 할 수 있게 해라.

주의 기술
감각을 최대로 활용해라.
자료를 받아들이기 위해 작업기억을 활용해라.

되뇌기 기술

의도적으로 인식하면서 자료를 저장해라.

작업기억에서 장기기억으로 전이시켜라.

시각화하기

보다 깊게 정보를 저장할 수 있게 해라.

회상을 잘 하기 위해 고정 장치를 만들어라.

DREAM
(Develop Rational and Emotionally Adaptive Mindsets)

본 프로그램은 기억에 부정적인 영향을 주는 사고방식과 정서를 적응적으로 바꿀 수 있게 되어 있다.

다음 장은 회상과 인출에 대해 살펴볼 것이다. 그리고 정보를 효과적으로 인출하는 데 도움이 되는 구체적인 방법을 제시할 것이다. 이는 기억의 부호화나 회상단계에서 당신이 어떤 어려움을 겪고 있는지를 살펴볼 때도 도움이 될 것이다.

기/억/워/크/북/

Part13

—

회상

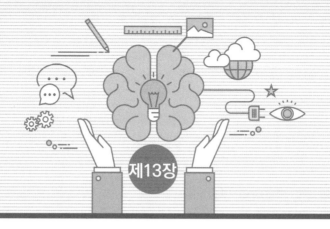

회상

지금까지 우리는 기억의 부호화 단계를 살펴보았다. 그러나 더 논의해야 할 것이 있다. 기억은 두 부분으로 나누어진다. 그것은 부호화와 회상이다. 회상은 기억에서 정보를 인출하는 것이다. 이 장에서는 회상에 대해 살펴보고, 어떻게 회상을 잘 할 수 있을지에 대한 가이드라인을 제공할 것이다. 그리고 당신이 얼마나 부호화와 회상을 잘 하는지를 살펴볼 것이다.

> *천리 길도 한걸음부터.*
>
> – 중국 속담

인출의 실패

앞서 제시했던 기억에 대한 그림이 생각나는가?

$$정보 → 감각 → 저장 = (기억 응고화) ← 정보 ← 인출$$

정보는 감각을 통해 작업기억으로 들어가고, 그 다음에 장기기억으로 넘어간다. 대부분의 기억 책략은 정보의 부호화와 관련이 있다. 이것은 기억에 영향을 준다. 그러면 회상은 어떻게 이루어질까? 이 단계는 기억에서 어려운 부분이다. 종종 이것은 우리를 당황스럽게 한다.

의식적 부호화와 인출

인출은 의식적 단계를 거친다. 그래서 기억하려는 정보를 인출하지 못하면 더 의식적으로 된다. 반면, 부호화는 전의식적이다. 우리는 RARE－DREAM 모형을 통해 이 단계를 변화시키고자 했다. 기억을 좋게 하려면, 의식적인 노력이 필요하다. 여기 회상에 활용되고 기억을 좋게 하는 효과적인 방법이 있다.

좋은 부호화는 인출을 돕는다

어떻게 회상을 잘하고, 전략적으로 풍부한 정보를 얻을 수 있는지에 대해 살펴보자. 좋은 소식은 대부분의 방법이 부호화와 회상에 적용된다는 것이다. 회상은 부호화를 강조하면, 노력이 덜 든다. 즉, 정보를 전략적으로 부호화하면, 회상에 노력이 덜 든다. 그럼, 회상을 강화하는 전략에 대해 살펴보자.

> **▽ 기억비법: 상태의존기억**
>
> 상태의존기억(Goodwiln et al., 1969)은 기억이 형성되었을 때의 마음과 같은 상태일 때 회상이 더 잘 된다는 것이다. 예를 들어, 기억을 부호화할 때 기분이 좋았다면, 현재 기분이 행복한 상태이면, 기억이 더욱 잘 난다. 무언가를 기억하기 어렵다면, 그 기억을 했을 때의 마음 상태를 떠올려보라. 그 마음에 들어가면 항목을 기억할 수 있을 것이다.

다시 이완하라

RARE — DREAM의 이완으로 가보자. 이완은 부호화 단계가 그렇듯 인출 단계에도 적용된다. 상태의존기억(Goodwin et al., 1969) 또한 이완이 중요하다. 기억을 부호화할 때와 같은 감정 상태일 때는 기억을 쉽게 할 수 있다. 따라서 정보를 받아들이고 검색을 해야 할 때 이완을 해보라. 명심하라. 걱정이 많고 불안하면, 기억하기가 어렵다. 편안하면, 기억을 잘 할 수 있다. 편한 상태를 유지해라. 그러면 기억하려는 항목이 떠오를 것이다. 당신은 편해질 수 있고 기억을 잘 할 수 있다.

뒷문을 통해

우리는 종종 기억하는 데 어려움이 있다. 대화중에 사람 이름이 잘 떠오르지 않을 때가 있을 것이다. 노력만큼 떠오르지 않는가? 그러면 기억이 날 때까지 기다려 보라. 그러나 노력을 하면 할수록 기억은 사라질 것이다. 따라서 덜 직접적인 방법을 써보자. 당신은 기억이 어떻게 작용하는지를 배웠다. 기억은 여러 주제에 따라 저장된다: 시간, 소리, 범주, 적절성, 시각, 촉각, 후각, 그리고 미각과 같은 요소. 그리고 연결망을 이용해보라.

아내가 가고 싶어 하는 식당 이름을 기억한다고 해보자. 식당 이름을 모르면, 전화번호를 알 수가 없다. 그래서 "식당"이라는 연결망에서 정보를 찾지 못하면, 다른 연결망을 이용해보라. 상상하는 기술을 활용해보라. 당신이 그 식당에 있다고 상상해보라. 식당 간판을 생각해보라. 계산대 옆에 명함이 있었을 수도 있다. 지난번 식당에 갔을 때 먹은 음식을 떠올려 보라. 종업원은 어떻게 생겼었나? 그 사람 이름은 무엇이었나? 그럼 기억 어딘가에 식당의 이름이 있을 것이다. 명심하라. 편한 마음으로 뒷문을 통해 식당에 대한 기억으로 들어가라. RARE의 개념을 적용할 수 있으니 실망하지는 마라.

문제점을 말로 하라

만약, 당신이 기억 흔적이나 기억의 모호한 개념만 떠오른다면, 이때 사용하기 좋은 방법은 기억 문제를 말로 하는 것이다. 당신의 기억 속에 있는 개념이나 심상을 언어화해보라. 이 흔적이 견고해질 때까지 문제를 말로 해보라. 그러면 숨겨진 기억을 찾을 수 있을 것이다. 이 방법은 흥미로운데, 왜냐하면 이것은 기억에서 찾고자 하는 정보가 떠오르기 전에 쓸모없는 정보를 언어화해서 쓰레기통에 버리는 역할을 하기 때문이다.

재인과 자유회상

*자유회상*은 이전에 학습한 정보를 회상하는 능력이다. 반면, *재인*은 이전에 배웠던 정보를 지각하고 고르는 능력을 말한다. 이 둘의 차이점의 예로는 목격자 증언을 들 수 있다. 범죄자의 세부 사항을 몽타주 화가에게 말하는 것은 일종의 자유회상이 된다. 그러나 목격자가 경찰 라인업에 있는 범죄자를 찾는 것은 재인의 예가 된다. 몽타주 화가의 경우 범죄자에 대한 얼굴 기억은 신호나 선택 없이 종이에 표현된다. 목격자는 경찰 라인업에 있는 특정 사람을 찾아내기 위해 선택을 해야 한다. 그리고 얼굴을 보고 무죄인 사람 중에서 유죄인 사람을 찾아야 한다.

자유회상이나 재인을 통해 새 정보를 인출하지 못하면, 부호화 단계에 문제가 있는 것이다. 선택된 단서나 항목일지라도 정보에 접근할 수 없다면, 이는 정보가 장기기억에 들어가지 못했다는 것이다. 그러나 당신이 자유회상 능력은 저조하고, 재인 능력이 좋다면, 깊이 있고 구조화된 방식은 아니지만, 자유회상에 필요한 정보가 입력되었다는 것을 의미한다. 역으로 정보가 효과적으로 부호화되었지만, 무언가가 기억 속 정보에 접근하는 것을 방해하면, 회상 단계에서 문제점을 발견할 수 있다. 탐색이나 자유회상 능력은 노화와 치매를 감별하는 중요한 정보가 된다. 예를 들어, 치매에서 새로운 정보가 적절히 부호화되지 않으면, 치매 환자는 회상을 하지 못하고, 입력된 정보를 알지 못한다. 일반적으로 기억은 노화에 따라 변한다. 회상은 느려지고, 저조해지며, 보다 강한 지각을 요구한다(Welsh-Bohmer & Ogrocki, 1998). 다음은 지연회상과 지각기억에 대해 살펴볼 것이다.

에드가 차고의 재방문과 회상

에드가의 차고로 다시 가보자. 당신은 회상을 도울(뒷문으로 가기, 문제점 이야기하기, 이완) 방법을 알고 있다. 당신이 회상하는 데 이 방법을 사용하는지를 보자. 이완하기, 주의하기, 되뇌기, 시각화하기, 그리고 "DREAM" 기법을 잊지 마라. 편한 상태로 집중하라. 되뇌기와 시각화하기로 항목을 정교화하고, 긍정적으로 사고해라. 에드가의 차고 목록을 다시 보자.

연 습
에드가의 차고

에드가의 차고 목록을 복습해보자. 다음 항목을 5분 안에 기억해보라.

1. 램프
2. 낡은 라디오
3. 신문더미
4. 휠 캡
5. 못 쓰는 바비큐 그릴
6. 오래된 전화번호부
7. 자동 드릴
8. 망치
9. 오래된 TV 세트
10. 체스게임

▽ 기억비법: 단어찾기 문제

대화 중 단어나 구절을 찾는 데 어려웠던 적이 있었나? 이러면 짜증이 날 것이다. 말을 멈추고 단어를 찾아보지만, 허끝에 걸려 생각이 나지 않으면 예민해진다. 그러면 당황하고 자책을 하게 된다. 이를 해결할 방법은 그냥 *내버려두는 것*이다. 영어에는 한 개념을 설명하는 데 사용되는 단어가 여러 개가 있다. 그러니 그냥 다른 단어를 써라. 자신을 비난하지 말고, "단기기억"에 집중해라. 다음에 할 수 있을 거라고 생각해라. 우리는 종종 이런 문제를 경험한다.

단어를 인출하려면 이완하라. 잠시 쉬면서 단어에 접근해 보라. 무슨 글자로 시작되나? 몇 음절인가? 어떤 억양인가? 언제 이 단어를 마지막으로 썼나? 누구와 어디서 무슨 이야기를 했었나? 단어가 어떤 정서를 일으키나? 정서는 방해물로 작용할 수 있다. 이 단어를 회상하면 어떤 단어가 떠오르나? 당신이 회상하려는 단어와 이 단어는 어떤 관계가 있나? 어떤 단어도 떠오르지 않으면, 그냥 내버려두고 지각한 단어를 받아들여라.

이제 에드가 차고의 항목을 회상하는 당신의 능력을 살펴보자.

연 습
에드가 차고의 항목 회상

앞에 있었던 에드가 차고의 항목을 적어보자.

1. _____
2. _____
3. _____
4. _____
5. _____
6. _____
7. _____
8. _____
9. _____
10. _____

당신의 답과 앞에 것을 비교해보라. 맞춘 개수를 10으로 나누어 백분율을 계산해보라. 5개를 맞추었다면, 10으로 나누면 50%가 될 것이다. 이는 정보의 50%를 기억했다는 것을 의미한다. 백분율을 적어 보자.

(맞춘 개수 _____ ÷ 10) × 100 = _____ %

아래 회상을 위한 다른 방법을 살펴본 다음, 당신의 지각 능력에 대해 알아보자.

▼ **기억비법: 알파벳 순서 회상**

항목, 이름, 장소를 기억하기 어렵다면 천천히 기억 속에서 알파벳을 순서대로 외워보라. 큰소리나 마음속으로 여러 번 말하면서 잠깐 멈춘 뒤 단어가 어떤 알파벳으로 시작되었는지를 생각해 보라. 이 방법은 요구적인 자유회상을 덜 부담스러운 재인으로 바꾸는 방법이다.

아래에 에드가의 차고에서 당신이 기억할 수 있는 항목을 제시해 놓았다. 얼마나 많이 재인할 수 있는지를 보자.

━━━━━━━ 연 습 ━━━━━━━

에드가 차고 항목의 재인

아래 항목이 에드가 차고에 있었는지 없었는지에 따라 "예"나 "아니오"에 동그라미를 쳐보라.

1. *예 / 아니오* 램프
2. *예 / 아니오* 낡은 스테레오
3. *예 / 아니오* 신문더미
4. *예 / 아니오* 군인 훈장
5. *예 / 아니오* 휠 캡
6. *예 / 아니오* 분홍 실크 원피스
7. *예 / 아니오* 낡은 바비큐 그릴
8. *예 / 아니오* 드릴
9. *예 / 아니오* 오래된 컴퓨터
10. *예 / 아니오* 톱

11. *예 / 아니오*   오래된 라디오

12. *예 / 아니오*   정어리 통조림

13. *예 / 아니오*   체크게임

14. *예 / 아니오*   벗겨진 타이어

15. *예 / 아니오*   체스게임

16. *예 / 아니오*   큰 조개껍질

17. *예 / 아니오*   오래된 전화번호부

18. *예 / 아니오*   8개 트랙의 테이프

19. *예 / 아니오*   망치

20. *예 / 아니오*   낡은 텔레비전

이제 올바로 응답한 개수를 부록에 있는 정답과 비교해 보자. 결과를 아래에 적어보라.

_____ "예" 응답의 맞은 개수   _____ "아니오" 응답의 맞은 개수

다음으로는 정답을 맞춘 예와 아니오 응답 모두를 10으로 나누어 백분율을 구해보라.

("예" 응답의 맞은 개수 _____ ÷ 10) × 100 = _____ %

("아니오" 응답의 맞은 개수 _____ ÷ 10) × 100 = _____ %

231쪽의 지연 회상에서 얻은 백분율을 적어보라.

(자유회상 응답의 맞은 개수 _____ ÷ 10) × 100 = _____ %

재인 대 지연 회상

이 백분율이 의미하는 바가 무엇인지를 보자. 위 결과는 공식적이지 않

고, 객관적인 신경심리평가를 실시하지 않았다는 점을 명심하라. 확실한 것은 학습이 일어났다는 것이다. 재인 과제의 백분율은 우연 수준 이상이었다. 당신이 재인 과제에서 추정한 것은 우연 수준인 50% 정도였을 것이다. 왜냐하면, 단지 가능한 두 반응(예와 아니오)만 했기 때문이다. 그러므로 예와 아니오 반응 둘 다에 대한 재인은 50%를 넘고, 지연 회상의 백분율보다 높을 것이다. 노화에서 관찰되는 일반적인 패턴은 재인 기억이 자유 회상보다 수행이 좋다는 것이다(Luh, 1922; Postman & Rau, 1957; Craik & McDowd, 1987; Wheeler, 2000). 그러므로 예와 아니오 백분율이 자유 회상 백분율보다 높을 것으로 예상된다.

만약, 예/아니오 비율이 자유회상 비율보다 높다면(50% 이상 차이), 인출과정에 문제가 있다는 것을 의미한다. 그렇다면, 전문적인 기억평가를 받기를 권한다. 자유회상과 재인 비율 수행이 둘 다 낮다면(30% 이하), 기억통합과정에 문제가 있는 것이다. 이런 경우에도 정식으로 기억평가를 받아보라.

당신의 연령 범위에서 이 과제 수행을 비교해 보자. 아래는 CERAD(the Consortium to Establish a Registry of Alzheimer's Disease)의 언어학습과제의 비율에 대한 규준이다(Morris et al., 1989; Welsh et al., 1991; Welsh et al., 1992; Welsh et al., 1994). 연령, 성별, 교육에 따른 당신의 수행을 확인해 보라.

	12년 이상의 교육 수준				12년 미만의 교육 수준	
	50~69세		70~89세		50~69세	70~89세
	남성	여성	남성	여성	남성과 여성	
지연 회상	70%	79%	63%	69%	70%	67%

재인 예	97%	98%	95%	97%	93%	93%
재인 아니오	99%	99%	98%	99%	99%	99%

다른 사람과 비교해서 수행이 어떤가? 대략적인 추정치이지만 이것은 당신의 기억이 얼마나 잘 기능하는지를 알려주고, 문제를 확인할 수 있게 도와준다.

언어 회상과 시각 회상

회상에 대해 마지막으로 하고 싶은 조언은 시각기억과 언어기억을 통합하라는 것이다. 앞서 논의한 것처럼, 대부분의 사람들은 기억법에 강점과 선호가 있다. 이제 회상을 능률적으로 하기 위해 9장의 결과를 이용하려고 한다. 당신의 강점이 언어기억이라면, "철자연상회상" 기술을 사용해라. 이것이 효과적이라면, 당신은 음성이나 단어로 기억을 저장하는 경향이 있다. 저장의 다른 방법은 범주화하는 것이다. 정보는 범주나 기능에 따라 언어적으로 저장된다(예를 들어, 도구, 생활용품, 의복). 언어기억의 인출전략으로는 항목에 대한 기능 묘사와 함께 유사한 개념에 대한 이름대기가 있다.

한편, 당신의 강점이 시각기억이라면, 회상을 잘 하기 위해 시각화 기술을 사용해라. 회상하고 싶은 대상이나 사건을 시각화해라. 그리고 항목을 어떻게 사용할지를 그려보라. 아울러, 지금까지 다루어 온 방법을 빠르게 살펴보라.

───────── 연 습 ─────────
깜짝 퀴즈

당신은 읽은 것을 얼마나 기억했나? 또 읽은 것을 얼마나 부호화했나?

1. 전환주의를 정의하고, 최근에 주의를 전환했던 상황을 적어보라.

_____

_____

_____

_____

2. 선택주의를 정의하고, 최근에 감각을 선택적으로 적용했던 상황을 써보라.

_____

_____

_____

_____

3. 일반화를 정의해라. 당신은 이 책의 정보를 어떻게 일반화했나?

_____

_____

_____

4. 준비설정과 준비검토가 무엇인지를 정의하고, 언제 어떻게 그것
   을 사용했는지를 써보라.

_____

_____

_____

_____

5. 이완되었을 때 당신 손의 위치는? 입과 다리는 어땠나?

_____

_____

_____

_____

6. 당신은 어떻게 쉬나?(모든 이들이 가진 권리) 그리고 얼마나 휴식
   하나?(많은 이들이 하지 못하는 것)

_____

_____

_____

_____

7. 부적응적인 사고를 초래한 상황에 대한 적응적인 사고
   : 집에 도착해서야 은행에 들러야 한다는 것이 떠올랐다.

_____

_____

_____

_____

_____

8. 되뇌기와 시각화하기의 목적은 무엇인가? 이는 기억과정에서 어떤 역할을 하나?

_____

_____

_____

지금까지 읽은 부분의 답을 검토하고 확인해 보라. 답을 확신할 수 없다면, 책을 다시 읽어보라. 많은 정보가 이 책에 제시되어 있으니, 정보를 부호화하기 전에 다시 살펴보라.

다음 장에서는 연상에 대해 살펴볼 것이다. 연상은 기억에 도움이 되는 부호화 방법이다. 즉, 기존의 기억을 항목과 연결하는 것이다.

오늘 할 일이 내일이 되어서야 비로소 기억이 난다.

- 밀드레드 존스 96세

Part14

—

연상

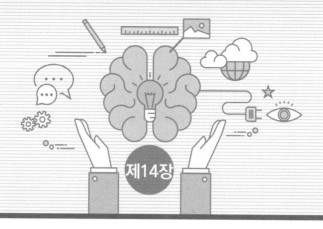

연상

이번 장에서는 연상에 대해 살펴볼 것이다. 연상은 기존의 기억으로 연관된 개념이 떠오를 수 있게 항목을 연결하는 것을 말한다. 정교화는 인출을 할 때 연상에 포함된 지식을 얻기 위해 사용된다. 연상은 기존 기억에 정보를 더함으로써 부호화가 쉽다는 이점이 있다. 그리고 기억망을 구성하는 데 필요한 부호화 시간이 부족할 때, 정보를 빠르고 효과적으로 연결할 수 있게 한다. 연상과 관련하여 어려운 점은 오래된 기억을 회상해야 한다는 것이다. 그러므로 회상단계에서는 정확한 열쇠를 찾아야 문을 열 수가 있다. 연상은 새로운 기억과 연결하기 위해 본래의 기억을 이용하는 것이다.

뇌는 기억을 관리하기 위해 연상을 이용한다

기억은 관련된 주제가 함께 묶여 있다. 완전한 문장을 위해 단어들이 모여 있는 것처럼 심적 표상은 연상을 통해 기억된다. 시각기억과 연결된 후각은 청각이나 촉각과 연결될 수 있다. 뇌의 연상은 복잡하게 얽혀 있다. 활성화된 연상은 관련 기억을 불러일으킨다. 연상은 작업기억에 입력되어 자동적으로 장기기억에 저장된다. 우리는 이러한 기억의 역동을 이용해볼 것이다.

자유연상

자유연상은 복잡한 마음을 탐색하기 위해 사용되는 심리치료 기법이다. 이 기법은 "마음속에 떠오르는 단어를 말해보라."와 같이 단어에 대해 응답을 주고받는 식으로 진행된다. 그리고 자유연상은 사고 과정을 반영한다.

예를 들어, "목화"라는 단어를 연상해보자. 이것은 "부드러운" "하얀" "푹신한"과 같은 기억과 연합되어 있을 것이다. 이는 Q-tip처럼 목화를 통해 무언가를 생각나게 한다. 예를 들어, "Q-tip"을 통해 당신은 "귀"를 연상해 볼 수 있다. 당신은 3학년 때 당신 앞자리에 귀가 컸던 아이가 생각날 수 있다. 당신은 그 아이의 귀 때문에 칠판을 잘 볼 수 없던 것이 떠오른다. 아울러 연상은 정서와 연합된다. 요점은 항상 모든 것을 기억할 필요가 없다는 것이다. 당신은 연상을 할 수 있다. 그러므로 기억 작업에 창조력을 발휘해서 연상을 해보자.

> **▽ 기억비법: 상기시키는 물건으로 연상을 활용하라**
>
> 당신은 상기시키는 물건으로 연상을 할 수 있다. 만약, 내일 우유를 사야 한다면, 걱정할 필요가 없다. 그냥 빈 우유병을 차 앞자리에 두면, 연상은 저절로 될 것이다. 직장에 어떤 것을 들고 가야 한다면, 문 앞에 그것을 둬라. 나가기 전에 그것을 본다면, 분명 기억할 수 있을 것이다. 결국, 기억을 하기 위해 스스로에게 물어보면 된다. 연상은 중요한 것을 기억하는 데 도움을 준다.

──────── 연 습 ────────
연상의 힘

다른 예를 보자. 이는 기억을 통제할 수 있다는 것을 보여준다. 우리는 기억을 통제할 수 있다. 당신도 할 수 있다. 다섯 개의 단어를 제시할 것이다. 이것을 읽어보라. 5초 동안 생각하고, 다음으로 넘어가라. 집중해라. 단어 목록은 다음과 같다:

1. JFK
2. 달라스
3. 컨버터블 리무진
4. 풀이 있는 언덕
5. 교과서 창고

리 하비 오스월드(Lee Harvey Oswald)

위 목록을 읽었을 때, 당신은 리 하비 오스월드가 떠올랐을 것이다. 즉, 연상을 통해 오스월드를 생각해 냈다. 더 정확하게는 연상을 통해 역사적 비극이 떠올랐다. 그리고 케네디가 총에 맞았다는 말을 들었을 때, 당신이 어디에 있었는지, 어떤 기분이었는지, 다른 사람의 반응은 어땠는지, 무엇을 입고 있었는지가 생각날 것이다. 이는 부호화와 인출에 유용한 도구가 된다.

— 연 습 —

숫자 - 문자 연상

숫자와 문자를 짝지어 보라. 숫자 다음에 철자가 있다. 기억이 날 때까지 계속 해보라. 6이라고 말하면 "G"가 생각나도록 연결해 보라.

1 = C	2 = A	
3 = T	4 = D	
5 = O	6 = G	
7 = R	8 = U	9 = N

— 연 습 —

숫자 - 문자 연상 회상

다음 숫자와 연결된 철자를 적어보라.

1 __   9 __   3 __   2 __   5 __

7 __   4 __   6 __   8 __   A __

"A"가 당신을 당황스럽게 했나? 유연성이 기억에서 중요하다는 것을 명심하라. 철자가 "CAT", "DOG", "RUN"으로 되어 있다는 것을 눈치 챘나? 이것이 패턴을 기억하는 데 도움이 되었나? 이 "청킹" 방법은 앞서 소개를 했었다.

철자와 연관된 세 숫자를 기억해보자. 예를 들어 1, 2, 3. 이 숫자는 C, A, T와 대응이 된다. 그러므로 1, 2, 3을 하나의 정보인 CAT으로 기억할 수 있다. DOG = 4, 5, 6. RUN = 7, 8, 9. TORN = 3, 5, 7, 9. 네 숫자보다 한 단어가 훨씬 기억하기 쉽다. 정답은 앞쪽을 보라. 다음은 연상이 부호화와 회상에 어떻게 사용될 수 있는지를 살펴보자.

회상에서의 연상

연상은 정보를 회상하는 데 도움이 되는 강력한 도구이다. 잘 떠오르지 않는 것을 회상하기 위해 말을 해보자. 연상을 통해 낚시질을 해보라. 당신이 기억하고 싶은 단어 "시계"로 예를 들어보자. 혀끝에서 맴도는 것이 있는데, 어떤 이유로 인출을 할 수가 없다. 이때 회상에 연상을 이용하기 위해 그 개념과 비슷한 것을 떠올려보자. "시간을 지키게 해주는 것"(기능에 의한 연상)을 떠올릴 수 있고, 제일 처음 샀던 시계를 생각할 수도 있다 (시간 연상). "작은 시계"(범주에 의한 연상)라고도 말할 수 있다. 핵심은 회상을 하는 데 연상의 도움을 받을 수 있다는 것이다. 아울러, 삽화기억과 의미기억을 연결해보라. 당신이 기억나지 않는 단어를 직접 회상하려는 것은 끓는 물을 쳐다보고만 있는 것과 같다. 열심히 할수록 시간이 더 걸린다. 그리고 찾고자 하는 것이 비슷하면 헷갈릴 수도 있다.

===== 연 습 =====
단어 연상

단어 목록을 읽고, 각 단어 짝을 연상해라. 이 연습의 목적은 단어를 기억하는 게 아니라, 짝으로 된 단어와 단어를 연결하는 것이다. 다음 단어를 3번 반복해서 읽어보자.

1. 사과 — 오렌지

2. 검정 — 빨강

3. 콩 — 이빨

4. 컵 — 신발

5. 시계 — 안경

6. 연필 — 셔츠

7. 손 — 망치

8. 옷걸이 — 단추

9. 종이 — 눈

10. 깃발 — 고기

다음으로 넘어 가기 전에 세 번을 읽어야 한다는 것을 명심해라. 이제, 다음 단어와 연결된 단어를 써보라.

1. 옷걸이 —
2. 연필 —
3. 종이 —
4. 사과 —
5. 콩 —
6. 깃발 —
7. 검정 —
8. 컵 —
9. 손 —
10. 시계 —

답을 확인해보자. 7~10개를 맞췄다면, 잘한 것이다. 4~6개를 맞췄다면, 평균 정도이다. 0~3개를 맞췄다면, 연상기억 훈련이 필요하다.

기억 향상을 위해 목록을 한 번 더 보자.

연 습

한 번 더 단어 연상

다음 단어를 세 번씩 읽고 각 단어를 연결해보자.

1. 사과 — 오렌지
2. 검정 — 빨강
3. 콩 — 이빨
4. 컵 — 신발
5. 시계 — 안경
6. 연필 — 셔츠
7. 손 — 망치
8. 옷걸이 — 단추
9. 종이 — 눈
10. 깃발 — 고기

다음 단어와 연결되는 단어를 써보라.

1. 시계 — _____
2. 옷걸이 — _____
3. 종이 — _____
4. 사과 — _____
5. 연필 — _____
6. 컵 — _____

7. 깃발 —
8. 검정 —
9. 콩 —
10. 손 —

다시 한 번 부록 E 목록을 보고, 점수를 매겨보자. 이 연습은 두 번을 했기 때문에 수행이 좋아졌을 것이다. 8~10개＝우수. 4~7개＝평균. 1~3개＝훈련 필요.

부호화에서의 연상

연상은 정보를 부호화할 때 이용할 수 있다. 예를 들어, 당신이 누군가의 이름을 외워야 한다면, 쉽게 기억하기 위한 방법은 부호화하는 것이다. 이것은 흥미로운 작업이다. 당신이 Lilly Fields라는 사람을 만난다고 해보자. 이름을 외우려면, 기계적인 반복 말고도 다른 방법이 있다. 예를 들면, 그녀가 사용하는 향수와 이름을 연결시켜 볼 수 있다. 그녀에게 친숙한 향기가 날 수도 있다. 어쩌면, 들(Fields)에 있는 백합(Lilly)이 연상될 수도 있다.

━━ 연 습 ━━
숫자 연상

다음 숫자를 세 번씩 읽고 짝을 기억해보라.

1. 5 — 9

2. 6 — 3

3. 8 — 4

4. 1 — 2

5. 11 — 22

6. 54 — 45

7. 67 — 83

8. 32 — 19

9. 27 — 75

10. 59 — 21

아래 숫자 다음에 숫자를 적어보라. 짝을 외웠나?

1. 5 —

2. 59 —

3. 6 —

4. 27 —

5. 8 —

6. 32 —

7. 1 —

8. 67 —

9. 54 —

10. 11 —

답을 확인해보자. 7~10개를 맞췄다면, 잘한 것이다. 4~6개를 맞췄다면, 평균 정도이다. 0~3개를 맞췄다면, 연상기억 훈련이 필요하다.

이제 기호를 이용한 연상 연습을 해보자.

—— 연 습 ——

기호의 연상

다음 기호의 짝을 살펴보자. 기호 간에 관계를 기억해 보라. 이 연습의 목적은 기호를 기억하는 것이 아니라, 짝으로 된 기호와 기호를 연결하는 것이다.

1. ! +
2. @ =
3. # $
4. % ^
5. & *
6. ( )
7. < >
8. ? /
9. { '
10. [—

앞서 보여준 기호와 연결된 기호를 써보라.

1. [
2. ?
3. {
4. (
5. &
6. <
7. @

8. #
9. %
10. !

앞의 연습문제의 답을 확인해보자. 7~10개를 맞췄다면, 잘한 것이다. 4~6개를 맞췄다면, 평균 정도이다. 0~3개를 맞췄다면, 연상기억 훈련이 필요하다. 잘하든 못하든 평균이든 간에 강점과 약점은 당신의 능력에 대해 많은 것을 알려 줄 것이다.

──────── 연 습 ────────

단어, 숫자, 기호 연상 중 가장 잘한 것은?

단어연상의 첫 번째 시행과 숫자와 기호 연상 결과를 비교해보자. 아래에 점수를 적어보라.

단어연상점수 ＿＿＿＿＿＿＿

숫자연상점수 ＿＿＿＿＿＿＿

기호연상점수 ＿＿＿＿＿＿＿

가장 잘한 것은 무엇인가? 당신은 일상에서 연상을 하고 싶을 것이다. 가장 잘하는 것을 선택해라. 당신은 기호나 단어를 연관시키거나, 숫자로 기억되는 것을 연관시키고 싶을 것이다. 단어연상은 언어 지향적이고, 기호연상은 시각 지향적이다. 언어/시각기억에서 당신의 강점과 부합되는 것을 발견했나? 청킹을 다시 살펴보자.

전화번호 기억을 위한 청킹의 사용

전화번호를 기억할 때는 청킹을 사용하면 좋다. 대부분의 사람들은 두 부분으로 번호를 나눈다: XXX-XXXX. 이것은 7조각의 정보를 2조각으로 나누어 기억을 잘 할 수 있게 한다.

우리는 전화 다이얼에서 문자를 사용하여 숫자-문자 연상을 만들어 단어로 되어 있는 전화번호를 연상할 수 있다.

영역 기록하기

청킹과 연상을 함께 해 보자. Lilly Field를 만난 때로 돌아가 새 이름을 기억해보자. Lilly Field는 당신에게 Orville과 Georgette라는 이름의 그녀 어머니와 아버지를 소개했다. 이름을 기억하기 위해 Lilly, Orville, Georgette의 첫 글자를 따 LOG라고 했다. 그리고 이 정보를 저장해 두었다. 정보의 몇 조각만 기억한 것이다. 당신은 6개월 후에 마트에서 우연히 Lilly를 만났다. Lilly의 친숙한 향기를 맡았고, Lilly Field를 기억할 수 있었다. 그리고 Lilly Field와 연관된 이름이 떠올랐다. Orville와 Georgette. 청킹의 마지막 예를 살펴보자.

연 습
단어 - 글자 조합

기억은 인지 영역 중 하나이다. 인지 영역은 추론, 기억, 언어, 공간, 감각, 운동기능 등을 포함한다. 순서대로 첫 글자를 따 유치한 문구나 문장을 만들어보라. 예를 들어, 단어 "reasoning", "memory", "language", "spatial function", "sensory functions", and "motor functions"를 사용해 R, M, L, S, S, M을 떠올린다. 그리고 이 철자를 새로운 문장의 시작 단어로 이용한다("Red mice love stirred sour margaritas와 같이). 이 문장은 쉽게 기억을 할 수 있게 하고, 구조를 제공한다. 단어를 조합해봐라. 나중에 이것에 대해 다시 물어 볼 것이다.

청킹의 마지막 단어

청킹을 이용하면, 정보의 양을 줄일 수 있다. 작업기억에서는 7~9개의 정보를 동시에 처리한다. 정보를 청킹하면, 7~9개의 정보는 더 많은 조각으로 부호화할 수 있다. 다음은 기억일기에 대해 살펴보자.

연 습
마지막 기억일기의 개관

마지막으로 기억일기를 살펴보자. 다시 패턴을 보자. 당신에게 불편했던 시간을 생각해보라. 긴장이 기억에 영향을 주었던 때를 떠올려 보라. 그리고 기억을 위해 사용했던 전략을 살펴보라. 처음 패턴과 다른 패턴이 있나? 이게 도움이 된다면, 자신에 대해 부정적으로 이야기(183쪽) 했던 부분으로 돌아가 제시된 양식에 기록을 해보라.

당신에게 맞는 기억 전략을 발전시켜 보라. 기억일기에서 배운 것을 사용하되 간단하게 분석해라. 기억착오가 있다는 것을 알게 되면, 사고 패턴이나 정서를 살펴보고 수정해보라.

다음 장에서는 약물치료에 대해 살펴볼 것이다.

우리는 과거의 경험이 아니라
미래에 대한 책임감으로 지혜로워진다.

- 조지 버나드 쇼

Part15
—

기억에 영향을 주는 약

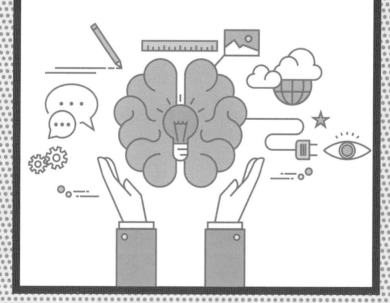

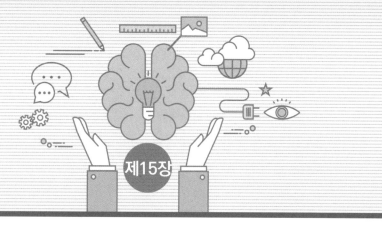

기억에 영향을 주는 약

의사와 상담하기

이 장에서는 기억에 영향을 주는 약과 그 효능에 대해 살펴 볼 것이다. 아울러 기억을 향상시킬 수 있는 약과 부작용에 대한 정보를 제공할 것이다. 먼저, 당신의 주치의와 의논하는 것이 이 장을 시작하는 데 도움이 된다. 의사는 약에 대한 궁금증을 해결해줄 수 있다. 어떤 환자는 의사에게 질문하는 것이 불편해서 알 수 없는 질문들만 하는 경우가 있다. 그러나 다른 환자는 의사와 관계를 잘 맺는다. 어떤 의사는 치료와 약을 결정할 때 당신의 의견을 묻는다. 그러나 다른 의사는 용기 내어 "질문"을 하면 불쾌해 한다. 그래서 당신에게 맞는 의사를 선택하는 것이 중요하다. 주치의를 잘 활용하기 위해 다음 사항을 고려해 보라.

주치의 정하기

우선, 주치의를 정해라. 주치의는 당신의 치료와 약 처방을 결정한다. 의료 서비스 제공자들은 누가, 무슨 약을, 어떤 목적으로 처방하는지와 같은 세부 사항을 환자들이 놓치기 쉽다는 것을 안다. 당신은 소비자이다.

치료를 위해 주치의와 의논해야 한다는 것을 명심해라. 그리고 주치의가 당신의 치료를 맡을 의향과 능력이 있는지를 확인해라. 이것은 주치의를 정하는 데 있어 중요한 역할을 한다.

방문을 위한 준비

두 번째는 방문을 준비하는 것이다. 질문과 약 목록을 적어가면, 도움이 된다. 건강과 관련된 질문에 답변을 준비해라. 충분히 시간을 가지고 간단명료하게 답하는 것이 좋다. 아울러 주치의가 말하는 것을 적고, 치료 방법에 대해 물어보라.

모르면 물어라

의사에게 약에 대해 묻는 것을 두려워 마라. 약이 투여되는 곳은 당신의 몸이다. 그러므로 약에 대해 물어라. 가능한 많이 알 필요가 있다. 의사는 약에 대한 전문가이다. 따라서 의사와 신뢰를 맺는 것이 중요하다. 당신은 약 복용과 부작용에 대한 정보를 얻기 위해 의사를 만나야 한다.

약 검토하기

당신은 주치의를 선택했다. 의사는 다른 의사에게 처방받은 약이나 처방전 없이 구입할 수 있는 약을 확인한다. 또한, 알레르기 반응이 있는지도 점검한다. 현재 먹고 있는 약을 가져가는 것도 좋다. 약의 부작용에 대해 물어라. 약을 복용한 후 다른 증상이 생기면, 그 약이 증상을 일으켰을 가능성이 있다. 의사에게 이것을 말해라. 약에 대해 묻고 복용량을 줄여라. 새 약이 추가되면, 기존의 약을 대체할 수 있는지도 물어보라. 복용을 최소량에서 시작할 수 있는지를 확인해라. 적은 양부터 시작해서 서서히 늘려가는 것이 좋다. 나이가 들면, 신진대사가 느려지기 때문에 양은 적은 게 좋다. 적절한 복용법과 복용량을 확인해라. 마지막으로 사용하지 않은 오래된 약은 버려라.

> ▼ **기억비법: 염증 치료 중에 있나?**
>
> 요로감염, 독감, 귀 감염이 있다면, 기억이 저하될 수 있다. 의사와 상의해서 감염 치료를 해라. 그러면 기억이 좋아질 것이다. 감염을 과소평가하지 마라.

약의 부작용

모든 약은 효과와 함께 부작용이 있다. 약 복용 문제는 "원하는 효과가 부작용보다 큰가?"라는 질문으로 압축될 수 있다. 불행히도 기억에 영향을 주는 약이 처방되고 있고, 처방전 없이도 약을 살 수 있으므로 그 위험을 알아야 한다. 그러므로 약의 효과에 대해 공부해라.

에드가의 기억력 부족

우선, 약이 기억에 어떤 영향을 주는지를 살펴보자. 예를 들어 설명하는 것이 좋을 것 같다. 에드가는 2년 전부터 가끔 물건을 잃어버렸고, 사람 이름도 잊어버렸다. 그는 신경심리검사를 받았는데, 느린 인지속도, 명명의 어려움, 언어기억 손상을 제외하고는 수행이 평균 범위에 있었다. 이는 치매로 진단될 수준은 아니었다. 처방 받은 약을 살펴본 결과, 그는 2년 동안 수면제 베나드릴(Benadryl) 50mg을 복용해왔다. 그래서 베나드릴 복용 중단과 다른 치료를 권유받았다. 6개월 후 재평가를 했는데 그의 신경심리검사 수행은 향상되었다. 베나드릴이 기억을 저하시킨 것이었다. 베나드릴처럼 겉보기에 무해한 약도 기억에 영향을 미칠 수 있다.

　다음은 언어 장기기억과 시각 장기기억을 살펴보자.

━━━ 연 습 ━━━

언어 장기기억과 시각 장기기억

9장의 마지막 세 도형과 단어를 기억해 보라.

1.

2.

3.

1.＿＿＿＿＿＿＿＿
2.＿＿＿＿＿＿＿＿
3.＿＿＿＿＿＿＿＿

9장의 연습문제와 답을 비교해 보라. 정확하게 기억한 것은 1점을 줘라. 아래 점수를 써보라.

시각 장기기억 점수는 _____ 언어 장기기억 점수는 _____

시각 장기기억과 언어 장기기억 사이에 1점 이상의 점수 차이가 나면, 당신은 그 기억에 강점이 있는 것이다. 어디에 강점이 있나? 9장 연습문제의 즉시기억과 결과가 비슷했나? 당신 기억의 강점을 이용해라. 다시 돌아가 약에 대해 살펴보자.

기억을 손상시키는 약이 있다. 이 중 일부를 검토해볼 것이다. 우선, 기억을 향상시키는 약과 영양제부터 살펴보자.

기억에 도움이 되는 약

기억을 향상시킨다고 알려진 약이 있다. 현재까지는 인지기능을 좋게 하거나 사고장애를 강력하게 변화시키는 약이 개발되지는 않았기 때문에, "제한적인"이라는 말을 쓰고 싶다. 기억 문제 치료에 가장 일반적으로 사용되는 약은 콜린에스테라제 억제제이다.

콜린에스테라제 억제제(Cholinesterase Inhibitors)

*콜린에스테라제 억제제*는 인지 감퇴를 늦추는 약으로 알려져 있다. 그러나 이 약의 한계를 알아야 한다(the Medical Letter, 1997). 콜린에스테라제 억제제는 지금까지 개발된 기억 문제를 치료하는 최고의 약이다. 콜린에스테라제 억제제는 기억 기능을 담당하는 주요 신경전달물질인 아세틸콜린(acetylcholine)을 유지시키는 역할을 한다.

알츠하이머병이 진행됨에 따라 기억을 담당하는 신경은 서서히 죽게 된다. 그러면 아세틸콜린은 줄어든다. 콜린에스테라제 억제제는 신경 세포 내 수용기에 아세틸콜린을 유지시키는 역할을 한다. 그러면 아세틸콜린이 공급될 가능성은 커진다.

콜린에스테라제 억제제로 처음 개발된 약은 1993년에 나온 타크린(코그넥스)이다. 이 약은 알츠하이머병 치료제로서 최초로 FDA 승인을 받았다. 불행히도 이 약은 메스꺼움, 설사, 간 합병증 같은 부작용이 있다. 따라서 간 기능 검사를 정기적으로 받아야 한다. Maltby 등(1994)은 경도인지장애 환자를 대상으로 이 약의 이중맹검 연구를 실시했는데 효과가 없다는 것을 발견했다. Mayeux와 Sano(1999)는 콜린에스테라제 억제제의 치료 효과를 살펴보았더니 인지기능의 3~6%만 향상되어 그 효과가 제한적이었다.

두 번째 콜린에스테라제 억제제로는 1997년에 개발된 도네페질(아리셉트)이 있다. 코그넥스는 하루에 4번을 먹어야 하지만 이것은 하루에 한 번만 먹어도 되는 "산뜻한" 콜린에스테라제 억제제이다. 이 약은 알츠하이머병을 완화시키는 데 널리 사용되며 효과가 나타나는 데는 6~8주가 걸린다. 효과는 코그넥스와 비슷하다. 가장 최근에 개발된 약으로는 엑셀론(리바스티그민)이 있다. 최근 FDA 승인을 받았고 아리셉트와 비슷한 효과가 있다.

새로운 콜린에스테라제 억제제가 출시되고 사용할 수 있는 것도 많지만, 효과는 제한적이다. 콜린에스테라제 억제제는 알코올 남용, 위궤양, 간질환, 만성 폐색성 폐질환, 천식, 서맥, 파킨슨병을 앓고 있는 환자에게 사용해서는 안 된다.

하이덜진(Hydergine)

노인의 인지 저하 치료를 목적으로 FDA에서 승인된 또 다른 약은 하이덜진(에골로이드 메시레이트)이다. 이 약의 효과를 보여주는 연구에서는 노인의 인지기능이 저하되기도 했다(Larson, 1991; Thompson et al., 1990). 이 약은 보통 하루에 세 번 1㎎씩 복용한다. 일부는 뇌에 부정적인 영향을 준다는 연구도 있다.

무스카린과 니코틴 작용제(Muscarine and Nicotine Agonists)

뇌에는 무스카린과 니코틴에 작용하는 신경전달물질이 있다. *무스카린 작용제*는 기억 향상을 위해 연구되고 있다. 이는 뇌의 무스카린 수용체에 직접 작용하는 콜린성 약이며, 아세틸콜린의 작용과 비슷하다(아세틸콜린은 기억과 관련된 신경전달물질이다). 무스카린 감각기는 알츠하이머병에 별 효과가 없는 것 같다. 이것은 흥미롭다. 왜냐하면 무스카린 수용기는 알츠하이머병에 영향을 주는 것 같지 않고, 아세틸콜린 결함을 일으키는 것으로 알려져 왔기 때문이다.

*니코틴 작용제*는 알츠하이머병 치료제로 연구되어 왔다. 이 약은 아직 초기 연구 단계에 있다. 니코틴 감각기는 알츠하이머병에 손상을 주는 신경계로 알려져 있다. 흡연은 치명적인 위험에도 불구하고, 주의를 높이고, 알츠하이머병 환자의 인지를 향상시키기도 한다.

비스테로이드 항염증 약(Nonsteroidal anti-inflammatory drugs)

비스테로이드 항염증 약은 알츠하이머병의 지연과 예방에 도움을 준다. 뇌 염증은 인지기능 저하로 이어지는 병의 주요 특징이다. 콜린성 신경원이나 아세틸콜린과 관련된 신경원은 염증에 취약하다. 역학 연구에 따르면, 항염증 약은 알츠하이머병의 유병률 저하와 상관이 있다(Stewart et al., 1977). 산화 스트레스나 자유 에너지 변환은 뇌의 신진대사 과정의 부산물 발생을 설명하는 용어이다. 이는 단백질, 지방, DNA, 탄수화물 분해효소에 손상을 주는 염증과 관련이 있다.

류마티스 관절염 환자는 알츠하이머병의 발병 가능성이 낮다. 이는 항염제 덕분으로 보인다. 항염제는 치매환자의 기억을 좋게 한다. 불행히도 이 약은 부작용이 심하다. 이 약을 복용한 환자는 상부 위장 출혈과 같은 생명을 위협하는 궤양이 생기기도 한다. 고혈압 환자에게는 미리 이 사실을 알려야 한다. 그리고 치명적인 부작용 때문에 내과 협진 없이는 쓸 수가 없다.

한편, 치명적인 부작용이 없는 비스테로이드 약이 있다. 이 약은 콕스 −2 억제제이다. 보호적 특성이 있다는 것이 그럴듯하지만, 아직 알츠하이머병의 인지 저하에 효과적이라는 것은 증명 중에 있다. 이 약은 발병을 늦출 수는 있으나 병의 완치에는 어려움이 있는 것 같다.

에스트로겐(Estrogen)

아세틸콜린은 항염 작용과 항산화 효과가 있다. 그리고 아세틸콜린을 분비하는 신경세포를 증가시킨다. 역학연구에서 에스트로겐은 알츠하이머병의 발병과 상관이 적었고(Yaffe et al., 1998), 여성의 치매 치료 및 예방과 관련이 있었다(Birge & Mortel, 1996; Birge, 1996). 반면, 어떤 연구는 인지기능이 감소된 알츠하이머병 환자에게 에스트로겐이 효과가 없다는 것을 보여 주기도 했다(Barrett−Conner & Kritz−Silverstein, 1993).

에스트로겐은 알츠하이머병의 발병을 지연시킬 수 있다. 한 연구에 따르면, 에스트로겐의 보호효과가 에스트로겐 치료를 받지 않는 여성보다 두 배 가량 많았다(Birge & Mortel, 1997). 발병률이 여성에게 높은 이유는 폐경 후 에스트로겐의 감소 때문인 것으로 생각된다.

에스트로겐은 기억과 학습을 포함하여 뇌 신경세포를 안정시키는 것으로 알려져 있다(Verghese et al., 2000). 또한, 혈액 순환을 잘 되게 하고, 뇌에 글루코스를 향상시켜준다. 에스트로겐은 뇌 세포(시냅스)를 연결하고,

신경세포 감소와 β-아밀로이드 단백질 형성을 막는 데 도움이 된다. β
-아밀로이드 단백질은 신경섬유매듭과 치태의 주된 구성요소이다
(Henderson, 1997). 현재 노화연구재단의 다국적 연구는 에스트로겐 사용
과 기억강화에 대해 믿을만한 결과를 내놓고 있다. 연구는 몇 년 안에 완
료될 것으로 기대된다. 불행히도 에스트로겐은 부작용이 심하다. 이는 자
궁, 유방암 발생과 상관이 있다. 그리고 이를 선택적 에스트로겐 변조기라
고 부른다. 현재는 에스트로겐 부작용을 줄인 신약이 연구되고 있다. FDA
에 승인된 약 중 하나는 랄로지펜(Ralozifene)이다. 두부 같은 음식에는 자
연 에스트로겐이 풍부하다(아직 자연 형태의 에스트로겐 연구는 많이 되지 않
았다).

▼ 기억비법: 폐경

폐경은 기억에 영향을 줄 수 있다. 40대 이후 여성은 에스트로겐과 프로게스
테론이 감소한다. 그 결과, 생리가 중단되고, 기억저하, 과민, 발열, 발한, 골다
공증 등이 나타난다. 그리고 콜레스테롤, 심장병과 결장암 위험이 증가한다.
이 증상은 치료를 하지 않으면 수년 동안 지속된다. 폐경이 자궁 절제로 인한
것이든, 노화로 인해 자연적으로 발생한 것이든 간에 의사와 상담을 할 필요가
있다. 증상은 에스트로겐 대체요법으로 치료할 수 있다. 많은 여성들은 치료로
기억이 좋아진다. 기억장애는 생리기간 혹은 생리 전에 뚜렷하다.

신경성장 요인

현재는 신경 성장 약물을 사람에게 쓸 수는 없다. 국제노화협회는
AIT-082라는 신경성장약물을 연구하고 있다. 이 약은 동물 뇌신경 세포
의 성장 가능성을 보여주었다. 이것은 새로운 생화학적 개입이지만, 몇 년
안에 상용화되지는 못할 것 같다.

기억을 위한 약은 한계가 있다

지금까지 본 것이 현재 가능한 기억장애 치료제이다. 보다시피 약의 발전은 갈 길이 멀다. 좋은 소식은 잘 되어 가고 있다는 것이다. 그리고 기억장애의 유전 요인에 대한 국제 연구도 성황리에 진행되고 있다. 기억장애의 원인을 잘 이해할수록 예방과 치료를 위한 약도 잘 개발될 것이다. 다음으로는 기억개선제와 함께 연구되어온 영양제에 대해 소개하려고 한다. 그러기 전에 영양제와 비타민에 대해 몇 가지 사항을 살펴보자.

영양제에 대한 감시

영양제는 미국에서 수백억 달러의 산업이다. 불행히도 이 산업은 감시가 제대로 되지 않고 있다. 유일한 법적 규제는 1994년의 영양제에 대한 건강과 교육이었다. 이것은 미국에서 유일하게 영양제 판매와 유통을 규제한 장치이다. 법적으로 의료 제품이 아닌 것은 제지를 가할 수가 없다. 생산자는 제품의 안전을 증명할 필요도 없고, 피해나 사망을 관찰할 장치도 없다. 시장에서 위험한 영양제가 치워지기 전에 FDA는 제품이 해로운지를 증명해야 한다. 영양제는 판매를 하기 전에 엄격한 검사와 꼼꼼한 분석으로 안정성과 유효성을 입증해야 하는 처방약과는 다르다. 말할 필요도 없이, 일이 많고 직원이 부족한 FDA에서 영양제는 우선순위가 아니다. 생산 설비는 감시되지 않아 실제와 영양제 병에 적힌 것이 다른 경우도 있다.

일일 권고량

영양제 회사의 전략적이고 똑똑한 광고는 많이 먹는 것이 좋다는 유언

비어를 만들어냈다. 사실, 영양제의 상당수는 많이 먹을수록 위험하다. 비타민이나 미네랄인 경우 더욱 그렇다. 비타민이나 미네랄을 많이 섭취할 경우, 해가 되거나 심지어 사망에 이를 수도 있다. 예로, 비타민 B−12가 부족한 사람이 엽산을 복용할 경우, 심각한 신경학적 증상을 일으킬 수 있다. 영양제를 먹기로 했다면, 일일 권고량을 따르는 것이 중요하다. 아래는 국제 과학회(1989; Russell, 1997)에서 제안한 50세 이상을 위한 일일 권고량이다. 이는 비타민과 영양제의 일일 권고량을 알려준다.

철	10mg−남자와 여자	
칼슘	800mg−남자와 여자	
아연	15mg−남자	12mg−여자
인	800mg−남자와 여자	
마그네슘	350mg−남자	280mg−여자
비타민 A		
레티놀	1,000mcg−남자	800mcg−여자
베타-카로틴	6,000mcg−남자	4,800mcg−여자
비타민 B		
B1(티아민)	1.2mg−남자	1mg−여자
B2(리보프라빈)	1.4mg−남자	1.2mg−여자
B3(니코틴산)	15mg−남자	13mg−여자
B6	2mg−남자	1.6mg−여자
B12	2mg−남자와 여자	
엽산 (Folate)	200mcg−남자	180mcg−여자
비타민 C	60mg−남자와 여자	
비타민 D	400I.U.−남자	200I.U.−여자
비타민 E	10mg−남자	8mg−여자

*mg = milligrams

mcg = micrograms

IU = International Unit

음식은 정서와 사고에 영향을 준다. 비록, 영양신경과학 연구가 초기 단계에 있지만, 과학자들은 영양소가 기억에 영향을 준다는 것을 잘 알고 있다. 이것은 다음 영양소를 포함한다:

영양소	역할	원천
비타민 B	뇌 기능 활성화	B12, B1, B6, 및 B3
엽산	콜린 유지에 도움	녹황색 잎이 많은 채소, 오렌지 쥬스, 딸기, 콩
철	적혈구에 산소 공급	쇠고기, 돼지고기, 건살구, 건자두, 건포도
콜린	아세틸콜린으로 전환하여 기억 및 정신감각 조절	견과류, 레시틴, 계란, 붉은 고기
항산화 물질	유해산소로 인한 손상에 저항	녹황색, 빨강, 노랑, 오렌지색 과일 및 채소
리놀렌	뇌세포 연결에 도움	카놀라, 간장, 호두, 아마씨유, 해조류
칼슘	집중을 좋게 함	브로컬리, 저지방우유, 요거트, 치즈

현재 연구되고 있는 영양제
(뱀 기름 혹은 젊음의 원천?)

비타민과 허브, 영양제는 치매 치료에 연구되고 있다. 다음은 은행나무, 콜린, 레시틴 및 비타민 E에 대해 살펴 볼 것이다.

징코 빌로바(Ginkgo Biloba)

징코 빌로바는 은행나무에서 추출된다. 이것은 수천 년 전부터 한의학에서 사용되었고, 혈액 순환 및 뇌 기능부전 치료에 효과가 있다고 알려져 왔다. 그리고 미국과 유럽에서 가장 잘 팔리는 영양제 중 하나이다. 징코 빌로바는 유해 산소를 제거하는 역할을 한다. 아울러 뇌세포의 부산물을 제거한다고 알려졌다. 또한, 항산화, 혈액응고방지, 소염 기능 등이 있다.

몇몇 연구는 기억에 관한 징코 빌로바의 효과를 조사했다. 상반된 결과가 나왔는데, 어떤 연구는 치매 환자의 기억 향상에 도움을 주었다. Oken 등(1998)은 실시된 연구들을 조사해 봤더니, 알츠하이머병 환자의 증상에 일부 개선이 있다는 것을 발견했다. 하지만, 콜린에스테라제 억제제를 이용한 연구 결과만큼의 효과는 없었다. 불행히도 징코는 한 알에 들어 있는 양과 치료 효과에 대해 충분한 연구가 되지 않았다. 징코는 쿠마딘 (coumadin)이나 아스피린(aspirin)과 함께 복용했을 때, 과다 출혈이 생길 수 있다. 알츠하이머병에는 사용을 권하지 않는데 왜냐하면 제한된 효과와 위험성 때문이다.

콜린과 레시틴(Choline and Lecithin)

콜린은 비타민 B 복합체에 속하는 수용성 비타민이다. 그리고 아세틸콜린 합성에 영향을 주는 신경전달물질이다. 레시틴은 몸에 균형이 깨졌을 때 콜린을 형성한다. 연구에 따르면, 레시틴은 기억과 학습에 효과가 없는 것으로 밝혀졌다. 콜린은 땀에서 생선비린내가 나는 부작용이 있다. 그럼에도 기억 향상 치료에 사용되고 있다

▽ 기억비법: 알코올 피하기

알코올은 급성 독성으로 뇌세포 신경원에 손상을 준다. 몇몇 연구 결과에 따르면, 건강에 일부 도움이 될지라도 기억에는 좋지가 않다. 많은 양의 음주를 했다면, 기억은 충격을 받을 것이다. 만성 알코올 남용은 기억에 손상을 준다. 베르니케 증후군은 알코올로 인한 신경질환으로 티아민 결핍 때문에 생긴다. 코르사코프 증후군(알코올성 기억장애)은 기억저하 및 인지감퇴가 알코올 남용의 결과로 나타난다. 두 증후군은 같이 기술되는 경우가 많다(베르니케-코르사코프 증후군).

비타민 E

알츠하이머병의 인지 저하 원인 중 하나는 활성산소 생성 동안 뇌 속 산소처리이다. 이는 치매 치료를 위한 비타민 E 연구와 산화방지제 개발을 촉진했다. Sano 등(1997)은 알츠하이머병 환자의 기억저하 초기 7개월 동안 비타민 E에 결핍이 있다는 것을 밝혀냈다. 연구에 따르면, 비타민 E는 알츠하이머병과 혈관질환 둘 다에 효과가 있었다. 국립노화연구소는 경도인지장애 환자의 비타민 E의 효과에 대한 연구를 진행하고 있다.

산화억제제는 뇌에서 활성산소를 파괴한다(대사 부작용). 비타민의 일일 권고량은 10 IU 이다. 보통 영양제에 들어있는 비타민의 양은 400 IU이다. Roberts(1981)는 비타민 섭취가 지나치면, 위험하다는 것을 발견했다. 정해진 기준보다 많은 양을 복용했을 때, 피로, 혈압상승, 두통, 메스꺼움이 나타난다. 의사가 기억문제 치료에 하루 400 IU를 처방했다면, 내성으로 매주 400 IU가 증가된다. 그래서 하루 최대 복용량은 2000 IU가 되며,

하루에 두 번 1000 IU를 섭취하게 된다. 다른 연구에서는 하루 복용량이 적다고 주장하기도 한다(400 IU 하루에 세 번). 비타민 E는 와파린(항응고제)과 같은 약과 결합된다고 알려져 있다. 비타민 K가 결핍된 상태에서 비타민 E를 복용하면, 위험할 수 있기 때문에 치료 전에 의사와 상담을 할 필요가 있다. 과다 복용은 해로울 수 있으므로 의사와 상담 없는 복용은 권장되지 않는다.

영양

이번에는 기억 손상의 원인이 될 수 있는 약을 살펴보기 전에, 영양의 중요성을 살펴보자. 노인은 대부분 영양제가 필요하다. 영양제 필요성이 확인되면, 복용을 해야 한다. 이런 이유들이 포함된다. 영양 흡수를 방해하는 의학적 상태: 영양 균형을 방해하는 약, 알코올중독, 그리고 건강하지 않은 식단, 영양 불균형 및 칼로리 섭취 부족. 영양 부족이 의심되면 의사와 상담을 해야 한다. 영양제 복용보다는 근본적인 원인을 치료하는 것이 좋다.

영양 감소의 원인

나이가 들면, 미각, 후각과 같은 감각 기능이 저하된다. 그 결과 욕구가 감소된다. 경제적 문제나 신체적 제한이 있으면 식사가 어려워진다. 치과 문제는 음식 선택을 어렵게 한다. 마지막으로, 혼자 지내게 되면 음식을 골고루 먹지 못하고, 하나의 음식만 섭취하게 된다. 많은 사람들은 혼자 식사하는 것을 좋아하지 않는다. 나이가 들수록 영양식품을 섭취하고, 운동을 하는 것이 중요하다. 추가로 영양에 대한 정보를 제공하는 두 권의 책을 소개하겠다. 첫 번째는 *영양과 당신의 건강: 미국인을 위한 다이어트 안내서.* 두 번째는 *미국 농림부의 음식 가이드 소책자 H6249이다.*

알코올과 약은 영양을 감소시킬 수 있다

알코올과 약은 영양 흡수를 방해한다. 우리는 책을 통해 특정 약을 복용하지 않도록 도움을 받을 수 있다. 당신은 의사나 약사에게 도움을 요청할 수 있다.

▼ 기억비법: 운동

나이가 들면, 같은 체중이라도 적은 칼로리를 요구하기 때문에 동일한 양의 영양을 소비해야 한다. 나라에 따라 칼로리와 영양의 기준은 다르다. 나이가 들수록 신진대사가 변화하는데 지방은 늘고 근육은 준다. 간과 췌장도 비효율적으로 된다. 노화에 따른 신진대사 변화에 가장 좋은 방법은 운동이다. 운동을 하면, 음식을 섭취해도 체중이 늘지 않는다. 신체를 움직이면, 신진대사가 증가하고 영양을 더 많이 흡수하게 된다. 또 나이가 들면, 젊을 때보다 입원이나 병으로 인한 회복기간이 길어진다.

건강 지침서를 보면, 영양은 생활과 관련이 있다. 따라서 책을 보고 교육을 받아보라. 채소, 과일, 곡물과 같이 균형 잡힌 음식을 섭취하라. 그리고 지방과 염분을 제한하라. 단 것을 좋아하면 쿠키, 사탕, 아이스크림, 케이크를 적당히 먹어라. 카페인과 알코올을 제한하고, 매일 몇 잔의 물을 마셔라. 의사와 상담하는 것도 잊지 마라.

▼ 기억비법: 편하게 자는 것

건강한 기억을 위해 고려해야 할 것 중에 하나는 수면이다. 수면이 부족하면, 기억에 문제가 생긴다. 잠드는 것이 어려운가? 밤에 몇 번씩 깨는가? 수면은 복합적인 특성을 가지고 있다. 수면 문제가 의심되면, 의학적인 조언을 받아보라. 적당한 수면은 기억 향상에 도움이 된다.

수면제를 피하는 것은 가능하다. 규칙적으로 약을 먹는 것이 수면에 도움이 되지만, 장점보다는 단점이 많다. 약에 의존하면, 깊은 수면이나 REM수면이 어려워진다. 그리고 제한된 시간동안 마지막 수면 단계만 반복하게 된다. 깊은 수면은 몸을 편하게 하고 원기회복을 도와준다. 명심해라. 몸과 마음이 필수적으로 쉬어야 하는 수면은 선형적으로 순환하며, 세 단계를 거친다. 이 과정이 끝나면, 나머지 단계를 시작할 수 있다. 방해 없이 수면 단계가 순환되면, 침대에서 8시간동안 충분히 REM 수면을 취할 수 있다. 수면의 질이 향상되면, 기억도 좋아진다. 수면장애에 대해 의사와 상담하라.

기억을 방해하는 약

다음으로 일시적 혹은 영구적으로 기억 손상의 원인이 되는 약에 대해 살펴보자. 복용하고 있는 약이 있다면, 의사와 상담하는 것이 좋다. 그리고 대안이 되는 약을 요청해라.

항콜린제(부교감 신경 차단제)

기억에 손상을 주는 약은 많다. 특별히 주의해야 할 약은 항콜린제(anticholinergics)이다. 이 약은 다른 문제(요실금 같은) 때문에 처방되기도 한다. 그리고 학습과 기억을 담당하는 신경전달물질인 아세틸콜린을 억제한다. 노인은 항콜린성 약에 취약하다. 발생하는 부작용으로는 급성혼란, 주의력 저하, 지남력상실, 단기기억문제 등이 있다. 기억손상이 갑자기 오면, 섬망이지 치매는 아니다. 약의 독성이나 병은 종종 섬망을 유발한다. 당신이나 사랑하는 사람이 섬망이 있다면, 바로 병원에 가야 한다.

일반적으로 진정 부작용이 있는 약은 기억을 손상시킬 수 있다. 우리는 아래에 기억손상을 일으킬 수 있는 약의 목록을 제시할 것이다. 그러면 기억에 영향을 주는 약에 대해 의사나 약사의 점검을 받을 수 있다.

기억에 손상을 주는 기타 약

다음은 기억에 손상을 주는 약의 목록이다(Physician's Drug Reference 2001; Sabiston 1997; Preston et al 1999). 목록은 제품명을 알파벳순으로 했고, 성분명은 괄호 안에 썼다. 또한 범주별로 약을 구분했다. 신경안정제와 수면제는 기억에 직접적인 영향을 준다는 점을 명심해라. 또한 기억 손상을 일으키는 다른 증상 때문에 여러 약들이 간접적으로 기억을 손상시킬 수 있다는 것도 주의하라. 우울, 불면이나 포도당 수준의 변화를 일으키는 약은 그러한 예가 된다. 그럼, 기억손상을 일으킬 수 있는 약에 대해 좀 더 구체적으로 살펴보자. 현재 복용하고 있는 약이나 새로 처방받은 약을 비교하기 위해 다음 목록을 살펴보자.

혈압약

알닥타자이드(스피로놀엑톤)/ 알도릴(메틸도파)/ 알도멧(메틸도파)/ 아프레사자이드(하이드랄라진)/ 브로카드렌(티몰올)/ 부멕스(부메타니드)/ 카르트롤(카르테오롤)/ 컴바이프레스(크로나딘)/ 크레그(카르베디롤)/ 코르가드(나도롤)/ 코르자이드(벤드로플루메티아자이드)/ 데마덱스(토르세마이드)/ 디우프레스(레설파민)/ 디우릴(클로디아제핀)/ 디아자이드(트리암트레인)/ 엔두론일(디세르피아딘)/ 엔두론(메틸클로디아제핀)/ 에시드릭스(하이로클로로디아자이드)/ 하이로프레스(레설핀)/ 하이그로톤(클로르다리돈)/ 인데랄 LA(프로프라노롤)/ 케롤론(베탁솔롤)/ 레바톨(펜부토롤)/ 로프레설(메토프롤올)/ 로졸(인다파마이드)/ 모두레트릭(아미로라이드)/ 메타하이드린(트리클로르메티아자이드)/ 노르모딘(라베타롤)/ 로그로톤(레설핀)/ 사루텐신(레설핀)/ 섹트랄(아세부토롤)/ 세르-압-에스(레설핀)/ 테노레틱(아테노롤)/ 테노르민(아테노롤)/ 비스켄(핀도롤)/ 자록솔린(메토라존)/ 제버타(비소프로롤)/ 자이악(비솔프로롤)

정신증/신경학적 약

아타락스, 비스타릴(하이드록시진)/ 아티반(로라제팜)/ 부스팔(버스피론)/ 부티졸 소디움(부타발비탈)/ 센트락스(파라제팜)/ 콤파진(프로크롤페라진)/ 달마네(플로라제팜)/ 도리덴(글루테시마이드)/ 할시온(트리아졸암)/ 하르돌(하로페리돌)/ 클로노핀(클로나제팜)/ 리부리엄(클로르디아제폭사이드)/ 루미날 소디움(피노발비탈)/ 멜라릴(디오리다자인)/ 밀타운(메프로바메이트)/ 나바네(디오딕센)/ 넴부탈(펜토바르비탈)/ 녹텍(크로랄 하이드레이트)/ 노루달(메틸프리론)/ 프로릭신(플루프헤나진)/ 레스토릴(테마제팜)/ 스락스(옥사제팜)/ 스테라진(트리플루오페라진)/ 도라진(클로르프로마진)/ 트란엑신(클로라제파이트)/ 엘라빌(아미트립티라인)/ 바리움(다이아제팜)/ 엑사낙스(알프라졸암)

위장약

엑시드(니자티딘)/ 펩사이드(파모티딘)/ 타가멧(시메시딘)/ 칸탁(라니티딘)

이 약을 복용하고 있나?

만약 위 약 중 하나를 복용하고 있고, 기억문제가 있다면, 의사를 만나보라. 약은 기억에 영향을 준다. 우리는 약물에 따라 내성 수준이 다르다. 당신에게 해로운 것이 다른 사람에게는 적절할 수도 있다. 그렇다고 약 복용을 그만둘 필요는 없다. 정해진 대로 복용하면 부작용을 줄일 수가 있다.

이제 섬망의 원인이 되는 약에 대해 살펴보자. 섬망의 경우 심한 혼란이 급성으로 나타난다. 노인은 약에 대한 부작용으로 섬망을 보일 수 있다. 다음은 섬망의 원인이 되는 약의 목록이다. 목록은 알파벳순이다.

섬망을 일으킬 수 있는 약

심장약

카타프레스(크로니딘 HCl)/ 두라-텝스(퀴니딘)/ 두라퀸(퀴니딘)/ 라노시 켑스(디고신)/ 라노신(디고신)/ 노르페스(디소파라마이드 소스페테)/ 테네스 (그안페신 HCl)

항생제

치브로신(노르프로삭신)/ 시로산, 시프로(시프로프로사삭신)/ 시토브네(간 시크로버)/ 레바퀸(레보프로삭신)/ 멕사퀸(로메프로삭신)/ 아쿠프록스, 프로신 (오프로삭신)/ 페네트렉스(에노삭신)/ 라사르(그레파프로삭신)/ 심메트렐(아멘 타딘 HCl)/ 유라이즈(메데나민/메디렌 블루/사롤)/ 자감(스파르프로삭신)/ 조 비락스(아시크로버)

당뇨약

아마릴(그리메피라이드)/ 디아베타, 미크로나스(그리브라이드)/ 디아비네스 (츠로프로파마이드)/ 디메롤(아세토헥사마이드)/ 그루코드롤(르기피자이드)/ 휴 마로그(인슐린 리스프로)/ 오리나스(토르부타마이드)/ 토리나스(토라자마이드)

순환계 약

악타르(코르티코트로핀)/ 아즈마코트(트리암시로논)/ 코르테프(하이드로토 르티손)/ 코르톤 아세테이트(코르티손)/ 디카드론, 헥사드롤(덱사메사손)/ 델 타손, 메티코르텐(프레드니손)/ 디프로겐, 발리손(베타메사손 디프로피오네이 트/바레레이트)/ 메드롤(메딜프레드리솔론)/ 메트레톤, 프레드 포르테(프레드 니솔론)

감기 그리고 알레르기 약

아타렉스, 비스타릴(하이드록시진 HCI/파모에이트)/ 베나드릴(디페니드라민)/ 츠로－트리멘톤(프로페니라민)/ 디메타네(브롬페니라민 마리에이트)/ 히스마날(에스테미졸)/ 마이딜(트리프로리딘)/ 옵티미네(아자타딘 마리에이트)/ 페리악틴(시프로헤타딘 HCI)/ 셀다네(테르페나딘)/ 타비스트(크레마스틴 프마레이트)

진통제

아드빌, 모트린(아이브프로펜)/ 아레브, 나프로신(나프록엔)/ 안사이드, 아큐펜(프루비프로펜)/ 아드로펜(초린 살리시레이트)/ 아스크립틴, 버퍼린(아스피린)/ 바얄, 에코트린(아스피린)/ 브타조리딘(페닐브타존)/ 크리노릴(설린닥)/ 다이프로(옥사프로진)/ 디살사이드(살사레이트)/ 도안스 필즈(마그네슘 살리시레이트)/ 도로바이드(디프루니살)/ 드렉트(브롬페낙)/ 펠데네(피로시켐)/ 인도신(인도메타신)/ 로딘(에토도락)/ 메크로멘(메크로페나마테 소디움)/ 날픈(페노프로펜 칼시움)/ 오르디스(케토프로펜)/ 레라펜(나브메톤)/ 탈윈(펜타조신 HCI/아스피린)/ 토렉틴(토르메틴 소디움)/ 토라돌(케토로락 트로메타민)/ 트릴리세이트(초릴 또는 마그네슘 사리시레이트)/ 볼타렌(디크로페낙 소디움)

위장약

안티베르트(메크리진 HCI)/ 아트로핀(아트로핀 설페이트)/ 악시드(니자티딘)/ 벤틸(디시크로민 HCI)/ 콤페진(프로츠로페라진)/ 디트로첸(옥시브티닌 츠로라이드)/ 돈나탈(베라도나 알카로이즈/페노바르비탈)/ 리브렉스(크리디니움/츠로디아제포이드)/ 로모틸(디페노시레이트 HCI/아트로핀 설페이트)/ 펩시드(파모티딘)/ 페네르겐(프로메타진 HCI)/ 타자메트(시메티딘)/ 티간(트리메토벤자미드 HCI)/ 잔탁(라니티딘)

항우울제

아센딘(아모사핀)/ **아벤트릴, 파레로**(노르트립타이린)/ **데시렐**(트라즈돈)/ 에라빌(아미트립타이린)/ **리토바이드, 리토네이트**(리티움 카르보네이트)/ **루디오밀**(마프로티린)/ **림비트롤**(아미트립타이린/트로디아제포사이드)/ **노르프라민** (데시프라민)/ **프로작**(프루오세틴)/ **시네쿠안**(도세핀 HCI)/ **토프라닐**(이미프라민)/ **트리아빌**(아미트립타이린/퍼페나진)/ **엘브트린**(브프로피온 HCI)

수면제/ 신경안정제

아티반(로라제팜)/ **부스파**(부스피론 HCI)/ **센트렉스**(프라제팜)/ **달마네**(프루라제팜)/ **도리덴**(그루테티마이드)/ **할시온**(트리아조람)/ **리브리움**(츠로디아제포사이드)/ **밀타운, 에퀴아닐**(메프로바메이트)/ **레스토릴**(테마제팜)/ **세라스** (오사제팜)/ **트라넨**(트로라제페이트)/ **바리움**(디아제팜)/ **비스타릴, 아타타스** (아이드로시진 파모에이트)

진정제

크로자릴(크로자핀)/ **하돌**(하로페리돌)/ **멜라릴**(티오리다진)/ **나바네**(티오덴)/ **프로리신**(프로페나진)/ **레그란**(메토크로프라마이드)/ **스테라진**(트리프루오페라진)/ **토라진**(츠로르프로마진)/ **트리아빌**(아미트립트린/페르페나진)

신경계 약

아르탄(트리헥시페니딜)/ **코겐틴**(벤즈트로핀)/ **다이란틴**(페니토인 소디움)/ **크로노핀**(크로나제팜)/ **라로도파**(레보도파)/ **파르로델**(브로모크립틴 메시레이트)/ **페르멕스**(페르로라이드 메시레이트)/ **시네메트**(카르비도파/레보도파)

기타 약

아미파크(페트리자마이드)/ **비펜덴**(아시네톤)/ **아나프라닐**(크로미프라민

HCI)/ 사이토살−U(사이타라빈)/ 엘스파(에스파라기나스)/ 라이로레슬(바크
로펜)/ 메스오리다진(세렌틸)/ 옥시부틴(옥시부틴 츠로라이드)/ 트리헥시페니
딜(트리헥시페니딜 HCI)

▽ 기억비법: 기억에 영향을 주는 약의 조건

나이가 들면 의학적으로 복잡한 문제가 생긴다. 의학적 상태는 기억에 손상을
준다. 여기에는 당뇨, 심장처치, 만성폐쇄성질환과 호흡기 질환, 신장문제, 전
염병, 호르몬 불균형, 암, 퇴화하는 눈의 상태, 비타민과 영양결핍, 간 손상에
따른 암모니아 증가 등이 포함된다. 또한, 시력과 청력은 기억에 영향을 준다.
목록은 끝이 없다. 기억에 영향을 준다고 의심이 되면, 주치의와 상담을 할
필요가 있다. 반드시 주치의와 상의하고 몸을 방치하지 마라.

　만성 통증도 기억에 영향을 줄 수 있다. 통증을 느끼면, 엔돌핀이 나와 기억
을 안내하는 신경전달물질의 전달을 방해한다. 아울러 통증이 있으면, 환경에
주의를 두지 않고 통증에 주의를 두는 경향이 있다. 아래 건강한 기억에 방해
가 되는 요인들을 살펴보자.

연습

기억에 영향을 주는 요인 평가

해당되는 것에 표시하라.

1. 기억에 손상을 주는 약을 복용하고 있다.　　　　　예/아니오
2. 집중하는 게 어렵다.　　　　　　　　　　　　　　예/아니오
3. 불안이 기억을 방해한다.　　　　　　　　　　　　예/아니오
4. 우울과 기억저하를 느낀다.　　　　　　　　　　　예/아니오
5. 수면이 부족할 때 기억 문제가 있다.　　　　　　　예/아니오

6. 알코올을 많이 섭취하면 기억이 잘 나지 않는다.　　예/아니오

7. 영양 부족이 기억을 방해한다.　　예/아니오

8. 과거 화학물질 노출로 기억 문제가 있었다.　　예/아니오

9. 조부모, 부모, 또는 형제에게 기억 문제가 있었다.　　예/아니오

10. 기억 문제의 원인이 되는 의학적 상태가 있다.　　예/아니오

　:심장병, 폐질환, 암, 당뇨, 간질, 임신 등

11. 약간의 기억저하가 있으나 개선될 거라고 생각한다.　　예/아니오

12. 시력감퇴가 기억저하의 원인이 된다.　　예/아니오

13. 청력감퇴가 기억저하의 원인이 된다.　　예/아니오

14. 조직화의 부족이 기억저하의 원인이 된다.　　예/아니오

15. 동기부족이 기억저하의 원인이 된다.　　예/아니오

16. 기억 문제를 노화의 정상적인 부분으로 본다.　　예/아니오

17. 스트레스가 기억을 방해한다.　　예/아니오

18. 비현실적인 기대가 기억 문제의 원인이 된다.　　예/아니오

19. 종종 기억에 대해 비현실적인 목표를 세운다.　　예/아니오

20. 강박사고가 기억에 영향을 준다.　　예/아니오

21. 일산화탄소에 노출되어 기억에 문제가 있었다.　　예/아니오

22. 전염병에 걸려 기억에 문제가 있었다.　　예/아니오

23. 부정적인 혼잣말이 기억을 방해한다.　　예/아니오

24. 회상하는 게 어렵다.　　예/아니오

25. 최소 일주일에 3번 운동을 한다.　　예/아니오

26. 에스트로겐, 비타민 E, 징코 발로바, 스테로이드,　　예/아니오

　소염진통제, 코그넥스, 엑셀론, 아리셉트를 복용하고 있다.

"예"라고 답한 문장을 살펴보라. 이 문항은 당신이 의사를 만날 필요가

있다는 것을 의미한다. "예"에 해당하는 문항은 1~13, 15, 17, 20~23, 26번이다. 다른 문항들은 이 책의 적용가능한 장에서 살펴볼 필요가 있다. 이러한 것의 "예" 반응에 해당하는 문항은: 2~4, 11, 14~20, 23~24번이다. 마지막으로 3~6, 11, 15~20, 23번에 "예"라고 반응했다면, 자격이 있는 심리학자나 정신건강의학과의사 및 사회복지사의 평가를 받아보는 것이 좋다. 당신의 문제를 해결하고 개선하기 위해 이 설문지를 이용해라.

다음은 기억장애에 대해 살펴보자.

Part16

—

기억장애

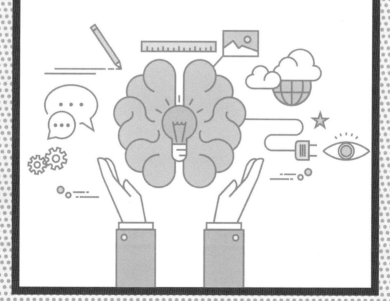

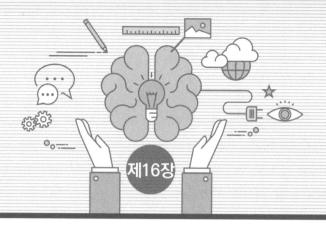

제16장

기억장애

이 장에서는 노화로 인한 기억 변화와 기억장애의 차이점에 대해 살펴볼 것이다. 그리고 기억에 대한 연구와 평가를 소개할 것이다. 내용이 많더라도 놀라지는 마라. 기억장애에 대한 내용은 몇 가지 주제에만 초점을 두었다. 아울러, 이 장은 기억장애의 신경학적 부분과 진단에 대해 설명하였다. 우리는 신경학적 검사와 치료 방법, 그리고 치료 가능한 치매의 종류에 대해 살펴볼 것이다. 아울러 신경학적 장애와 인지 손상의 사례들을 소개할 것이다. 이 책은 자가 진단용이 아니다. 부록 A는 심리학자와 의사가 사용하는 용어인데, 읽어보면 도움이 될 것이다. 부록 C에는 당신이 도움을 받을 수 있는 기관을 제시하였다. 부록 D는 뇌의 주요 영역과 기능에 대해 소개했다.

정상 노화를 넘어

정상 노화에 따른 기억의 변화에 대해서는 이미 살펴보았다. 이 장에서는 정상 노화 이상으로 문제가 있는 기억장애에 대해 알아볼 것이다. 명심하라. 당신이 다음 장애로 문제가 있다면 신경학적 검사를 받아보라. 신경학적 평가의 근거가 되는 증상은 일상 기능에 영향을 주는 기억장애, 혼란, 길 잃어버리기, 무감동, 동기 상실, 특별한 이유가 없는 우울, 운동협응 문제, 떨림, 마비, 언어장애, 어눌한 발음, 이해력 저하, 읽기와 쓰기문제, 성격변화, 시력문제, 현기증 등이 있다.

정상 노화 이상의 기억문제

Crook 등(1986)은 기억문제가 있을 때, 고려해야 할 점을 제시했다. 다음 중 어느 하나라도 해당이 되면, 기억장애가 의심되니 의사와 상담을 받아보라.

1. 정신건강의학과 약물사용
2. 정신질환으로 인한 문제(우울이나 불안)
3. 알코올의존이나 약물의존
4. 기억장애를 일으키는 질환
5. 섬망이나 급성 혼란 상태
6. 기억장애를 일으키는 신경학적 질환(파킨슨병, 뇌졸중, 알츠하이머병 등)
7. 두부 손상으로 인한 의식상실이나 반복된 두부 손상의 과거력
8. 인지장애를 일으킬 수 있는 독성물질에 노출된 경우
9. 염증이나 감염의 과거력(매독, 바이러스)
10. 혈관 질환의 과거력

신경학적 평가를 위해 필요한 것

신경학적 평가를 할 때는 유전의 영향을 고려해야 하고, 신경학적 장애의 가족력을 포함하여 광범위한 병력청취를 해야 한다. 여기 포함된 것에는 복용 중인 약물, 증상, 내과검사, 신경학적 검사 등이 있다. 내과검사와 신경학적 검사는 다음과 같은 것이 있다:

★ 신경생리검사

★ X-레이

★ 뇌영상검사(컴퓨터단층촬영, 자기공명영상, 단광자방사선단층촬영, 양
　전자방사선단층촬영)

★ 뇌파검사 – 뇌의 전기 활동을 보기 위해

★ 혈액검사(갑상선 기능, 비타민-B12, 전해질, 혈당, 간기능, 중금속)

★ 뇌척수액검사 – 중추신경계감염

★ 뇌신경검사

★ 운동검사

★ 정신상태검사

★ 감각신경검사

치매란 무엇인가?

　치매에 대해 알아보자. 다시 말하지만, 이 책은 자가 진단을 위한 것이
아니다. 다음 몇 쪽을 보면, 당신은 여러 증상이 있다는 것을 알게 될 것이
이다. 이는 흔한 일이다. 의대생은 의학 공부 중에 자신에게 여러 증상이
있다는 것을 발견기도 한다. 자신에게 질문해야 할 것은 "이 증상이 얼
마나 일상에 영향을 주는가?"이다. 다음 내용은 신경과 의사의 말을 이해
하는 데 도움이 될 것이다.

치매

정신건강의학과 사전(Campbell, 1989)[7]에서 치매란 "뇌가 성숙한(15세

7) Reprinted, by permission, from R. J. Campbell, *Psychiatric Dictionary*. 1989.
　　Oxford University Press.

전후) 이후 발생하는 후천적이고 지속적이며 돌이킬 수 없는 인지기능의 감퇴"라고 정의되어 있다. 증상은 언어(실어증), 기억(기억상실), 운동능력(실행증), 시공간능력, 인지(추상화, 추론, 주의집중), 감각상실(실인증), 판단력과 충동조절장애, 정서나 성격변화, 기억상실에 대한 인식 감소(병식 결여), 조직화나 계획능력 저하, 집중력 감소, 지남력 상실, 무관심 등이 있다. 이러한 증상은 사회적 직업적 기능에 문제를 줄 정도여야 한다. 기억장애는 대개 치매 초기에 나타나는 증상이다.

치매의 심도 문제

치매는 약한 정도에서 심한 인지장애까지 그 심도가 다양하다. 치매로 진단하기 위해서는 증상이 일상에 영향을 주어야 한다. 심도 평가를 할 때 인지장애는 일상 기능과 사회적 직업적 기능에 손상을 일으킬 정도가 되어야 한다. 치매의 종류는 60가지 이상이 있고, 대개는 그 원인으로 분류한다. 치매로 진단하기 위해서는 독립적인 기능을 할 수 없어야 한다.

치매의 분류

치매는 네 가지로 분류할 수 있다. 기억장애, 인지장애, 주의장애, 동기장애(Heilman et al., 1995).[8]

기억장애
기억장애는 망각과 관련된 용어이다. 기억장애는 치매와 관련된 가장

---

8) Adapted with permission, from Heilman et al., *Helping People with Progressive Memory Disorder*. 1995. University of Florida Health Science Center.

흔한 증상이다. 그러나 모든 치매 환자가 초기에 기억장애나 증상 악화가 있는 것은 아니다. 기억장애는 전두엽의 기저부나 측두엽의 구조적 변화와 관련이 있다. 이 부위는 신경전달물질인 아세틸콜린의 생산을 담당한다. 기억장애는 두 가지 유형이 있다: *순행성 기억장애*—새로운 정보를 기억하지 못하고, 주로 진행성 치매에서 나타난다: *역행성기억장애*—장기기억에서 과거기억을 불러오지 못한다.

인지장애

*인지장애*는 기본적으로 지식을 상실하는데, 좌반구, 우반구 측두엽/두정엽의 손상으로 생긴다. 인지장애는 다음을 포함한다: 언어장애, 읽기장애, 쓰기장애, 계산장애, 그리기장애, 물건 사용능력 상실, 길 잃어버리기, 익숙한 얼굴이나 물건에 대한 인지상실 등.

주의장애

주의장애(섬망에서 주로 보이는)는 과제에 집중하지 못하고, 산만해지는 것이다. 이 장애는 급성인 경우가 많다. 가끔, 감염이나 뇌압 상승, 약물 때문에 생길 수도 있다. 주의장애는 치료로 호전될 수 있다.

동기장애

*동기장애*는 동기 부족을 보인다. 환자는 흥미를 잃고, 자신을 돌보고, 감정을 표현하는 것을 힘들어한다. 이는 우울이나 전두엽 이상, 기저핵이나 시상 손상과 관련이 있다.

연 습
사고의 유연성

추측 게임. 몸이 여러 색으로 되어 있는 동물을 생각해보라. 어떤 종류는 여러 색으로 되어 있고, 어떤 것은 한 색으로 되어 있다. 알을 낳고 날 수 있지만, 새는 아니다. 무슨 동물일까? 생각해 보라.

인지의 유연성

답은 나비이다. 푸는 게 어려웠나? 내 어린 딸이 이 질문을 했을 때, 나는 새밖에 생각할 수 없었다. 그러나 질문에서 새는 아니라고 했다. 나는 새 이외의 것은 생각할 수가 없었다. 사고의 유연성은 기억에서 중요하다. 성인은 이분법적으로 생각하는 경향이 있다. 사물을 다른 면에서 생각하고, 유연하게 대처하는 능력을 인지 유연성이라고 한다.

진행성 치매 대 고착성 치매

치매는 크게 두 가지로 나눌 수 있는데, 진행성 치매와 고착성 치매이다. 진행성 치매는 알츠하이머병처럼 서서히 진행되면서 나빠진다. 고착성 치매는 뇌졸중, 비타민 결핍과 같은 것이 원인이 된다. 고착성 치매는 다른 손상이나 합병증이 없으면, 비슷한 양상을 보인다.

대개의 치매는 진행성이고 수개월에서 수년에 걸쳐 증상이 나타난다. 증상의 진행이 수일이나 수주 내에 일어나면, 섬망일 가능성이 높다. 진행성 치매는 신경학적 손상과 뇌 신경세포의 손상을 보인다. 그리고 뇌의 특정 부분이 진행성 치매로 인해 영향을 받는 경우도 있지만, 기억 상실이나 행동 변화가 나타나기도 한다. 진행성 치매에 대해 살펴보자.

국소적 치매 대 전반적 치매

치매는 국소적(제한적)이거나 전반적일 수 있다. 국소적 치매는 뇌의 특정 부위의 손상(예를 들어, 일과성 뇌졸중) 때문에 생긴다. 전반적 치매는 뇌의 여러 부위에 문제가 있다. 치매는 판단, 사회활동, 행동억제 등 전두엽 기능에 영향을 준다.

치매의 가역적 원인

가역성 치매의 발병 가능성은 20% 정도이다(Freter et al., 1998). 가역성 치매의 원인은 여러 가지가 있다. 가역성 치매가 의심되면, 다음 원인을 고려해야 한다.

★ 비타민 B1(티아민) 결핍(알코올 중독)
★ 간이나 신장기능 부전
★ 갑상선 기능 장애
★ 정상뇌압의 수두증
★ 약물 반응
★ 비타민 B12 부족
★ 고칼슘혈증
★ 고혈당이나 저혈당
★ 종양
★ 염분이나 수분 불균형(고/저나트륨 혈증)
★ 우울/불안
★ 감염

★ 라임병

★ 헤르페스 감염

★ 크립토코커스 감염

★ 매독

★ 심장, 폐질환

★ 독성 물질 노출(중금속, 일산화탄소 등)

★ 중추신경계 감염

★ 의사소통장애(시력저하, 청력저하 등)

연 습
가역성 치매의 원인 암기

치매의 가역적 원인을 외워보자. 두문자 연상 기술의 도움을 받아 치매 "DEMENTIA(치매)"를 살펴보자(Sabiston, 1997).

가역성 치매의 원인

Drugs and alcohol toxicity (약물과 알코올중독)

Ear and eye problem (귀와 눈 문제)

Metabolic and endocrine abnormalities (대사와 내분비 이상)

Emotional problems (정서문제)

Nutritional deficiencies (영양결핍)

Traumas and tumors (외상과 종양)

Infection processes (감염과정)

Atherosclerotic complications (죽상경화 부작용)

각 단어의 앞 글자를 모으면, "DEMENTIA"가 된다. 이 방법을 이용해 외워보라. 나중에 다시 확인해 볼 것이다.

▼ 기억비법: 물을 충분히 마시나?

노인은 탈수에 빠질 가능성이 많으므로 물을 많이 마셔야 한다. 물은 체내 염분을 조절하고, 의식을 명료하게 하며, 소화와 신장 기능을 돕고, 약물과 영양 흡수를 원활하게 한다. 따라서 몸과 정신을 위해 하루 6~8잔의 물을 마셔라.

피질성 치매 대 피질하 치매

치매는 뇌의 퇴행이 어디에 생기느냐에 따라 피질성 치매와 피질하 치매로 나눌 수 있다(Koltain & Welsh-Bohmer, 2000). 피질 손상으로 인한 것으로는 알츠하이머병과 전측두 치매가 있다. 이는 *피질성 치매*라 하고 뇌의 바깥쪽에 영향을 준다. 이 장애는 기억, 언어, 운동기능의 손상과 감각이상을 보인다. 피질성 치매와 관련된 뇌 부위는 내측두엽과 측두엽, 두정엽, 전두엽 피질이다(Welsh-Bohmer & Ogrocki, 1998).

두 번째 유형의 치매는 *피질하 치매*이다. 이는 파킨슨병, 빈스방거병, 정상뇌압 수두증, 헌팅턴병, 핵상마비 등이 있다. 피질하 치매는 뇌 심부 손상으로 운동장애가 나타난다. 언어기능은 보존되나 가벼운 기억장애를 보이고, 정보처리능력이 감소하고, 실행능력(결정이나 빠른 사고)이 손상되며, 운동이 둔화되고, 행동이나 감정 변화가 동반된다(Welsh-Bohmer & Ogrocki, 1998). 초기에 문제가 생기는 뇌 부위는 다음과 같다: 뇌간, 중뇌, 간뇌, 기저핵(Welsh-Bohmer & Ogrocki, 1998). 먼저, 피질성 치매를 살펴보자.

알츠하이머병(Alzheimer's Disease)

알츠하이머병은 1906년에 이 병의 병리를 처음 발표한 Alois Alzheimer(1864-1915)의 이름을 따 붙였다. 알츠하이머병은 치매의 50~60%를 차지하는 가장 흔한 진행성 치매이다(Smith & Kiloh, 1981). 그리고 유전과 환경 요인 모두가 영향을 주는 것으로 생각된다. 최근에는 알츠하이머병을 두 유형으로 구분한다.

1. 가족성 알츠하이머병. 부모로부터 유전된다.

2. 확산성 알츠하이머병. 알려진 유전 원인은 없고, 환경 요인이 중요한 역할을 한다.

대부분의 알츠하이머병은 유전적인 요인이 있다. 일반 전집에서 알츠하이머병의 유병률은 1%이나 일차친족 내에 환자가 있는 경우는 4%까지 올라간다(Campbell, 1989). 진단받은 환자에서 80%가 유전적인 요인이 있을 것으로 추정된다(Plassman & Breitner, 1996). 환경적인 요인은 가족성 알츠하이머병과 산발성 알츠하이머병 모두에 영향을 주는 것으로 생각된다.

조발성 대 만발성

알츠하이머병은 조발성과 만발성으로도 나눈다. 조발성은 65세 이전에 증상이 시작된다. 흔치 않으며, 빠르게 진행되고, 10% 정도를 차지한다. 만발성은 65세 이후 시작되고, 흔하며, 나머지가 해당된다(National Institute of Aging, National Institutes of Health, 1999).

유병률

알츠하이머병은 미국에서 4번째로 많은 사망 원인이고, 일반 전집의

1~2% 정도 발생한다. 65세 이상 인구의 10%에서 발생하는 것으로 보이며, 약 400만 명의 미국인이 이 병을 앓고 있다(Brookmeyer et al., 1998). 알츠하이머병으로 진단받은 일차친족이 있는 경우에는 발병률이 조금 더 높은 것으로 알려져 있다. 현재까지는 완치 방법이 없다.

매년 약 360,000명의 신환이 발생한다(Brookmeyer et al., 1998). 유병률은 60세 이후 5년마다 두 배로 증가한다. 60~64세에서는 1%, 65~69세에서는 2%, 70~74세에서는 4%, 75~79세에서는 8%, 80~84세에서는 16%이다(Campbell, 1989). 65세 이상에서는 발병률이 5년 안에 두 배로 늘어난다(Campbell, 1989). 유병률은 85세 이후 35~40%가 된다. 65세 이후 전체 유병률은 10%가 넘는다(Cummings et al., 1998). 유병률은 그리 높지 않으나 치명적이며, 위험한 교통사고를 만날 확률과 비슷하거나 조금 더 높다.

알츠하이머병의 진단

알츠하이머병은 부검이나 뇌 조직검사를 통해서만 정확하게 진단을 할 수가 있다. 뇌에서 아밀로이드 플라크와 신경원 섬유 엉킴을 발견하면 진단이 가능하다. 좀 더 수준 높은 연구소에서는 약 90% 정도를 사망 전까지 진단을 할 수 있다(Gearing et al., 1995). 불행히도 이 병은 가끔 경도 인지장애로 오진되기도 한다. 이로 인해 환자나 가족은 부담을 느끼기도 한다. 알츠하이머병으로 진단받고 진단의 정확도를 물어본다면, 다른 의사의 소견도 들어보는 것이 좋다.

확진을 위해서는 뇌의 구조 변화와 행동 증상의 변화가 사망 전에 있어야 한다. 발견되는 병리적 변화는 신경원 플라크와 섬유 엉킴, 아밀로이드 혈관병증, 신경원과 신경접합 상실, 해마의 과립 공포성 변성, 신경원 소실 등이다(Cummings et al., 1998). 플라크는 베타 아밀로이드(독성 물질) 단백질의 침착으로 신경원 바깥쪽에서 일어난다. 엉킴은 세포 내부의 이상

반응으로, 세포 섬유가 엉키고, 그 기능을 멈추는 것이다. 엉킴은 "타우"라 불리는 단백질로 구성된다. *타우*는 신경세포의 구조적 통합에 관여한다. 알츠하이머병에서는 타우 단백질이 망가지고, 이것이 신경세포 구조의 기형을 가져온다. 알츠하이머병이 이러한 이상에서 시작되는지, 아니면 세포 이상이 병의 결과인지는 아직 밝혀지지 않았다. 하지만, 뇌 조직에 기능 이상이 일어난다. 현재 NIA와 RIAA(The National Institute on Aging and the Reagan Institute of the Alzheimer's Association)는 알츠하이머병의 진단기준을 개발하고 있다. 진단기준은 신경피질에 신경원 섬유 엉킴과 신경원의 플라크 출현에 중점을 두고 있다(Cummings et al., 1998). 신경원 섬유 엉킴은 다른 진행성 중추신경계질환과 관련이 있기 때문에, 신경원 플라크가 알츠하이머병에 더 특징적이다. 아주 적기는 하나, 신경원 플라크가 정상 노화 중에 보이는 경우도 있다.

관련 염색체

여러 염색체가 알츠하이머병과 관련이 있는 것으로 보인다: 1, 6, 12, 14, 19, 21, 21번 염색체는 다운증후군과 연관이 있으며, 다운증후군 환자는 대부분 알츠하이머병과 비슷한 증상을 보인다. 21번 염색체에 있는 아밀로이드 전구 단백 유전자가 일부 알츠하이머병의 원인으로 추정되고 있다. 가족력이 있는 경우, 조발성 치매가 많고, 1, 14, 21번 염색체 이상과 관련이 있다. 1, 14번 염색체 이상은 대부분 가족성 알츠하이머병의 원인이 된다(Sherrington et al., 1995). 유전자 이상 자체가 병을 일으키지는 않는다. 그러나 발병 나이와 병의 발생 가능성을 높이는 데 여러 요인들이 함께 영향을 주는 것으로 생각된다. 그리고 산발형 치매와 연관 있는 19번 염색체에서 아포 단백질의 이상이 발견되기도 한다(Strittmatter et al., 1993).

알츠하이머병의 보호요인

알츠하이머병의 예방과 지연 요인에 대한 연구가 있다. 이 요인으로는 높은 지능, 큰 머리, 두부 손상의 과거력이 없고, 남성, 아포E-4에 비해 아포E-2 유전자, 고학력, 비스테로이드성 진통제 사용력, 폐경 후 여성의 에스트로겐 투여 등이 있다(Cummings et al., 1998).

Snowdon 등(1996)은 병의 예방과 지연에서 지능과 교육의 보호효과를 밝혀냈다. 연구자들은 수년간 수녀 집단을 추적 관찰했다. 그들은 매년 검사를 받았고, 사망 시 연구용으로 뇌를 기증하기로 했다. Snowdon 등은 "수녀 연구"에서 초기 성인기의 글쓰기 유형과 만발성 알츠하이머병과의 연관성을 발견했는데, 복잡하게 글을 쓰는 수녀가 병에 덜 걸렸다.

알츠하이머병의 파괴적인 면

이 진행성 질환은 발병에서 사망까지의 평균 기간이 5년이고, 범위는 1~10년이다. 알츠하이머병은 미국에서 매년 약 100,000명의 사망자와 360,000여명의 신환이 발생한다(Brookmeyer et al., 1998). 알츠하이머병은 세 단계를 거친다.

1. 첫 번째 단계는 *손상 세포의 복구*이다. 대부분의 뇌세포는 죽으면 대체되지 않는다. 따라서 스스로 복구하고 재생할 능력이 필요하다. 알츠하이머병의 일부는 이러한 복구능력의 상실 때문에 생긴다. 최근 연구는 알츠하이머병이 세포 *자멸* 반응과 종양 억제 단백질 때문에 일어난다는 가설을 지지한다(Xu et al., 1999).

2. 알츠하이머병의 두 번째 단계는 신경세포 간에 소통의 문제이다. 이 과정은 신경세포 간의 통합과 다른 신경세포와의 상호관계, 그리고 신경전달물질의 효용성에 의존한다.

3. 마지막 단계는 *대사*나 신경세포의 성장과 관련이 있다. 알츠하이머병은 신경세포에 에너지와 영양 공급을 방해한다. 왜냐하면 세포는 영양을 얻는 능력을 상실하면 죽기 때문이다.

알츠하이머병의 행동 변화

병의 진행은 개인에 따라 다르나 패턴이 있다. 퇴행은 세포괴사로 이어진다. 이는 기억 부호화를 담당하는 해마에서 시작된다. 그리고 빠른 망각으로 인해 최근 기억이 손상된다. 이후 환자는 망각을 부정한다. 초기에는 이름대기와 단어 유창성에 문제가 생긴다(Murdoch et al., 1987). 환자는 단어 찾기가 어렵다는 것을 인식하지 못하고, *돌려 말하기*(기억장애로 인해 인출하지 못하는 단어를 다른 단어로 대체)를 한다. 알맞은 문장구성, 절차기억, 이해력이 초기에는 유지된다(Hier et al., 1985).

단서나 다른 기억법은 효과가 없고, 자유연상이나 재인도 수행이 좋지 않다. 병이 대뇌반구로 진행됨에 따라 표현언어, 성격, 판단력에 장애가 생긴다. 환자는 좌우를 구분하지 못하고, 시공간능력에 장애를 보인다(Eslinger et al., 1985). 마지막에는 무기력해지고, 다른 사람에게 의존하게 된다. 알츠하이머병의 4A로 기억장애(amnesia), 실어증(aphasia), 실행증(apraxia), 실인증(agnosia)이 있다. 알츠하이머병은 또한 우울 발생률이 높다.

산화 스트레스

산화 스트레스로 인한 손상은 비유전적 요인으로 여겨진다. 노화가 진행되면, 활성산소로 인해 신경세포가 손상을 받는다. 활성산소는 뇌 내 산화물로 신경세포 내 단백질의 분자 구조를 바꾼다. 활성산소는 알츠하이머병이나 암과 관련이 있다(National Institute of Aging, National Institutes of Health, 1999).

알츠하이머병의 단계

알츠하이머병은 세 단계로 진행된다. 초기에 환자는 자신의 문제를 인식하지 못한다. 가장 흔한 증상은 단기기억 장애이다. 환자는 잘 잊어버리고, 대화 중 단어를 떠올리지 못하며, 물건을 잃어버리기 시작한다. *지남력*을 상실하고, 익숙한 곳에서 길을 잃어버리며, 시간을 모른다. *실행증*은 또 다른 증상으로 익숙한 도구나 기계사용에 어려움을 겪는다. 성격 변화를 보이고, 위생관리가 되지 않는다. 중간 단계가 되면, 상기 증상이 심해진다. 환자는 표현언어와 수용언어에 어려움을 보인다. 언제 식사를 했는지 모르고, 시간지남력에 혼란이 온다. 아울러 수년간 알았던 사람을 몰라보고 철수된다. 부적절한 행동도 늘어난다. 좌절감은 초조로 나타나고, 밤이 되면 심해진다(*sun downing*이라 부름). 식사와 수면장애가 빈번해진다. 마지막 단계가 되면 단기기억과 장기기억 모두 심하게 손상이 된다. 환각과 망상이 생기고, 사람을 못 알아보고, 대화가 불가능해진다. 방광이나 장 조절이 힘들어져 일상에 도움을 필요로 한다. 환자는 쇠약해지고, 감염이나 질병에 취약해진다.

현재의 치료

알츠하이머병협회에 따르면, 미국에서 알츠하이머병에 드는 사회적 비용은 연간 약 600억 달러에 이른다(Cummings, 1998). 연구는 획기적인 결과를 보여주는데, 치료방법으로는 콜린에스테라제 억제제, 비타민 E 같은 항산화제, 에스트로겐, 비스테로이드성 진통제, 정신질환제, 활성산소 억제제, 전달체 대체치료, 신경성장물질을 이용한 아밀로이드 생성과 예방 등이 있다(Cummings, 1998). 치료는 제한적이지만, 인지와 행동 증상을 호전시키고, 병의 진행을 늦추며, 병을 예방하고 발생을 지연시키는 것을 목표로 한다(Farlow & Evans, 1998).

현재 치료는 대부분 보존적이며, 병의 진행을 늦추는 것이다. 그리고 병과 관련된 기저 병리를 해결할 수 있는 약에 초점을 두고 있다(Farlow & Evans, 1998). 예를 들어, Soto 등(1998)은 쥐에 펩타이드를 주입해서 베타 아밀로이드의 침착을 줄였다. 이것은 신경변성질환 치료에 큰 의미가 있다.

알츠하이머병 백신

Shenk 등(1999)은 알츠하이머병의 원인 치료를 연구하고 있다. 그 결과, 쥐에 베타 아밀로이드 단백질을 주입한 뒤 플라크가 사라졌고, 새로운 플라크가 생기지 않았다. 백신은 코로도 흡입할 수 있다. 이것은 아밀로이드 조각을 결합하고 그것을 뇌에서 제거하는 항체를 생산하도록 면역체를 자극한다. 일부 연구가 미국과 영국에서 시작되었으며, 결과는 유망하다. 임상시험이 곧 시행될 것으로 보인다.

어떻게 알츠하이머병을 예측할 수 있나?

알츠하이머병 진단을 위해서는 적어도 여러 번 의사를 방문해야 한다. 의사는 진단을 위해 몇 가지 검사를 실시할 것이다. 병의 진행을 알아보기 위해 신경심리검사나 영상검사를 할 수도 있다. 최근 알츠하이머병 검사 방법이 발전함에 따라 환자와 가족이 미래를 준비하고, 의사결정에 환자의 자율성을 허용할 수 있게 되었다.

알츠하이머병은 증상이 뚜렷해질 때까지 몇 년이 걸리는 경우도 있다. 뇌영상 검사에서는 증상이 있기 몇 년 전부터 뇌에 구조적 변화가 있기도 하다(Cummings et al., 1998). 확진 검사는 없지만, MRI에 구조적 이상이 없으면 안심을 한다.

신경심리검사

신경심리검사는 규준과 인지 행동을 비교하고 추론하는 과정이다

(Lezak, 1995).9) 그것은 알츠하이머병의 배제를 도울 수 있다. 비록, 병의 비전형적인 양상이 있음에도, 알츠하이머병과 다른 치매와 정상 노화는 행동 검사로 감별을 할 수가 있다.

유전적 위험(유전예후) 요인

알츠하이머병의 유전적 위험 요인은 무엇인가? 세포핵은 당신이 누구인지를 결정하는 유전자 코드(유전암호)이다. 이 유전자 코드는 DNA로 알려져 있다. 염색체는 23쌍의 두 개의 같은 모양이 대응하는 가닥(2중 나선형)형태로 DNA를 만든다. 당신은 부모로부터 나선형의 한 쪽을 이어받는다. 독특한 연속 패턴으로 배열된 유전자코드(유전 암호)는 유전자를 결정한다. 유전자는 독특한 패턴의 기초가 되는 여러 단백질을 생산한다. 이 단백질은 신체 특성과 기능을 결정한다. 가끔, 취약성 때문에 기형 단백질이 생기기도 한다. 유전자 코드의 변화나 기형은 '돌연변이'라고 부른다. 여러 다형성(유전적 돌연변이)이 있지만, 그것이 직접 병으로 연결되는 것은 아니다. 돌연변이 중 하나가 병으로 발전될 가능성이 커질 때 이것은 *위험요인*이 된다.

유전형

현재 알츠하이머병을 예측할 수 있는 검사는 없다(Roses, 1995). 하지만, 유전자 검사는 발병 예측을 도울 수 있다. 가족력과 19번 염색체에 있는 ApoE-4(아포리포단백질 E-4) 유전형 중 하나 또는 두 개의 복사본이 함께 나타날 때, 만발성 알츠하이머병으로 발전할 가능성이 높다. 듀크 대학의 Strittmatter 등(1993)은 만발성 알츠하이머병 유전 원인의 50%가

---

9) Reprinted, by permission, from M. D. Lezak, *Neuropsychological Assessment,* 3rd. ed. 1995. Oxford University Press.

ApoE 대립유전자로 설명된다는 것을 보여주었다. Hyman 등(1996)은 ApoE 유전자가 산발성 사례의 60~75%를 설명한다는 것을 밝혀냈다. 만발성 알츠하이머병은 베타아밀로이드가 많이 쌓였을 때, 발병하는 것으로 생각된다. 이것은 다른 연구에서도 확인되었다. Holzman 등(1999)은 쥐 실험에서 ApoE 단백질이 플라크 형태에 영향을 준다는 것을 발견했다. Buttini 등(1999)은 ApoE-4 단백질이 쥐의 뇌 세포에 손상을 막지는 못했지만, ApoE-3 단백질은 보호한다는 것을 보여주었다. ApoE-2 유전형은 병에 대한 저항과 느린 진행을 예측했다. ApoE-3 변종은 알츠하이머병에 영향을 미치는 것으로 알려져 있다. 이것은 ApoE 변종 중 가장 흔하다.

ApoE-4 유전형의 존재가 발병을 의미하지는 않는다. 우리는 ApoE-4 유전형을 가진 사람이 알츠하이머병에 걸리지 않는다는 것을 알고 있다. 이 유전형이 없는 사람들도 알츠하이머병으로 진행된다. 신경과학자들은 ApoE 단백질이 몸에서 콜레스테롤 처리를 조절한다고 믿는다. ApoE 2, 3, 4 쌍의 발견은 발병 연령을 예측할 수 있게 해준다. 또한, ApoE 검사는 언어장애나 시공간 이상을 포함하는 변종 사례의 진단을 돕는다(Welsh-Bohmer et al., 1997).

연습

가역성 치매의 원인 기억하기

가역성 치매의 원인을 복습해보자. DEMENTIA 단어로 얼마나 많이 기억할 수 있는지 보자.

가역성 치매(DEMENTIA)

1.	D
2.	E
3.	M
4.	E
5.	N
6.	T
7.	I
8.	A

부록 E에서 답을 확인해보라. 당신은 얼마나 많이 기억했나? 최소 반을 기억했다면, 잘 한 것이다. 17장으로 돌아가 놓쳤던 것을 살펴보고, 새로운 기억술이나 장소법을 사용해 보라.

전측두 치매

전측두 치매는 알츠하이머병의 1/4 정도로 발생한다(Lezak, 1995). 전측두 치매는 전두엽과 전측두엽에서 국소적인 *위/축*이 나타난다. 그리고 부검을 하면 신경원 상실과 내부신경에서 별아교세포종(작은 종양) 및 부풀어진 신경원이 나타나기 때문에 이 이름으로 불린다. 17번 염색체의 T자형 유전자 돌연변이가 전측두 치매와 파킨슨 증상과 관련이 있다고 알려졌다(Poorkaj et al., 1998).

전측두 치매의 특징

전두엽(뇌의 앞부분)은 "집행기능"이라 불리며, 행동 통제 역할을 한다.

Ogrocki와 Welsh-Bohmer(2000, 2003)는 전두엽과 관련된 장애에 영향을 주는 집행기능의 몇 가지 특징을 발견했다. 그것은 주의력, 계획력, 자기인식, 추상적 사고력, 사고유연성, 자기통제, 행동실행과 억제, 의사결정, 성격변화, 창의력 등이다. 전측두 치매는 일상 기능을 손상시킨다.

Kaye(1998)는 전측두 치매의 특성을 다음과 같이 기술했다:

★ 서서히 발병하여 느리게 진행됨

★ 운동과 행동 문제가 먼저 나타남

★ 위생을 소홀히 함(인식의 상실)

★ 부적절한 사회행동

★ 탈억제, 충동성, 주의산만

★ 과식, 흡연, 알코올 남용

★ 이식증(음식이 아닌 것을 먹음)

★ 언어패턴의 변화

★ 사회적 고립(철수)

★ 되풀이하는(반복하는) 의식행동

★ 언어산출 능력의 변화

★ 남의 말을 그대로 흉내 내는 행동(최근에 들은 것을 반복)

★ 상동언어(문장 반복)

★ 무언증(말의 점진적 감소)

★ 신체변화

★ 실금

★ 초기 현저한 "전두" 반사작용

★ 운동불능(무동증), 강직, 진전10)

10) Reprinted, by permission, from K. A. Welsh-Bohmer and J. M. Hoffman, *Neuroimaging II: Clinical Applications*, edited by E. Bigler. 1996. Plenum Press.

Ogrocki와 Welsh-Bohmer(2000)는 다음을 주목했다. 이 기능 중 몇몇(주의력, 추상력)은 노화로 인해 느리게 진행될 수 있어 더 많은 노력이 든다. 하지만, 전두엽의 영향을 받은 치매가 모두 같지는 않다. Welsh-Bohmer와 Hoffman(1996)은 노인의 전두엽 혈류 감소가 이런 느린 진행을 설명할 수 있다는 것에 주목했다.

증상의 전형적인(대표적인) 순서

전측두 치매는 보통 기억결함에 비례하지 않고, 사회 인지의 어려움과 판단력 문제 및 부적절한 행동이나 언어결함을 보이며, 심한 기억문제에 앞서 나타난다. 문제는 신체기능에 집착, 우울, 불안, 망상과 관련이 있다. 이 병은 생장 단계의 마지막에 끝이 난다. 알츠하이머병과 다르게, 최근기억, 시공간능력, 계산능력은 손상되지 않고 남아있기도 한다(Welsh-Bohmer & Ogrocki, 1998).

피크병(Pick's Disease)

피크병(국소적 피질 위축으로 알려진)은 정신의학자인 Arnold Pick(1851-1924)의 이름을 땄다(Campbell, 1989). 이 병은 전측두 치매의 아형으로 알려져 있다. 증상은 이상행동에 집중되고, 다른 치매에서 보이는 기억 문제보다 판단결함과 충동성이 주로 나타난다는 점에서 독특하다. 피크병은 치매환자의 2%, 일반인구의 1/10 이하로 나타나는 등 대체로 드물다(Lezak, 1995). 일반적으로 병의 초반에는 인지기능이 보존되기 때문에, 정신증은 감별진단으로 배제할 수 있다(Kaye, 1998). 유병기간은 2~17년이다(Lezak, 1995, 220).

측두엽과 전두엽을 포함하는 치매 증상의 악화는 다른 병과 유사하다. 초기 증상은 주의집중의 어려움, 성격과 정서변화, 동기부족 등이다. 언어

장애로는 언어유창성 저하와 대화의 감소가 있다(Moss et al., 1992). 치매의 심도가 심하지는 않지만, 성격과 정서 변화는 보통 알츠하이머병에서 보이는 것보다 심하다.

어떤 사람에게 영향을 주고 무엇을 할 수 있나?

피크병 발병의 평균 연령은 55세이다(Campbell, 1989). 남성보다 여성이 영향을 더 많이 받는다. 피크병은 유전과 강한 상관이 있다. 전측두 치매 환자의 60%가 가족력이 있다(Kaye 1998). 전측두 치매는 17번 염색체와 관련이 있고, 전측두엽과 전두엽 위축이 뇌 영상에서 나타난다. 단일광자단층촬영(Single Photon Emission Computed Tomograph; SPECT)에서는 전두엽에 혈류 감소를 보이는데, 이는 이 유형의 치매에서 뚜렷하다(Kaye, 1998). 치료는 제한적이지만, 콜린에스테라제 억제제와 벤조디아제핀, 항우울제, 신경이완제 같은 행동 조절 약물이 사용된다.

확산성 루이바디병(Diffuse Lewy Body Disease)

확산성 루이바디병은 신피질과 변연계 및 시상하부와 뇌간에서 루이바디의 퇴행이 두드러진다. 루이바디는 신경세포에서 발견되고 색소 뇌간 신경원에 많이 분포한다. 루이바디는 정상 뇌를 가진 60대 이상에서 5~10%, 알츠하이머병으로 진단받은 사람의 10%에서 관찰된다(Ayd, 1995). 뿐만 아니라, 루이바디 치매와 파킨슨증후군으로 진단받은 사람의 뇌에서도 루이바디가 발견된다. 루이바디의 존재가 발병을 의미하지는 않으며, 루이바디의 수와 유병 기간 및 심각성과는 상관관계가 없다(Ayd, 1995).

루이바디 치매의 증상으로는 심한 강직과 중등도의 파킨슨 증상이 함께 나타나는 진행성 치매가 있다. 이것은 신경학적 영역에서 루이바디의 발생과 관련이 있는 것으로 생각된다. 강직, 환시 및 파킨슨병의 다른 특징이 급격한 진행성 치매에 따라 올 때 확산성 루이바디병을 의심해 볼 수 있다(Burkhardt et al., 1988).

진단

확산성 루이바디 치매는 피질과 피질하 구조 모두에 영향을 준다. 어떤 경우에는 뇌의 병리가 알츠하이머병과 비슷하다(Katzman et al., 1995). 그래서 두 가지로 분류된다. 첫 번째는 '루이바디 치매'이고 두 번째는 '확산성 루이바디병'이다(Welsh-Bohmer & Ogrocki, 1998). 두 유형은 정상적인 사회적, 직업적 기능을 방해하는 점진적인 인지 감퇴가 두드러진다. 기억 손상은 병의 초기에는 분명하지 않지만, 병이 진행됨에 따라 뚜렷해진다. 아울러, 전두엽의 피질하 구조와 관련이 있는 주의집중과 시공간능력 및 다른 기술에 손상이 있다.

병과 관련된 증상

루이바디병의 관련 증상은 다음과 같다:

★ 주의와 기민성의 명백한 변화에 따른 인지변화
★ 파킨슨증후군의 특징인 저절로 움직이는 운동
★ 상세하고 복잡한 환시(Kaye, 1998; Perry et al., 1996). 전두엽손상
★ 더딘 운동
★ 건망증(Wagner & Bachman, 1996).
★ 실신(졸도)
★ 반복적 낙상
★ 순간적 의식상실
★ 신경이완 약물에 민감

★ 환각(Kaye, 1998).

Kaye는 또한 뇌졸중과 뇌영상에서 국소적인 신경학적 징후나 신체질환 및 증상의 군집에 기인하는 뇌 장애가 있으면, 루이바디 치매 진단이 덜 내려진다는 것을 발견했다.

이제, 가역성 치매의 원인이 당신에게 얼마나 있는지 살펴보자.

───────── 연 습 ─────────

DEMENTIA 기억하기

가역성 치매 목록을 한 번 더 복습해 보자. 지난번에 놓친 것을 이번에는 기억할 수 있는지 살펴보자. 기억이 나지 않는 것에 대해서는 직접적인 방법보다는 유사한 방법을 통해 시간을 갖고 회상해보라.

가역성 치매(DEMENTIA)

1. D _____
2. E _____
3. M _____
4. E _____
5. N _____
6. T _____
7. I _____
8. A _____

얼마나 많이 기억했나? 지난번 보다 많이 기억했나? 지난번과 똑같이 기억할 수 있었나? 더 정확하게 연상해서 기억할 수 있도록 하라.

다음은 혈관성 치매에 대해 살펴보자.

혈관성 치매

혈관성 치매는 뇌의 피질이나 피질하에 영향을 줄 수 있다. 이는 진행성 치매(언덕모양처럼 서서히 약화됨)처럼 안정적이지 않고, 변동이 많다(계단모양처럼 약화됨). 이는 과거에는 "다발경색 치매"로 불렸다. 이는 *뇌동맥경화증*(동맥벽의 경화 또는 두껍게 됨)과 관련이 있다. 이것은 인지손상의 원인이 되는 뇌조직 손상의 결과인 뇌졸중에 의해 생긴다. *경색*은 정상적으로 피를 공급하는 혈관이 파괴되고, 폐색으로 뇌 조직이 죽어가는 것을 말한다. 혈관성 치매는 진행성 치매의 1/4을 차지한다(Tomlinson et al., 1970). 혈관성 치매는 피질의 병리와 관계있는 알츠하이머병과 함께 발견되기도 한다(Welsh et al., 1996). 일부 혈관성 치매와 알츠하이머병, 그리고 ApoE 유전자 사이에 상관이 발견되는데, 이는 생리적 공유 가능성을 시사한다(Saunder et al., 1993).

혈관성 질병의 유형

뇌졸중(뇌혈관 장애 또는 CVA로 불린다)은 두 가지 종류가 있다.

1. *색전증*은 큰 혈관에서 작은 혈관으로 피가 이동하는 과정에서 생기는 응어리나 폐색을 말한다. 이것은 피의 순환을 막고, 조직을 손상시킨다. *'혈전'*은 응어리 형태로 혈관에 남게 된다. 혈전은 색전증보다 느리게 진행된다. 손상은 뇌 조직의 연화 상태에서 일어날 수 있다(*뇌연화증*).

2. *뇌출혈*은 뇌에서 출혈이 많이 발생한 것이다. 출혈 결과, 갑작
   스럽게 조직에 손상이 생기고, 이것은 생명에 치명적이다. 이
   것은 고혈압 때문에 발생한다. 동맥류는 혈관벽의 탄력 결손으
   로 발생하는 맥관이나 혈관의 팽창이다(Kolb & Whishaw,
   1995).

뇌졸중은 보통 전반적인 혈관성 치매보다 국재화되어 있고, 특정 부위
에 결손이 나타난다. 비록, 각회나 전측 방정중 시상과 같은 부위에서 뇌
졸중이 발생하면, 다발경색 치매처럼 보일 수 있다(Kaye, 1998). 뇌졸중은
자연 상태에서 잠깐 동안 일어날 수도 있다. 이런 작은 뇌졸중을 '*일과성
허혈 발작*'("작은 뇌졸중")이라고 한다. 좌뇌나 우뇌의 한쪽이 지배하는 운
동기능의 장애(위약감, 운동의 결함, 편측마비)와 언어손상은 혈관과 관련된
주요 증상이다. 뇌졸중이 발생하면, 즉시 의학적 도움을 받아야 한다.

혈관성 치매 증상

증상은 다양하지만 기억손상, 좌뇌/우뇌 한쪽의 운동기능 상실, 보행장
애, 요실금, 판단력 결함, 성격변화, 충동조절 변화 등이 있을 수 있다
(Campbell, 1989). 피질하 혈관성 치매에서 보이는 일반적인 패턴은 언어
유창성 장애에 따른 언어손상이다(Barr et al., 1992). 그러나 대상의 이름
을 아는 능력과 이해능력은 보존된다(Villardita, 1993). 비효율적 정보처리
과정, 느려진 운동 또한 일반적이다(Welsh-Bohmer & Ogrocki, 1998). 혈
관성 치매로 진단하기 위해서는 기억 손상과 함께, 하나 이상의 인지영역
에 결함이 있어야 한다.

켄터키 대학 연구자들은 노트르담 수녀원으로부터 600명 이상의 수녀
를 지원자로 받았다. 수녀들은 해마다 평가를 받고, 사망 후 연구를 위해
뇌 기증에 동의했다. 연구에 따르면, 뇌경색과 뇌의 플라크 수와 엉킴 사

이에는 상관이 있었다(Snowdon et al., 1997). Heyman 등(1998)은 알츠하이머병만 있는 환자보다 뇌경색과 알츠하이머병이 함께 있는 환자가 더 심한 치매 증상을 보인다는 것을 발견했다.

▼ 기억비법: 남성에게 제한된 조건

남성의 기억 기능에 영향을 줄 수 있는 조건이 있다. 50대 이상의 남성에서 혈관질환은 음경의 아테로마성 동맥경화 및 발기부전과 관련이 있다. 측두엽 간질, 뇌졸중, 떨림, 다발성 경화와 같은 신경학적 장애 또한 발기부전과 상관이 있다(Morley, 1993). 발기부전의 다른 원인에는 약물 부작용, 갑상선 문제, 당뇨 같은 것이 있다. 만약, 발기부전이 있다면, 이것은 심각한 상태이므로 진단과 치료를 받을 필요가 있다. 이 문제는 의사의 진료가 요구된다.

노년의 남성에게 테스토스테론(안드로겐)의 부족은 인지기능의 감소, 시공간 기억저하를 포함한 여러 증상과 관련이 있다(Morley & Perry, 1999; Cherrier et al., 1998). 기억문제가 있다면, 이것은 주치의가 살펴보아야 할 것이 있다는 것을 의미한다. 마지막으로, 전립선암은 미국에서 5명 중 1명꼴로 발생한다(Walsh, 1995). 질병과 치료 둘 다 기억에 손상을 준다. 이것은 매년 의사 고시에서 중요하게 다루어진다. 문제가 의심되면, 의사의 상담을 받아보라. 다음은 뇌 심부에 영향을 주는 병을 살펴볼 것이다.

빈스방거병(Binswanger's Disease)

빈스방거병을 간략하게 개관한 뒤 피질하 질환에 대해 알아보자. Otto Binswanger는 1984년에 처음으로 이 병을 소개했다. 이 병은 뇌의 혈류 감소 결과로 생기고, 보통 50~60대에 발생한다. 이것은 고혈압 및 동맥경화와 관련이 있다. 그리고 신경돌기 상실, 소란반자 경색, 혈관주위 공간의 팽창, 수초(미엘린) 상실과 관련이 있다(Welsh-Bohmer & Ogrocki, 1998).

병의 증상

여러 증상들이 이 병과 관련되어 있다: 건망증, 인지결함, 뇌졸중과 발작, 무관심, 성격과 감정의 변화, 언어장애, 보행과 운동의 어려움 등이다 (Ayd, 1995). 증상은 서서히 진행된다.

파킨슨병(Parkinson's Disease)

James Parkinson이 1817년 이 병을 발견했고, 자신의 이름을 따 붙였다. 파킨슨병은 노인에게 네 번째로 흔한 퇴행성 신경장애이다(Berkow & Fletcher, 1992). 파킨슨병의 진행은 흑질에서 도파민으로 활성화되는 체계(운동계)의 악화와 기저핵(운동통제, 조절과 관련된 뇌 부분)에서 도파민(운동기능과 연관된 신경전달물질)의 감소와 관련이 있다. 이 병은 또한, 변연계 퇴화, 피질 투사, 중뇌와 연관이 있다.

파킨슨병은 환경 독소 때문에 생길 수도 있다. 이 병은 전체 인구의 0.02%에서 발생하고, 75세 이상에서는 25% 정도로 나타난다(Lezak, 1995). 여성보다 남성에게 많고, 30세 전에는 드물게 나타나며, 소수 집단에서 우세하다(Lezak, 1995).

하나의 유전자가 이 병과 관련이 있다. 이 유전자는 "시누클린"(synu-clein)이라 불리는 단백질의 조절을 담당하는 것으로 알려져 있다. 이 단백질은 알츠하이머병 환자의 플라크에서도 발견된다.

파킨슨병의 증상

초기 증상은 '좌뇌/우뇌 한쪽의 지배를 받는 것'(신체 한쪽에서)이며 알약을 굴리는 것과 같은 손 떨림, 침 흘리기, 얼굴 정서 표현의 부족, *휴지기 진전*(휴식 동안 나타나지만, 의도적으로 움직이면 사라지는 근육의 떨림), *톱니바퀴 경직*(무언가를 잡는 행동에서 나타나는 수동적 움직임과 계속적이고 리듬감 있는 방해)을 포함한다. 다른 증상은 *무운동증*(자발적 근육운동의 부분적 상실, 느린 움직임), 서툰 글씨, *운동 완만증*(자동적 근육 운동 상실), 걸을 때 팔 휘두르지 않기, 비정상적 자세(웅크리거나 경직된 자세), 관절통증, *보행 장애*(걷기 문제, 질질 끄는 걸음), *후방돌진*(뒤로 넘어지려는 경향)을 포함한다 (Ayd, 1995). 아울러, 파킨슨병 환자의 20~40%에서 치매가 나타난다 (Snyder & Nussbaum, 1998).11)

인지 결함은 종종 전두엽 증상과 유사하다

파킨슨병과 관련된 인지결함은 전두엽 손상과 유사한 경향이 있다. 이 것은 전두엽의 연결 문제 때문에 생긴다. 뇌에는 피질 아래로 전두엽과 다른 피질 구조 사이를 지나는 5개의 분리된 회로나 "고리"가 있다. 파킨슨 병과 같은 피질하 장애는 5개의 회로가 지나는 전두엽과 다른 주요 구조가 피질하 수준에서 손상이 된다. 병이 진행됨에 따라 집행계획 및 정신 유연성 저하와 같은 전두엽 증상이 많아진다. 이 회로의 퇴행은 준비설정 이나 집중능력을 손상시켜 사고를 경직되게 한다. 그리고 작업기억과 언어 유창성 결함과 주의력 문제가 흔하다. 즉각적인 언어기억이 감소되나, 보 통은 연상을 통해 정보를 인출할 수 있다. 시각기억, 단어, 구문, 추론, 문 법은 손상되지 않고 보존된다(Cooper et al., 1991).

파킨슨병에서 우울은 일반적인 증상

파킨슨병 환자는 일반적으로 우울을 보이고, 병과 관련된 증상을 경험 하는 환자는 우울 발생률이 더 높다(Lezak, 1995). 도파민 대체 치료가 일 반적이며, 적절한 치료를 통해 환자들은 10~15년을 더 살 수 있다(Lezak,

---

11) Reprinted, by permission, from P. J. Snyder and P. D. Nussbaum, *Clinical Neuropsychology: A Pocket Handbook for Assessment*, 1998. American Psychological Association.

1995). 우울증이 있으면, 사망률이 높아진다. 파킨슨병과 신경학적 장애가 있는 환자는 매일 죽음에 대한 생각과 싸워야 한다. 실존치료나 종교적 믿음은 파킨슨병으로 고통 받는 환자가 그들의 삶과 병의 과정에서 의미를 발견하는 데 도움을 준다.

▽ 기억비법: 보일러를 점검해보라

사람들이 의사에게 찾아가 기억력 저하를 호소하는 것은 흔하다. 그런데 낡은 보일러에서 가스가 새는 것을 나중에야 발견한다. 특히, 집을 따뜻하게 해야 할 겨울에 더욱 그렇다. 일산화탄소 노출은 기억에 손상을 준다. 그래서 보일러와 가스 배관이 새는지를 확인할 필요가 있다. 특히, 기억 문제에 계절 패턴이 있다면 말이다.

파킨슨-플러스 증후군(Parkinson-Plus Syndrome)

파킨슨-플러스 증후군은 파킨슨병과 구별하기가 어렵다. 이것은 일부 증상이 파킨슨병과 비슷하다. 증상은 핵상마비(Steele-Richardson-Olszewski 증후군), 다중계 위축(척수소뇌변성증), 선조체 흑질 퇴행(striatonigral degeneration), 샤이-드래거(Shy-Drager) 증후군, 피질 기저핵 변성(corticobasal ganglionic degeneration)을 포함한다. 이 장애는 발병률이 낮고, 운동기능 장해가 두드러진다. 도파민 치료에는 반응하지 않으며, 이것이 파킨슨병과 파킨슨 플러스 증후군을 감별하는 데 도움이 된다.

진행성 핵산 마비 증상

진행성 핵산 마비는 파킨슨-플러스 증후군의 아형으로 드물게 나타난다. 증상은 종종 60대에 시작되고 보통은 발병 시 대칭적이다. 병의 경과 중 휴식성 진전은 병의 후반부에 발생한다(Snyder & Nussbaum, 1989). 증상은 피질하 치매 증상과 유사하지만, 증상이 진행되면서 피질성 치매와 비슷해진다. 증상은 운동장애, 정서혼란, 인지속도의 저하, 기억손상, 관리 기능장애 등이 있다. *구음장애*(발음 곤란)는 파킨슨병보다 빨리 나타난다. 그리고 보행장해 또한 병의 초기에 흔하며, 계단 오르내리기가 힘들어진다 (Berkow & Fletcher, 1992). 다른 증상으로는 위/아래로 보는 것의 어려움, 안면경직, 자세유지 문제 등이 있다(Johnson et al., 1992). 치매는 병의 말기에 발생한다. 도파민 수준이 급격히 저하되더라도 증상은 도파민 약물 (도파민을 대체하는 약물)에 반응하지 않고, 파킨슨병보다 빨리 진행된다.

병의 초기에는 정확도가 상대적으로 손상되지 않고 유지되어도, 정신 과정은 현저하게 느려진다(Campbell, 1989). 그러므로 기억의 시간 기제만큼 기억이 손상되지 않는다고 가정된다(Lezak, 1995). 시공간 능력, 시각추적, 눈-손 협응, 단어찾기, 시각장 구분의 결함도 발견된다. 낙상이 일반적이며, 쓰기와 음식섭취에 문제를 보인다. 시야 흐림과 복시 또한 일반적이다.

단기기억 문제도 나타나지만 알츠하이머형 치매에서 보이는 수준 정도는 아니다. 무관심(냉담)이 나타나고, 화를 잘 내며, 우울을 보이기도 한다 (Lezak, 1995).

병이 진행됨에 따라 강직된 움직임, 입, 목 근육 조절의 결함, 침 흘리기, 무표정한 얼굴이 나타난다. 증상과 고통 완화를 위한 치료는 약물치료로 한정된다.

파킨슨증(Parkinsonism)

파킨슨증은 파킨슨병과는 다르다. 파킨슨병은 특정 병의 실체를 일컫지만, 파킨슨증은 4가지 징후로 구성된 증후군이다. 4가지 징후는 강직, 진전(떨림), 비정상적인 자세, 운동둔화(느린 움직임)이다(Snyder & Nussbaum, 1998). 파킨슨증은 파킨슨병에서 볼 수 있지만, 다른 병에서도 나타난다.

헌팅턴병(Huntington's Disease)

헌팅턴병은 중년기에 시작되는 유전병이다. 산만하고 무의식적인 근육 움직임과 기억과 정서의 퇴행이 나타난다. 이는 원래 '춤추다'라는 뜻을 가진 그리스 단어 'chorea'에서 왔다. 그래서 헌팅턴 무도병이라고 부른 다. 헌팅턴병은 몸의 비틀거림과 경련운동을 보인다. 이 진행성 장애는 4 번 염색체의 유전적 결함에 한정되어 왔다(Huntington's Disease Collaborative Research Group, 1993).

영향을 받는 뇌 부위

보통, 기저핵이 처음 영향을 받는다. 병이 진행된 다음에는 전두엽에 영향을 주는데, 부주의와 동기결여가 나타난다. 헌팅턴병은 전두－피질하 병으로 분류된다(Joynt & Shoulson in Heilman and Valenstein, 1985). 헌팅 턴병은 증상과 고통 완화를 위한 방법을 제외하고는 치료가 어렵다.

진단

헌팅턴병은 쉽게 진단할 수 있고, 유전적 변인은 혈액검사를 통해 알 수 있다. 헌팅턴병의 단백질 기형은 알츠하이머병에서 보이는 베타아밀로 이드 플라그가 섬유에 형성된다고 알려져왔다. 헌팅턴병은 100,000명당 4~8명꼴로 나타나고, 헌팅턴병을 앓고 있는 부모로부터 50% 정도 자녀에 게 유전이 된다(Harper, 1992). 증상은 보통 40~50세 사이에 나타나 20~30년간 지속된다. 모계 유전이 되면, 부계 유전보다 늦게 나타나고, 서서히 진행된다.

증상

증상은 다양하지만, 종종 전두엽 기능에 대한 초기 운동과 궁극적인 영향에 있어 파킨슨병의 진행과 비슷하다. 인지결함은 운동 기능보다는 정신적인 것에 있어 미상핵과 관련이 있다. 눈의 움직임이 느려지고, 갑자기 움직이기도 한다*(안구진탕증)*. 다른 징후는 정신과정의 지연, 주의집중이 짧아짐, 집중의 어려움, 사고의 비융통성, 비우세 손의 수행 저하와 느려진 운동 등이 있다. 운동학습이 손상되고, 작업기억은 간섭의 영향을 받는다. 병이 진행되면서 검색 기능이 나빠지고, 시공간 기능도 저하된다. 언어기능(언어 이해와 처리 같은)은 언어 산출을 제외하고는 병의 후반부까지 보존된다(Welsh-Bohmer & Ogrocki, 1998). 우울증은 헌팅턴병에 수반되곤 한다. 일부, 초기에 나타나는 증상으로는 우울이나 조현병과 비슷한 정신의학적 증상이 있다(Folstein et al., 1979).

윌슨병(Wilson's Disease)

윌슨병(간렌즈핵변성증 퇴행)은 희귀 유전병이다. 이것은 신진대사에 영향을 준다. 윌슨병은 그 자체로도 치명적인데 뇌와 간과 다른 장기에 영향을 준다. 유병률은 100,000명당 3명으로 추정된다(Ayd, 1995, 676). 병은 13번 염색체에 있는 열성 유전자를 통해 유전되고, 10~25세 사이에 흔하지만 5~50세 사이에 주로 증상이 나타난다(Snyder & Nussbaum, 1998).

증상

윌슨병의 확실한 증상은 *카이저-프라이셔(Kayser-Fleishcher)환*과 간경변이다(Ayd, 1995). 다른 증상은 정신증과 신경증이 혼재되어 나타난다: 정서와 성격의 변화, 파킨슨증, 진전, 강직, 자세불안정, 인지장애, *구음장애*(말과 관련된 근육의 둔화와 협응 문제). 치료는 구리 섭취 제한과 몸에서

구리를 제거하는 데 초점이 맞추어져 있다(Snyder & Nussbaum, 1998).

크로이츠펠트-야콥병(Creutzfeldt-Jakob Disease)

크로이츠펠트—야콥병(경련성 가성경화; 피질—선조체—척추 퇴행)은 매우
드물고, 프라이온 전달로 야기되는 진행성 치매(전 세계적으로 1년에 백만
명당 1명이 발병하는)이다(Tabrizi et al., 1996). *프라이온(prion)*은 DNA 결
함으로 인한 감염성 단백질이다. 1997년에 스텐리 프루시너박사는 프라이
온 발견으로 노벨상을 받았다. 크로이츠펠트—야콥병은 남성에게 2~3배
더 발생하고, 보통 50대 중반에 발병한다(Campbell, 1989). 환자는 증상이
생긴 후 1년 안에 거의 사망한다.

증상

증상은 기억장애, 운동장애, *편측마비*(신체 한쪽의 마비), *반맹*(맹점과 양
상이 비슷하게 시각장이 손상됨), *구음장애*(구어 근육이 약해지고 느려져서 언어
손상이 현저해짐), *간대성 근경련*(중추신경계에서 기인한 짧게 반복되는 근육의
수축), 우울, 발작, 행동과 정서문제를 포함한다(Ayd, 1995).
Welsh—Bohmer와 Ogrocki(1998)는 병을 진단하는 증상으로 세 가지를
소개했다: 간대성 근경련, 급성 치매, 그리고 뇌파 결과에서 날카로운 스
파이크와 뇌의 느린 활동. 이 병이 느리게 진행되는 형태는 반사변화와 운
동이상으로 알츠하이머병과 구별할 수 있다(Tabrizi et al., 1996). 병은 전
염성이 강하고, 특히 감염된 뇌조직에 직접 접촉될 때 그렇다. 이 병에 대
한 치료는 알려진 바가 없고, 소뇌나 뇌의 일부에 영향을 준다.

후천성 면역결핍 증후군
치매 복합체

에이즈 치매 복합체는 진행성이어서 피질성 치매와 증상이 유사하다. 처음에는 기억 문제가 나타나고, 이후 진전, 운동실조, 집중력 감소, 정신운동속도 저하와 같은 신경운동 결함이 생긴다. 병이 진행되면, 정서행동 문제와 함께 정신증이 발생한다(Ayd, 1995). 실어증, 실인증, 실행증은 초기에는 나타나지 않는다(Welsh-Bohmer & Ogrocki, 1998). 이 병은 쉽게 진단할 수 있지만, 치료는 제한적이다.

다발성 경화증

다발성 경화증은 약 300,000명이 넘는 미국인이 앓고 있는 일반적인 신경학적 장애이다(100,000명당 60에서 300명). 다발성 경화증은 15~50세에 나타나고, 발병 후 평균 생존기간은 20~25년이다(Campbell, 1989). 남성보다 여성에게 많고, 온대 지역에서 많이 발생하며, 북유럽 사람들에게 흔하다.

하위유형

장애에는 다음과 같은 하위 유형이 있다: 발로경화증(Balo's sclerosis), 스킬더병(Schilder's disease), 데빅병(Devic's disease), 중심부 뇌교 수초 용해증, 마키아파바-비그나미병(Marchiafave-Bignami disease). 다발성 경화증은 재발성 질환이다(Campbell, 1989). 증상은 호전과 재발을 반복한다. 증상은 수개월이나 수년에 걸쳐 호전되었다가 재발한다. 증상이 완전히 낫지는 않지만, 점진적으로나 아니면 급속하게 악화되는 패턴을 보인다.

뇌의 변화

뇌와 중추신경계의 팽창은 다발성 경화의 흔적인 탈수초화에 의해 진행된다. *탈수초화*는 신경자극 활동을 하는 신경섬유의 보호코팅이 손상된 것이다. 그 결과, 뇌와 척수를 통해 분리된 경화 플라크가 퍼져나간다 (Campbell, 1989).

증상

병의 원인은 잘 알려져 있지 않다. 초기 증상은 운동장애, 팔다리에서 위약감이나 무감각, 시각손상 등이 있다. 그 외 다른 증상도 있다: 감각결핍, 보행 및 균형의 어려움, 위약감, 인지변화. 환자의 20~30%는 인지결함이 있고, 치매로 이름 붙여져 고통을 겪는다(Snyder & Mussbaum, 1989).

치매가 있을 때의 패턴은 피질하 치매에서 보이는 것과 유사하다(운동장애, 느린 인지, 집행기능부전, 기억장애, 기분과 성격의 변화). 치료 방법은 증상을 호전시키기 위한 것과 병을 조절하도록 고안된 약물치료가 있다.

연 습

독해

한 번에 이해하기에는 정보가 너무 많다. 따라서 기억장애에 대해 배웠던 것을 살펴보기 위해 문제를 풀어보자. 적절한 자료에 주목하고, 특징을 찾아보자.

바른 것에 표시하라.

1. 알츠하이머병은 여성보다 남성에게 많다. 그렇다 아니다
2. 60세 후 치매 발병률은 5년마다 두 배씩 그렇다 아니다
   증가한다.

3. 도파민은 파킨슨병과 관련 있는 주요 신   그렇다   아니다
   경전달물질이다.

4. 신경학적 검사는 다음 증상을 살펴보는   그렇다   아니다
   데 이용된다: 현기증, 기억 저하, 혼동,
   언어문제, 우울, 읽기와 쓰기문제

5. 치매 증상은 다음 결함을 포함한다: 언   그렇다   아니다
   어, 기억, 운동기술, 시공간능력, 감각과
   지각손상, 판단과 충동조절 문제, 정서와
   성격변화, 인지능력 손상, 기억저하, 조직
   화와 계획능력의 손상, 집중력 저하, 지
   남력상실, 무감동, 작업 몰두의 어려움

6. 네 가지 주요 범주는 치매와 관련이 있   그렇다   아니다
   다: 기억장애, 인지장애, 집중력 장애, 위
   장의 불편감

7. 라임병, 단순 포진, 크립토코쿠스 감염은   그렇다   아니다
   치매의 주요 원인이다.

8. 가성치매는 현재 치료법이 없는 진행성   그렇다   아니다
   치매이다.

9. 파킨슨 증상과 파킨슨 플러스 증후군은   그렇다   아니다
   파킨슨병의 다른 이름이다.

10. 픽 병은 확산성 루이바디 치매의 하위유   그렇다   아니다
    형이다.

11. 파킨슨병의 주요 증상은 기억 결함이다.   그렇다   아니다

12. 파킨슨−플러스 증후군은 파킨슨병과는   그렇다   아니다
    다르다.

13. 다발경색치매는 혈관성 치매의 다른 이름이다.   그렇다   아니다

14. 빈스방거병은 뇌 혈류 감소로 생긴다.   그렇다   아니다

15. 헌팅턴병은 기이하고 불수의적인 운동과   그렇다   아니다

점진적인 기억감소와 정서적 퇴행을 보이
는 유전병이다.

16. 윌슨병은 치명적 수준의 철이 뇌와 간과 다른   그렇다   아니다
장기에 침전되는 철분대사 희귀 유전병이다.

17. 크로이츠펠트–야콥병은 박테리아 감염   그렇다   아니다
에 의한 진행성 치매이다.

18. 뇌와 중추신경계 팽창은 다발성 경화에서   그렇다   아니다
나타나는 탈수초화 때문에 생긴다.

19. 에이즈 복합성 치매는 피질 하 치매 증상   그렇다   아니다
과 비슷하다.

20. 실행증은 친근한 도구를 어떻게 사용하는   그렇다   아니다
지를 잊어버리는 것이다.

부록 E에서 답을 볼 수가 있다. 몇 개를 풀었나? 14개 이상 맞췄다면,
잘 이해했고 정보를 많이 얻은 것이다. 9~13개를 맞췄다면, 꽤 이해력이
좋은 것이다. 이 정보를 읽을 때도 중요하지 않은 세부 사항은 뛰어넘고
당신에게 중요한 사실에 초점을 맞추는 게 때로는 필요하다.

Part17

—

RARE-DREAM의
요약과 축하의 인사

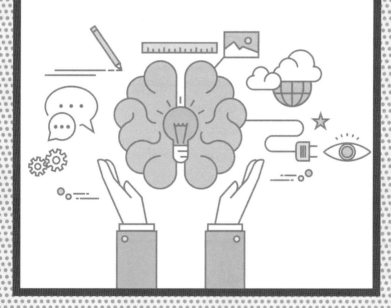

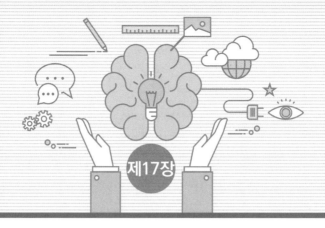

제17장

RARE-DREAM의
요약과 축하의 인사

당신은 이 책을 읽으면서 쉬운 게 없다는 것을 알게 되었을 것이다. 하지만, 정보를 부호화로 잘 기억할 수 있었다면, 그래도 좋은 방법을 배운 것이다. 당신의 강점과 약점을 살펴보라. 그러면 기억의 입출력 기능을 이해할 수 있을 것이다. 당신은 기억을 좋게 하고 싶어 했다. 그럼 이 책을 읽고 난 후 기억력이 좋아졌나? 달라진 게 무엇인지, 알게 된 것은 무엇인지, 그리고 어떤 느낌이 드는지를 아래 빈 칸에 써보자.

연 습

당신의 기억에서 변화된 점

_____

_____

_____

_____

RARE－DREAM을 정리해보자.

기억 향상을 위한 네 단계

R 이완하라(Relax)

A 주의하라(Attend)

R 되뇌어라(Rehearse)

E 시각화하라(Envision)

마음을 위한 도약!

D 개발하라(Developing)

R 합리적이고(Rational)

E 정서적이며(Emotionally)

A 적응적인(Adaptive)

M 사고방식을(Mindsets)

진실은 우리가 과정에 도움이 되게 몇 개의 팁을 사용하면, 선택한 것을 기억할 수 있다는 것이다. RARE를 명심하라: 이완하라, 주의하라, 되뇌어라, 시각화하라. 이 네 요소는 당신의 기억을 좋게 할 것이다. 이 요소들은 대상에 집중하는 데 필수적이다. 레이저 총처럼 집중해 보라. 기억하고 싶은 것을 의식해보라! 되뇌기는 감각을 정교화해서 부호화를 강화시킨다. 보라. 냄새 맡아라. 맛보라. 느껴라. 들어라. 그리고 웃어라. 정보에 의미를 부여하기 위해 여러 방법을 써보라. 태도와 신념이 기억의 기초라는 점을 명심하라. RARE-DREAM을 다른 관점으로 보라. 기억을 강화시키는 방법에는 여러 가지가 있다. 아래에 기억 향상을 위한 스무 가지 비법을 정리해 놓았다.

기억 향상을 위한 스무 가지 비법

1. **자기 충족적 예언**: 기억이 좋지 않다고 생각하면, 정말로 기억은 좋아지지 않는다. 이를 자기 충족적 예언이라고 한다. 당신의 기억력은 좋고, 날마다 좋아지고 있다고 스스로에게 말해라. 성공에 초점을 맞추고 당신의 사고방식을 적극적으로 다루어라. 기억한 것은 칭찬하되 잊어버린 것에 대해서는 자책하지 마라. 도전하라. 열정을 가져라. 즐겁게 일하고 집중하는 것은 좋은 기억의 기초가 된다.

2. **조직화하라**: 일상에서 사용하는 물건을 둘 장소를 만들어 보라. 열쇠, 달력, 지갑, 동전지갑 등은 모두 "기억의 장소"에 놓여질 수 있다. 당신이 좋아하는 냄새(공기청정기나 플러그에 꽂는 방향제 같은)를 찾아 그것을 그 장소에 놓아라. 냄새는 기억을 좋게 한다. 조직화는 당신의 기억을 좋게 하고 스트레스를 줄여준다. 함께 사용하는 것들은 한 장소에 둬라. 아울러 일상의 요소를 연합하고 단순화해라. 당신이 아침에 전화를 걸어야 한다면, 칫솔 옆에 메모를 놓거나 전화기 위에 칫솔을 올려 놓아라. 그리고 활동을

조직화하기 위해 달력을 이용해라. 만약 당신이 목록을 만들면, 한 장소에 그것을 모아둬라. 여기저기 흩어진 노트는 스트레스를 주고 기억문제를 일으킨다.

3. **집중하라**: 당신의 주의에 집중하라. 정보에 전념할 수 있는 방법을 만들어라. 당신이 필요한 식료품 목록을 마음속으로 그림을 그리거나, 쓰고, 당신의 기억을 일깨우기 위해 녹음기를 이용하라. 연습 시간을 가져라. 부호화를 위해 여러 기억 체계를 사용하라. 당신은 부호화를 통해 반복적으로 학습을 할 수 있을 것이다. 할 수 있는 일에 집중하라.

4. **이완하라**: 정보를 저장하고 회상하기 위해 시간을 들이면, 효율적으로 기억을 할 수가 있다. 무언가 즉시 회상이 되지 않는다고 해서 불안해하지 마라. 억지로 하기보다는, 시간을 갖고, 편안한 마음을 가져라. 사고를 완성하고, 자신을 표현하거나 과제를 완성하기 위해 여유를 가져라. 당신의 기억을 방해하고 스트레스 반응을 활성화시키는 내적 갈등을 살펴보라. 기억은 쉬고 있을 때 더 잘 작동한다. 책임과 기대를 내려놓고, 마음을 편하게 하라. 이 책을 통해 일상에 필요한 이완 기술을 만들어라.

5. **주의산만을 줄여라**: 주의산만은 마음을 혼란스럽게 한다. 당신 주위에 모순되는 자극이 있을 때는 기억에 접근하는 것이 쉽지 않다. 조용한 장소를 찾아 주의산만을 없애고 기억이 잘 작동하게끔 하라.

6. **범주화하라**: 범주화는 기억을 쉽게 할 수 있게 하고, 부호
화와 인출을 단순하게 한다. 기억은 연합이 되어 있다. 새
로운 기억을 기존의 것과 연결하고, 범주로 조직화하라.

7. **감각을 사용하라**: 기억을 하기 위해 여러 감각을 이용하
면, 당신은 뇌의 다른 부위를 사용하게 된다. 뇌의 각 부
분은 신체 반대편에서 들어오는 감각입력을 통제한다. 후
각은 시각보다 뇌의 깊은 곳에서 작동한다. 기억을 부호
화하기 위해 감각을 이용하면 당신은 뇌의 양측에 다른
수준의 기억흔적을 만들 수 있다. 항목을 정교화하고, 기
억하고, 더 나은 기억의 기초를 세우기 위해 각각의 감각
내의 독특한 기능을 이용하는 것을 잊지 마라. 대상의 밝
기를 시각화하는 것은 그것의 색을 상상하는 것과는 달리
다른 세포와 뇌의 다른 영역을 사용한다. 세부사항을 기
억하기 위해 모든 감각을 적극적으로 이용해라. 과제에
상상의 요소를 담을수록, 노력의 열매는 커질 것이다.

8. **덧붙여라**: 어떤 것에 중요한 의미가 있으면, 기억하기가
쉽다. 예를 들어, 텔레비전에서 당신이 살고 있는 지역에
홍수가 날 거라는 경고를 들었다면, 지구 반대편에서 홍
수가 난 것을 들었을 때보다 더 잘 기억할 것이다. 의미
있는 것을 기억하는 것은 중요하다. 이것을 어떻게 일상
에 적용할지를 고민해 보라. 기억을 잘 하기 위해 항목에
정서를 연결시켜 보라.

9. **준비하라**: 본격적으로 운동을 하기 전에 준비운동을 하는

것처럼, 마음을 준비해 보라. 예를 들어, 발표를 앞두고 있다면, 발표 전에 준비를 해보라. 마음속으로 연습을 해보라. 받을 질문을 예상해 보고, 답을 준비해 보라. 이런 준비 과정은 힘을 북돋아 주고, 정보를 잘 조직화하게 한다.

10. **유머를 사용하라**: 기억을 잘 하기 위해 재미있는 구절이나 노래, 이미지를 떠올려보라. 유머가 기억에 더해지면, 쉽게 회상을 할 수가 있다. 이것은 자연스럽게 의미를 정보에 연결시켜준다. 유머는 당신을 편안하게 하고, 긍정적으로 만든다. 그리고 스트레스와 긴장을 덜어준다. 유머는 기억하는 데 도움이 된다.

11. **사용하거나 잃거나**: 기억은 반복을 통해 좋아진다. 자신감을 갖고 기억을 향상시키기 위해 배우고 읽어라. 그림이나 낙서는 시각 기술을 좋게 한다. 그림은 마음을 시각적으로 표현할 수 있게 한다. 아울러 다른 사람들을 교육해보라. 다른 사람들을 가르쳐 보는 것은 기억을 강화시킬 수 있다.

12. **기억 파일에 이름을 붙여라**: 정보를 저장하기 위해 의식적으로 핵심단어를 연상해서 마음의 보관함에 넣고, 접근성을 높일 수 있게 기억 공간을 절약해보라. 그러면 부호화를 잘 할 수 있고, 인출능력도 강화된다. 시각, 청각 및 기타 감각을 기억과 연결시켜 보라. 기억 파일에 이름을 붙이는 것은 전체 개념과 단어를 연결시켜 준다. 이것은 자연스럽게 부호화를 가능하게 한다.

13. **기억 보완법**: 우리 주변에는 기억하는 데 도움이 될 수 있는 여러 가지 외부 자원들이 있다. 달력은 일상을 안내하고, 기억할 수 있는 공간을 제공한다. 일상을 환기시키고, 책임과 목표를 달성하기 위해 달력을 이용해 보라. 중요한 것을 써보라. 보기 쉽게 가까운데 둬라. 노트를 쓰거나 메모를 해 보라. 기념일이나 생일과 같이 중요한 날을 기억하기 위해 컴퓨터를 이용하고 자신에게 이메일을 보내보라. 일정을 기억하기 위해 알람을 맞춰보라. 외부 자원을 통합하고, 중요한 것을 위해 기억을 비워둬라.

14. **몸과 마음의 연결**: 만약 당신의 기억이 최대로 기능을 발휘하려면, 적절한 몸 관리가 요구된다. 식단과 운동은 기억을 하는 데 중요하다. 균형 잡힌 식단은 기억이 최대한 기능하도록 하는 데 필요한 연료를 제공한다. 운동은 스트레스를 줄이고, 혈액순환을 촉진하며, 뇌에 필요한 영양분을 제공한다. 술, 카페인, 약물을 피하는 것도 기억력을 좋게 한다.

15. **뒷문으로 들어가라**: 사람의 경험은 때로 기억을 방해한다. 가끔은 자료를 회상하려고 하면 할수록 회상하기가 더 힘들어진다. 이 과정에서 좌절과 부정적인 혼잣말이 생길 수 있다. 부정적인 혼잣말 대신에 긍정적인 생각을 해보라. 긍정적인 생각을 반복하면, 이것은 습관이 된다. 따라서 회상하고 싶은 목록 주변의 것을 말하면서 좌절에서 벗어나라. 유사한 단어를 떠올려 보라. 자신과 연결지어 말해보라. 능동적으로 사고해보라. 다른 기억체계를

이용해 회상하라. 당신은 이러한 활동을 통해 항목을 인출할 수 있다. 사람의 뇌는 복잡하게 연결된 약 십억 개의 신경세포로 되어 있다. 거대한 신경세포 지도에는 하나의 길만 있는 것이 아니다. 인내는 미덕이다. 완벽하지 못한 것은 있는 그대로 수용하라.

16. **시간은 당신의 편이다**: 우리의 뇌는 기억을 함께 청크하기 위해 시간을 이용한다(심화기억). 당신이 무언가를 기억하기 어려울 때는 그 기억과 관련된 시간의 틀을 재구성해 보라. 그러면 기억과 연합된 신경망에 저장된 정보를 인출할 수 있다. 예를 들어, 지난 생일에 무엇을 했는지를 기억하고 싶다면, 그때를 재구성해보라. 당신이 있었던 곳을 떠올려 보라. 어떤 옷을 입었나? 그날을 어떻게 시작했나? 함께 있었던 사람은 누구인가? 그날 사건을 재구성해 보라. 이러한 방식으로 기억이 연결되면, 다른 연합된 기억 또한 점차 의식화될 것이다.

17. **청킹하라**: 청킹은 필수적으로 개념의 연합이다. 그것은 작은 조각의 정보를 보다 크고 의미 있는 개념으로 부호화하고, 해체된 자료의 개별 요소를 본래 형태로 돌려놓는 것을 말한다. 정보는 부호화되고, 저장되고, 인출되고, 해독된다. 그러면 정보를 부호화하여 저장한 뒤, 이를 인출해서 해석할 수 있을 것이다. 이것의 좋은 예가 사회보장번호이다. 번호를 세 부분으로 나누면, 기억을 잘 할 수 있을 것이다. 즉, 9개 번호보다는 세 부분으로 분리된 번호를 더 잘 기억할 수 있을 것이다. 각각의 표

상을 시각화해서 주제를 연상해 보라. 그러면 분리된 정보가 확인되고 강화되어 저장될 것이다.

18. **연합하라**: 기억은 연합과 함께 시작되고 끝이 난다. 의식적으로 자각하는 것은 잠재의식과 무의식적 기억을 변화시키고, 오래된 기억과 새로운 기억을 연결시킨다. 그러면 유용하게 이 과정을 이용할 수 있다. 정보는 복잡하게 연결되어 있고, 연합에 따라 저장된다. 새 단어를 학습할 때는 기존의 정보를 이용하고, 알고 있는 단어나 범주에 새 단어를 연결시켜 저장해 보라. 생각에 대해 생각하고, 자연스럽게 정신 과정을 이용해 보라.

19. **창조성과 유연성**: 스스로에게 물어보라. "이 상황에서 다르게 볼 수 있는 방법은 무엇인가?" 굳어진 생각은 나쁜 기억의 전조가 된다. 가까운 곳에서 해결책을 찾아보라. 여러 방향으로 살펴보라. 내려놓고 다음과 같이 해보라. 다른 관점으로 기억을 연합하라. 창조성과 유연성은 회상 가능한 정보에 접근할 수 있는 방법을 발견할 수 있게 도울 것이다.

20. **강점에 초점을 맞춰라**: 세상을 전체적으로 볼 수 있다면, 많은 것을 학습할 수가 있다; 이것은 부분을 학습하는 것보다 낫다. 좋아하는 것을 찾아 그것부터 시작해보라. 기억술을 당신의 레파토리에 통합하고, 이 책을 통해 발견한 강점을 적용해 보라. 과거에 당신이 무엇을 했는지, 그리고 무엇을 잊어버렸는지를 확인하라. 새로운 기억술

을 이용해 이 책을 다시 보라. 긍정적이고 창조적으로 생
각하고 새로운 방법으로 도전해보라!

당신은 기억의 여러 면을 살펴보았다. 그리고 몇 가지 작업을 했고, 여
러 신념에 도전을 했다. 그러나 이 모든 것을 꼭 해야 하나? 어쩌면 그것
은 어둠 속에서 티끌을 찾는 일일 수도 있다. 꿈을 이루기 위해서는 노력
이 필요하다. 그러기 위해서는 배운 것을 활용해야 한다. 이 책이 소개하
는 방법들을 배우고 도전하라. 그리고 이 책을 기억의 주인이 되는 발판으
로 이용하라. 아울러, 기억을 어지럽히는 잡동사니를 청소하라.

에드가 차고로의 마지막 방문

에드가의 차고는 잡동사니로 가득했었다. 한 사람의 잡동사니가 다른
사람에게는 보물이 될 수도 있다. 이처럼 우리는 잡동사니 주변의 기억을
왜곡해 왔다. 우리는 에드가의 차고가 당신의 기억을 향상시키기 위한 지
표가 되기를 바란다. RARE – DREAM의 원리를 통합하기 위해 마지막으로
에드가의 차고로 다시 가보자. 에드가의 차고에서 함께 살펴본 것은 "이완
하라" "주의하라" "되뇌어라" "시각화하라" 그리고 "개발하라" "합리적이
고" "정서적이며" "적응적인" "사고방식을" 이다.

오랫동안 미루어 왔던 약속을 지키기 위해 에드가는 차고를
청소하기로 했다. 청소를 하지 않은 지 20년이 지난 차고는 장
난감과 공구, 잡다한 잡동사니로 가득 차 있었다. 추억이 담긴
물건을 정리하면서 처음 버리기로 한 것은 먼지 쌓인 낡고 고장
난 시계가 담긴 상자였다. 다음으로는 고장 난 램프를, 그리고
몇 년간 모아둔 신문 꾸러미와 오래된 라디오를 버렸다. 그는

책 더미를 발견했다. 그 중 한 권은 그가 좋아했던 *모비 딕*이었다. 어렸을 때 그는 흰 고래와 사투 벌이는 것을 꿈꿨었다. 에드가는 *모비 딕*에 대한 애정 때문에 해군에 입대했다.

그는 잡동사니 더미에서 오래된 휠캡을 발견했고, 산더미처럼 쌓인 레코드에서 빙 크로스비 앨범을 찾았다. "가여운 빙. 흠집이 났네." 그는 중얼거렸다. 다음으로는 작고 독특하게 생긴 낡은 바비큐 그릴을 버렸다. 딱히 이유 없이 보관해 두었던 오래된 전화번호부는 바로 쓰레기통으로 직통했다. 그리고 몇 년 전 바닷가에서 주운 유리병을 보자 눈이 커졌다. 병을 잡았을 때 피부에 차가운 느낌이 전해졌다. 그는 병의 매끄러움을 느꼈다. 아직도 짠 내와 모래의 감촉이 느껴지는 것 같았다. 이 병은 간직하기로 했다. 그는 먼지 가득한 탁자 아래서 몇 년 전 잃어버렸다고 생각했던 드릴을 발견했다. 그는 따지도 않은 런천미트 스팸도 찾았다. 계란 프라이와 버터를 바른 식빵과 먹으면 좋겠다는 생각이 들었다.

그는 도구 상자에서 망치를 발견했다. 그리고 닐 암스트롱이 "한 인간에게는 작은 걸음에 불과하지만 인류에게는 위대한 도약이다."라고 말했던 1969년 무더웠던 여름, 아들에게 선물했던 아폴로 13호 모형을 찾았다. 그는 또 제법 무거운 나무 야구 방망이를 발견했다. 왼손으로 스윙을 해 보니 부드러우면서도 세밀한 나무 감촉이 느껴졌다. 여전히 방망이의 타격감을 느낄 수 있었고, 아들의 리틀리그 시절이 떠올랐다. 아울러 그는 아들이 입었던 원피스를 발견했다. 쇼핑몰에서 샀던 뒤가 파진 멋진 분홍 실크 원피스였다. 그는 옷을 쓰레기봉투에 넣으며 미소를 지었다. 그는 절대 고칠 수 없을 것으로 보이는 낡은 텔레비전은 버렸지만, 아직 말이 남아 있는 체크게임은 보관하기로 했다. 그

리고 아내와 체크게임을 하면서 하루를 마무리하면 좋겠다고 생
각했다.

연 습

당신은 어떤 종류의 보물을 기억하고 있나?

당신이 기억하는 에드가의 잡동사니는 이제 모두 보물이 되었다.
최대한 써보자.

1. _____
2. _____
3. _____
4. _____
5. _____
6. _____
7. _____
8. _____
9. _____
10. _____
11. _____
12. _____
13. _____
14. _____
15. _____
16. _____
17. _____
18. _____

17.	
18.	
19.	
20.	

에드가의 잡동사니를 모두 기억한 사람에게는 축하의 인사를 보낸다. 다 기억하지는 못했지만, 긍정적으로 생각한 사람에게는 더 큰 축하의 말씀을 드린다.

우리는 당신이 이 책의 유용성을 발견하길 바란다. 서언에 있었던 프랭클린의 말이 기억나는가? 작은 것을 즐겨라. 명심하라. "우리는 배우고, 사랑하고, 감사하며 살아간다. 아무도 이 멋진 경험이 언제 끝날지 모른다. 그것은 당장이라도 사라질 수가 있다. 이것은 매 순간을 소중하게 여겨야 한다는 신의 말씀이다. 모두에게 이 말을 하고 싶다. 지금 여기에서 아름다운 것을 찾아보라."

마지막 참고사항: 우리는 약자를 바꾸려고 한다. "D"의 "개발하라 (develop)"는 이제 더 이상 쓸 필요가 없다. 당신은 이미 합리적이고, 정서적이며, 적응적인 사고방식을 개발했다. 그래서 이제는 "D"를 "내구성 있는(durable)"으로 바꾸려고 한다. 합리적이고, 정서적이며, 적응적인 사고방식을 내구성 있게 유지하기 위해 노력하라.

부록

—

부록A/부록B/부록C/ 부록D/부록E

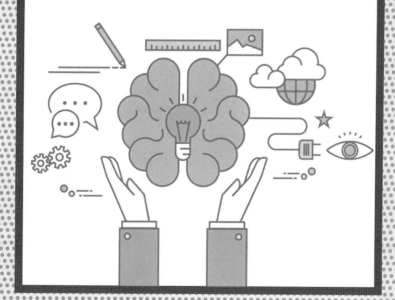

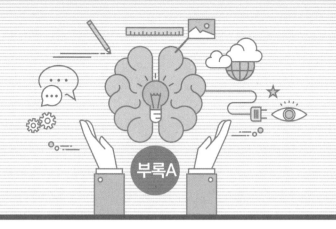

기억과 건강관리 용어

가성치매(Pseudo dementia): 우울로 생긴 치매 증상으로 대부분은 가역적임.

각성(Arousal): 망성활성계의 통제를 받는 기민한 상태. 망상활성계는 뇌간에 위치하고 연수와 시상과 연결됨.

각성(Vigilance): 드물게 발생하는 신호를 탐지하는 능력.

간대성 경련(Clonus): 근육 스트레칭에 따른 리듬감 있는 움직임.

간대성근경련증(Myoclonus): 중추신경계에 생기는 급성적이고 반복적인 근육 수축.

감각여과기(Sensory filter): 감각과 기억 사이의 경계. 시각, 후각, 미각, 촉각, 청각을 통해 환경으로부터 정보를 얻는 지점.

감정표현불능증(Alexithymia): 감정을 표현하거나 기술할 수 없는 것.

감염(Infection): 신체 내 미생물로 인해 생긴 병. 박테리아 감염은 항생물질로 치료됨. 바이러스 감염은 다음과 같은 것이 있음: 감기, 독감, 에이즈.

갑상선(Thyroid): 신체 성장을 조절하는 티록신을 분비하는 목 부위의 분비샘. 갑상선 장애는 갑상선 항진이나 저하로 나타나며, 기분장애나 기억장애가 발생하기도 함.

거스트만 증후군(Gerstmann syndrome): 쓰기장애(난서증), 손가락인지불능증(지인증), 좌우변별, 계산불능증을 포함한 우세반구 손상에서 비롯된 증후군.

거시증(Macrosomatognosia): 신체도식의 장애 때문에 자신의 신체를 크게 지각.

계산불능증(Acalculia): 단순하거나 복잡한 산수 문제를 풀기 힘든 것.

고혈압(Hypertension): 높은 혈관 압력.

공간지남력 상실(Planotopokinesia): 서로 다른 공간을 인식하는 데 문제가 있음.

과소운동증(Hypokinesis): 운동의 시작이 느림.

관념 실행증(Ideational apraxia): 과제의 개념은 이해해도 자동적으로 활동을 할 수 없는 것.

관념운동 실행증(Ideomotor apraxia): 과제를 이해해도 제스처나 의도된 운동을 할 수 없는 것.

관통성 뇌손상(Brain injury: penetrating): 물체가 뇌 조직에 손상을 주어 생기는 뇌손상.

구성 실행증(Apraxia: constructional): 기하학적 모양을 그리거나 간단한 퍼즐을 맞출 수 없는 것.

구성 실행증(Constructional apraxia): 2차원이나 3차원의 도형을 모사할 수 있는 능력이 부족함.

구어 실행증(Verbal Apraxia): 얼굴과 머리 근육에 손상이 없음에도 알아듣기 쉽게 말하고 조직화하는 데 문제가 있음.

구음 곤란증(Dysarthria): 언어 근육 둔화에 따른 언어 손상.

균형(Balance): 움직임과 평형신호 조정을 통해 바로 선 자세를 유지하는 능력.

급성(Acute): 병이 갑자기 발병.

기관지확장제(Branchodilator): 기관지를 확장시키는 약물.

기억 장소(Memory spot): 열쇠, 지갑과 같이 매일 사용하는 물건을 두는 장소.

기억(Memory): 감각을 통해 환경의 정보를 처리하고 표상의 형태로 조직화하여 저장한 뒤 회상하는 것.

기억술(Mnemonics): 기억을 좋게 하기 위해 사용되는 기술.

기억상실증(Amnesia): 특정 기간의 사건에 대한 기억을 상실함.

기억의 깊이처리 모형(Depth of processing model of memory): Craik과 Lockhart(1972)가 주장한 개념. 이 모형에 따르면 부호화 동안 조작에 따라 기억의 종류가 달라지고, 파지는 초기 부호화 과정에서 강조되는 특성으로 결정된다고 봄. 개인에게 의미 있는 방식으로 부호화 된 정보가 더 잘 회상됨.

기억의 인지이론(Cognitive theory of memory): 기억이 컴퓨터처럼 작동할 것이라고 생각함. 지각을 통해 입력된 것을 받아들이고, 기억에 저장하고, 사고로 처리하여, 의사결정 하는 것.

기억의 정보량(Memory: fund of information): 과거에 관해 보유한 정보의 양.

길항운동반복곤란증(Dysdiadochokinesia): 손가락과 엄지손가락을 차례로 만지는 것과 같은 상호운동의 장애. 소뇌 손상의 결과.

난필증(Dysgraphia): 쓰기 능력의 장애. 실서증은 글씨를 못 쓰는 것.

녹내장(Glaucoma): 비정상적인 안압으로 생긴 퇴행성 시각질환. 적절한 치료를 하지 않으면 장애가 영구적으로 남음.

뇌가소성(Brain plasticity): 손상되지 않은 뇌 부위가 손상된 부위의 기능을 대신함.

뇌간(Brain stem): 척추부터 뇌 아래 부분까지를 연결. 심장박동, 혈압과 같은 자율기능을 담당. 운동과 감각신경원이 뇌간을 통과함.

뇌경색(Cerebral infarct): 혈액 공급이 감소되어 뇌 일부가 죽은 상태.

뇌량(Corpus callosum): 뇌의 두 반구를 연결. 두 반구 사이에 소통 역할을 함.

뇌사 상태(Brain dead): 뇌기능의 영구적 손상.

뇌손상(Brain injury): 뇌 손상의 결과로 기능 이상이 생김. 가벼운, 중간, 심한 정도로 분류.

뇌스캔(Brain scan): 뇌에 방사능 염료를 주입해서 찍는 뇌 영상.

뇌 압박(Cerebral compression): 혈종, 종양 또는 동맥류가 부어 뇌 조직을 압박하는 것.

뇌줄중(Cerebral vascular accident)(CVA): 보통 중풍이라고 함. 출혈이나 경색으로 혈류가 약해져 뇌 조직이 파괴된 것.

뇌척수액(Cerebral spinal fluid): 중추신경계 내 체액.

뇌출혈(Cerebral hemorrhage): 뇌에 많은 양의 출혈이 있는 것.

뇌파검사(Electroencephalography)(EEG): 두피에 전극을 부착해 뇌의 전기 활동을 측정하는 것.

뇌혈관 조영검사(Cerebral angiography): 동맥에 염료를 주입하여 엑스레이로 혈관을 검사하는 것.

다발성 경색 치매(Multi-infarct dementia): 뇌졸중으로 생긴 치매.

단기기억(Memory: short-term): 작업기억이라고도 함. 의식적인 인식에 따른 제한된 정보의 양. 보통 몇 분으로 한정되어 있고 7~9 비트의 정보임.

단기기억저장(Short-term memory store): 감각여과기와 장기기억 사이의 경계. 부호화된 정보를 장기기억 등록기에 저장할 수 있음.

당뇨병(Diabetes mellitus): 당이 부적절하게 처리되어 췌장에서 인슐린을 생산하지 못하는 병. 합병증으로 기억장애가 생길 수 있음.

대동맥질환(Aneurysm): 동맥 내벽 기형으로 뇌출혈이 발생한 것.

대안주의(Attention: alternating): 하나의 자극에서 다른 자극으로 주의의 초점을 의도적으로 두는 것.

동측 반맹증(Homonymous hemianopsia): 왼쪽 또는 오른쪽 시각장의 결함.

되뇌기(Rehearsal): 부호화된 정보를 오랫동안 작업기억에 유지하는 방법. 기억하기 위해 정보를 반복적으로 처리하는 과정.

마취약(Narcotic): 통증 치료에 사용되는 중독성 약물. 부작용으로는 인지 둔화와 기억손상이 있음.

만성(Chronic): 오래 지속되는 병의 과정.

망상(Delusions): 반대 증거에도 불구하고 잘 변하지 않는 잘못된 신념.

명칭실어증(Anomia): 사람, 장소, 사물에 대한 단어를 찾는 데 어려움.

모사이론(Copy theory): 정신 모사를 통해 대상을 인식한다는 고대 그리스 철학의 기억에 관한 이론.

무관심(Apathy): 치매와 우울증에서 나타나는 흥미와 관심이 없는 태도.

무도병(Chorea): 신체 부위에서 생기는 목적이 불분명하고 비동시적이며 불규칙한 움직임.

무산소증(Anoxia): 산소 부족에 따른 뇌세포 손상.

무외투성 증후군(Apallic syndrome): 피질하 기능의 분리와 양쪽 대뇌피질의 변성으로 나타나는 병.

물질실인증(Ahylognosia): 무게나 질감과 같은 물질의 특성을 구분할 수 없는 것.

미시증(Microsomatognosia): 신체도식의 장애 때문에 자신의 신체를 작게 지각.

바비튜레이트(Barbiturate): 최면 또는 졸음을 일으키는 약물. 기억에 영향을 줌.

베타아밀로이드(Beta-amyloid): 뇌 플라크에서 발견되는 독성물질. 일반적으로 알츠하이머병과 관련이 있고, 몇 가지 효소의 조절작용 결함이 베타아밀로이드의 배출 때문이라고 여겨짐.

베타차단제(Beta-blocker): 고혈압 치료에 사용되는 약물. 혈관 확장과 심장박동 저하가 나타남.

벤조디아제핀(Benzodiazepines): 발작과 불안 치료에 사용되는 약물. 부작용으로는 우울, 혼란, 기억장애, 조직화 기능 손상 등이 있음.

병식결여증(Anosodiaphoria): 마비에 대한 무관심.

병인론(Etiology): 병의 원인.

변형시(Metamorphopsia): 대상 인식에 왜곡이 있는 것. 종종 두정엽 손상과 관련이 있음.

부종(Edema): 붓기로 체액이 축적됨.

부호화(Encoding): 학습 과정.

분리주의(Divided attention): 두 과제를 동시에 수행하고 주의를 기울이는 능력.

비스테로이드항염증약(Nonsteroidal anti-inflammatory drugs) (NSAID): 통증과 붓기 치료에 사용되는 약물로는 아스피린과 이부프로펜이 있음. 현재는 알츠하이머병과 같은 진행성 치매 치료 연구에 사용되고 있음.

비유창성 실어증(Aphasia: nonfluent): 이해는 가능하나 표현능력이 부족. 보통 유창하지 않은 말과 부정확한 발음이 특징임.

빈혈(Anemia): 적혈구 감소로 야기된 상태.

상징불능증(Asymbolia): 단어, 동작, 또는 여러 유형의 상징을 이해하지 못하는 것.

삽화기억(Episodic memory): 시공간적으로 연결된 기억에 관한 정보. 외상기억도 이 형태로 저장됨.

삽화기억(Memory: episodic): 생활사건에 대한 기억. 시간에 따라 저장되고 회상됨. 되뇌기 기회가 적기 때문에 의미기억보다 손상이 쉬움.

상호심상(Interactive imagery): 상호 연결된 둘 이상의 대상에 대한 관계를 심적 그림으로 구성하는 것.

색실인증(Color agnosia): 색의 차이를 인식할 수 없는 것.

색전증(Embolism): 큰 혈관에서 작은 혈관으로 이동하는 혈전이나 방해물. 혈액 순환을 막아 뇌 조직에 손상이 발생. 혈전증은 혈전이 형성되고 남은 응혈로 이루어짐.

생득설(Nativism): 플라톤에서 유래됨. 지식은 선천적으로 타고난다는 믿음. 반대 개념으로는 인간은 "백지 상태"로 태어나고 지식은 일생을 통해 축적된다는 백지설(tabula rasa)이 있음.

선다우닝(Sun downing): 치매환자가 저녁이나 이른 밤에 초조해지고 공격 행동이 증가하는 것.

선언적 기억(Declarative memory): 사실과 관련된 정보를 저장하는 장기기억.

선택주의(Selective attention): 다른 자극은 차단하고 한 자극에 주의를 기울이는 능력.

섬망(Delirium): 혼란 및 의식수준의 변동과 지남력 상실이 갑자기 나타나는 것. 섬망은 가역적임.

세로토닌(Serotonin): 기분조절을 담당하는 신경전달물질.

손가락 실인증(Figure agnosia): 자신의 손가락을 구분할 수 없는 것.

수용성 실어증(Aphsia: receptive): 다른 사람이 표현한 것을 이해하는 데 어려움.

수전증(Essential tremor): 유전이 되며 보통 자연스러운 자세에서 떨림.

스타틴(Statins): 고콜레스테롤 치료에 사용되는 약물. 메바코, 테스콜, 조콜이 있음. 기억 손상을 일으킨다고 알려져 있음.

습득(Acquisition): 정보에 노출된 후 기억을 하기 위해 뇌가 코드를 개발하는 과정. 경험한 것의 기록이 됨.

시각기억(Memory: visual): 시지각 채널을 통해 정보를 입력하고 그림, 수, 글을 저장하고 회상하는 능력. 정보는 제시된 양식과는 독립적으로 청각이나 시각을 사용해 부호화됨.

시각대상 실인증(Visual objective agnosia): 대상을 인식할 수 없는 것.

시공간 실인증(Visual spatial agnosia): 대상과 자기, 대상 간의 공간 관계를 지각하는 데 결함이 있음.

시각화하기(Envision): 시각 이미지 학습을 안내하는 원리. 부호화 동안의 정교화 과정과 관련이 있음. 시각뿐만 아니라 감각의 다른 부분과도 연결됨.

신경계(Nervous system): 뇌, 척추, 체신경.

신경영상(Neurological imaging): 뇌와 척추 영상을 얻기 위해 사용되는 기법. 일반적인 방법으로는 컴퓨터단층촬영과 자기공명영상이 있음. 다른 방법으로는 단일광자단층촬영과 양전자단층촬영이 있음.

신경전달물질(Neurotransmitters): 뇌세포의 전기 자극으로 생기는 화학물질.

신념 체계(Belief system): 자기, 타인, 환경에 대해 내면화된 관점. 감정, 사고, 행동으로 구성됨.

신세대 노인(New agers): 노인의 새로운 역할을 정의한 용어.

신체도식(Body schema): 자신의 신체 자세에 대한 모형. 신체 위치와 부위와의 관계를 어떻게 지각하는지에 대한 운동기능의 기초.

신체부위실인증(Somatotopagnosia): 신체 구조와 부위 간의 관계를 인식하지 못하는 것.

신체상(Body image): 신체의 실제 구조보다 감정과 생각에 초점을 둔 내적 표상.

신체 호소(Somatic complaints): 정서적 불편감 때문에 생긴 두통, 위장관 증상, 통증, 현기증 같은 신체 증상.

실독증/난독증(Alexia/Dyslexia): 읽지 못하는 것.

실문법증(Agrammatism): 문법대로 단어를 배열하지 못해 이해 가능한 문장을 만들지 못하는 것.

실신(Syncope): 뇌에 혈액이 충분히 흐르지 않아 일시적인 뇌 허혈로 졸도하는 것.

실어증(Aphasia/Dysphasia): 뇌세포 손상으로 의사소통이나 언어이해 능력이 부족한 것. 구어 능력의 손상. 부전실어증(dysphasia)은 실어증(aphasia)의 가벼운 형태임. 수용성 실어증은 언어이해에 장애가 있음. 표현성 실어증은 말로 표현하는데 어려움이 있음.

실음악증(Amuisa): 음악 지각의 결함.

실인증(Agnosia): 감각을 지각할 때 대상을 인식할 수 없는 것.

심장차단(Heart block): 비정상적인 박동으로 심장의 전기 전달 체계가 손상된 것.

심적 능력(Mental capacity): 주어진 시간 안에 처리할 수 있는 정보의 양.

실조증(Ataxia): 소뇌나 기저핵 손상으로 근육이 협응되지 않는 불수의적 움직임. 이 진단을 내리기 전에 다른 운동장애는 배제됨.

실행 실인증(Apractognosia): 공간 지각의 손상에 따라 운동불능과 인지불능 증후군이 나타나는 장애.

실행증(Apraxia): 조정, 운동통제, 감각상실 때문은 아니지만, 의도된 운동을 못하는 것. 통합운동장애(Dyspraxia)는 운동 능력의 제한을 말함.

아세틸콜린(Acetylcholine): 기억과 관련된 신경전달물질.

아세틸콜린억제제(ACE inhibitor): 앤지텐신전환효소억제제. 심장병과 고혈압 치료에 사용되는 약물.

안구운동결함(Oculomotor deficits): 눈의 수의적 움직임이나 상하좌우를 보는 능력의 결함.

안정진전(Resting tremor): 쉬는 동안 나타나는 근육의 떨림. 목적이 있는 움직임 동안에는 사라지는 경향이 있음.

암묵기억(Implicit memory): 의식적 회상 없이도 사람의 행동에 영향을 주는 기억.

양가감정(Ambivalence): 상황이나 대상에 대한 반대 감정이 함께 있는 것. 궁지에 몰린 상황에서 일시적으로 갈등하는 감정의 무의식적 작용. 정신역동적 치료 모형에서는 양가감정을 불안과 내적 갈등의 원인으로 봄.

양측(Bilateral): 신체의 양쪽.

얼굴실인증(Prosopagnosia): 얼굴의 차이를 인식할 수 없는 것.

연결주의(Connectionism): 마음과 기억에 대한 이론은 뇌의 실제 기능에 기초해야 한다는 신념.

연령차별(Ageism): 노인에 대한 내외적 차별을 기술하는 용어.

연속반복운동불능증(Adiadokokinesia): 운동이 멈추지 않고 몸이 반대 방향으로 움직이는 것.

연합(Association): 논리적으로 연결되어 기억에 저장되는 것. 연합은 특정 기억의 인출을 자극하는 역할을 함. 연합은 회상과 부호화의 도구로 사용됨.

연합반응(Associated reaction): 의도된 움직임에 뒤따르는 비의도적인 움직임.

예리함(Acuity): 자극의 선명도.

예술치료(Art therapy): 예술작품으로 운동기술, 창의력, 지각능력, 자존감을 개발하는 치료.

외상성 뇌손상(Brain injury: traumatic): 사고로 인한 뇌조직의 손상.

외측(Lateral): 신체의 바깥 쪽.

외현기억(Explicit memory): 과거 자료를 회상하는 데 필요한 의식적 기억 인출.

우회적 표현(Circumlocution): 기억을 할 수 없어 다른 단어나 문장을 사용하는 것.

운동불능증(Akinesia): 수의 운동의 손상.

운동성 실어증(Aphemia): 쓰거나 말을 이해하는 능력은 있으나 말을 표현하는 능력이 손상된 것.

운동 실행증(Motor apraxia): 의도적인 움직임 상실로 인한 운동기억 패턴의 손상.

운동완만증(Bradykinesia): 움직임이 둔화됨.

운동 진전(Movement tremor): 목적이 있는 움직임 동안 일어나는 떨림. 움직임을 시작할 때 일어나는 것을 초기진전이라고 함. 떨림이 움직이는 중간에 일어나면 이행진전, 떨림이 움직임 마지막에 일어나면 종말진전이라고 함.

울혈성 심부전(Congestive heart failure): 체내 수분 축적으로 심장이 부적절하게 박동함.

원격기억(Memory: remote): 과거를 회상할 수 있는 능력. 원격기억의 손상은 이전 손상을 회상할 수 있는 정보를 말함. 지연된 기억 정보는 몇 개월 후 원격기억이 됨.

위생(Hygiene): 건강을 돌보거나 증진하려는 노력.

위축(Atrophy): 비운동성, 영양부족, 신경손상으로 신체(예를 들어, 근육, 장기)가 쇠약해짐.

유도된 정서 심상(Guided affective imagery): 단기치료와 집단치료에 사용되는 심리치료로 깨어있는 꿈 기법.

유의운동성 실행증(Apraxia: ideomotor): 운동 지시를 조정할 수 있는 능력의 실패로 의도적으로 움직일 수 없는 것.

유창성 실어증(Aphasia: fluent): 정상 속도이지만 언어 사용이 제한됨.

의미기억(Semantic memory): 장기기억에 축적된 일반 정보. 의미기억은 선언적 기억과 절차기억으로 나눌 수 있음. 선언적 기억은 사실에 관한 정보(누구, 무엇, 언제, 어디서와 같은 정보)를 저장함. 절차기억은 무언가를 하는 것(예를 들면, 자동차 점화 플러그를 교환하는 방법)에 관한 정보를 저장함.

의식(Awareness): 내외적 자극을 인식하는 능력.

이뇨제(Diuretic): 체내에서 수분과 염분이 빠져나가도록 신장 기능을 돕는 약물.

이식증(Pica): 음식이 아닌 것을 먹는 것. 종종 치매 후기에 볼 수 있음.

이차기억(Secondary memory): 최근에 장기기억으로 전환된 기억.

인지 유연성(Cognitive flexibility): 다른 관점으로 사물을 보는 사고의 유연성.

인출(Retrieval): 장기기억에 저장된 정보를 획득하는 것. 정보가 성공적으로 저장되고 유용하게 사용하기 위해서는 인출이 가능해야 함. 인출을 위한 정보는 효과적으로 저장되어야 함. 인출 단서와 신호는 이 과정을 도와

줄 수 있음.

일과성 허혈 발작(Transient ischemic attack): 소뇌졸중으로 불림. 갑자기 단기간에 발생. 일시적으로 뇌에 공급되는 혈액 부족이 원인이 됨.

일반화(Generalization): 한 맥락에서 배운 지식을 다른 맥락으로 전이하는 능력.

입체성 실인증(Astereognosia)(촉각실인증 Tactile Agnosia): 대상을 촉각으로 인식하지 못하는 것.

자가국소 실인증(Autotopagnosia): 신체인식의 손상. 신체도식 이해의 결함.

자세 이상(Postural abnormalities): 구부정한 자세와 뻣뻣함.

작업기억(Working memory): 지금 인식하면서 사용되는 기억. 작업기억과 관련된 용어로는 즉시기억, 활동기억, 일차기억이 있음.

장기기억(Long-term memory): 대부분의 사람들은 기억이라고 부름. 장기기억은 나중에 인출하기 위해 저장된 영구적인 정보임.

장기등록기(Long-term register): 장기기억과 동일함. 필요할 때 인출하고 갱신하고 복원하기 위해 정보를 저장하는 곳.

장소법(Method of loci technique): 친숙한 장소를 정해 기억하고 싶은 것을 시각적으로 놓아 기억을 구성하는 것.

재인(Recognition): 과거에 저장된 기억의 회상을 위해 정보를 인출하는 능력.

저체온증(Hypothermia): 저온에 과다 노출된 결과. 기억 저하의 원인이 될 수 있음.

전경과 배경(Figure ground): 전경과 배경을 말함. 손상이 되면 두 가지를 구분할 수 없음.

전신성 홍반성 루푸스(Systemic lupus erythematosus; SLE): 낭창이라고도 함. 기관과 혈관의 파열, 피부발진, 관절염이 나타나는 만성 진행성 질환. 가끔 인지 손상을 일으킴.

전실어증(Aphasia: global): 이해를 하거나 의사소통 할 능력이 없음.

절차기억(Procedural memory): 어떻게, 무엇을 할 것인지에 대한 정보를 저장하는 장기기억.

정교화(Elaboration): 정보학습과 관련된 처리 수준.

정동(Affect): 관찰 가능한 기분이나 감정상태.

정신장애(Mental disability): 심한 정서장애나 정신지체 때문에 정신상태에 문제가 있는 것.

정신적 역량(Competence: mental): 일을 처리하는 능력. 일상 기능을 위한 적절한 정신능력.

정신증(Psychosis): 사고, 기이한 행동, 환각, 착각, 망상으로 고통 받는 사람들이 앓는 정신질환.

조음(Articulation): 입술, 혀, 치아, 구개(입천장)를 통해 단어를 만드는 것.

조현병(Schizophrenia): 정신증, 망상, 환각, 현실 지각에 붕괴를 보이는 정신장애.

좌불안석증(Akathisia): 하지불안증후군.

주의(Attention): 감각체계가 의도적으로 자극에 초점을 두는 것.

주의능력(Attentional capacity): 주의를 통제하는 능력.

주의산만(Distractibility): 다른 자극의 간섭 때문에 주의집중에 어려움을 보임.

주의지속시간(Attention span): 주의를 집중하는 시간.

준비개관(Preparatory review): 수행을 개관하고 조절하기 위해 요구되는 과제로부터 물러나서 생각하는 것. 이미 과제를 시작한 후에 시간을 들이는 것을 제외하고는 준비설정과 비슷함. 준비개관은 정신의 휴게소로 혼란스럽고 좌절하지 않도록 함.

준비설정(Preparatory set): 다가오는 상황을 준비하는 정신적 워밍업. 임박한 상황에서 일어나는 활동, 욕구, 잠재적 어려움을 되뇌는 것.

중증 근무력증(Myasthenia gravis): 위약감과 마비가 만성화된 상태.

즉시기억(Memory: immediate): 제시 후 즉각적으로 정보를 회상하는 능력.

주의와 관련 있음.

지각(Perception): 내외적 감각 정보를 해석하는 능력.

지속주의(Sustained attention): 목적이 있고 지속적인 방식으로 정신적 노력을 기울이는 것.

지연기억(Memory: delayed): 보통은 10분 이상 지연된 후에 정보를 회상함.

지연성 운동장애(Tardive dyskinesia): 항정신 약물의 장기간 사용에 따른 부작용으로 입, 혀, 근육의 지속적이고 불수의적인 움직임이 나타남.

지연 회상(Delayed recall): 일정 시간 후에 정보를 기억하는 능력.

진전(Tremor): 춤추듯 반복적으로 나타나는 운동. 안정진전은 휴지기에 나타나고, 활동진전은 움직이는 중에, 자세진전은 신체가 중력에 수의적일 때 관찰됨.

진통제(Analgesic): 통증 치료제.

진행성 기억실증(Anterograde amnesia): 새로운 정보의 학습과 계속되는 사건 정보에 대한 응고화의 어려움.

질병불각증(Anosognosia): 자신의 결함을 인식하지 못하는 것.

착어증(Paraphasia): 말하고 싶은 단어가 생각나지 않아 다른 단어로 대체하는 것.

청각기억(Memory: auditory): 숫자, 이름, 단어 등, 말로 제시한 것을 회상하는 능력. 청각기억에 손상이 있는 사람은 말로 제시한 지시 신호가 필요함.

청각 실인증(Auditory agnosia): 청각장애 때문은 아니지만 소리의 차이를 인식하지 못하는 것.

청킹(Chunking): 쉽게 기억할 수 있게 관련 정보 몇 가지를 중심개념에 배치하는 기억술.

착의 실행증(Dressing apraxia): 신체도식이나 운동계획의 문제로 옷을 입지 못하는 것.

초기억(Metamemory): 기억에 관한 자기 지식과 개념.

촉각 실인증(Tactile agnosia): 말초감각신경이 정상이라도 촉각으로 대상을 인식하지 못하는 것.

추상화(Abstraction): 고차 인지기능. 특정 상황이나 사건과 관련이 없는 개념을 연결시키는 능력.

치매(Dementia): 인지장애 또는 정신능력의 상실. 기억장애와 관련됨. 언어, 판단, 사고, 성격 변화가 있음. 60여 종의 원인이 있음.

칼슘 길항제(Calcium channel blocker): 고혈압 치료에 사용되는 약물.

코르티코스테로이드류(Corticosteroids): 소염제.

콜레스테롤(Cholesterol): 몸에서 발견되는 지방질. 동맥 및 심혈관계 질환과 기억장애를 유발함.

탈수초(Demyelination): 신경 충동을 빠르게 하는 신경섬유 보호코팅(수초)의 손상.

탐색(Search): 비슷한 자극들 중에서 특정 자극을 발견하는 능력.

통찰(Insight): 자신의 문제에 대한 인식.

톱니바퀴 경직(Cogwheel rigidity): 움직임이 약하고, 지속적이며, 리듬감이 있는 수동운동의 중단.

틱(Tic): 제한된 방식으로 나타나는 반복적이고, 갑작스럽고, 일시적이며, 상동증적인 움직임. 지속되는 틱은 근 긴장이라고 함.

파지(Retention): 기억하는 능력. 되뇌기는 노출된 정보를 보유하는 가장 중요한 요인 중 하나.

파킨슨병(Parkinson's disease): 진행성 신경장애로 협응이 되지 않는 움직임. 진전, 얼굴표정이상, 근육경직, 보행의 어려움이 나타남. 파킨슨병은 약물 부작용으로 생기는 파킨슨증과는 다름.

편측 공간 실인증(Unilateral spatial agnosia): 왼쪽 시공간을 무시하는 것.

편측 마비(Hemiparesis): 한쪽 신체의 마비.

편측 무시(Unilateral neglect): 몸의 왼쪽 감각 정보를 통합하지 못하는 것.

편측 시야결손(Hemianopsia): 한쪽 시각장의 결함.

편측 실인증(Unilateral body agnosia): 몸의 왼쪽을 인식하지 못하는 장애.

평행반향어(Paralalia): 말의 결함. 말하려는 것과는 다른 소리가 남.

폐기종(Emphysema): 호흡 문제로 폐 속 폐포가 팽창하는 것.

폐쇄성 뇌손상(Brain injury: closed): 물체와 두부 충돌로 인한 뇌 내부 조직의 손상.

표현성 실어증(Aphsia: expressive): 의사소통을 원하지만 말로 표현하는 데 문제가 있음.

피질(Cortex): 뇌의 바깥층. 일반적으로 알츠하이머병은 피질에 영향을 줌.

피질하 치매(Subcortical dementia): 뇌피질 아래의 이상으로 생긴 치매. 알츠하이머병은 피질에 문제가 있음. 파킨슨병은 피질하 치매이며, 다음과 같은 증상이 있음: 운동장애, 인지둔화, 집행기능, 기억장애, 기분과 성격의 변화.

필기불능증/실서증(Agraphia/Dysgraphia): 이해 가능한 단어를 쓰지 못하는 것.

학습(Learning): 환경에 적응하기 위해 행동을 변화시키는 것. 경험 때문에 지각이 변화됨. 기억과 밀접하게 연관되어 있음.

항경련제(Anticonvulsant): 발작을 줄이기 위해 사용되는 약물. 항경련제로 테그레톨, 다일랜틴, 미솔린, 페노바르비탈이 있음.

항우울제(Antidepressant)(감정억제약 Thymoleptic): 우울증 치료에 사용되는 약물. 세 종류로 구분.

1. 삼환계 항울제(TCA) : (a) 3차 아민 : 아미트리프틸린, 독세핀, 이미프라민 (b) 2차 아민 : 노르트라이프틸린, 프로트립틸린, 데시프라민.

2. 모노아민 산화효소 억제제(MAO's) : 이소카복사지드, 페넬진, 프라닐시프로민.

3. 선택적 세로토닌 재흡수 억제제(SSRI's) : 프로작, 졸로프트, 팍실.
항우울제의 다른 분류로는 광범위한 비전형 약물도 있음.

항응고요법(Anticoagulation): 혈액을 희석하는 것. 응고과정을 느리게 해서 혈전 형성을 방지함. 쿠마린과 헤파린은 혈액 희석제로 사용되는 약물임.

항콜린제(Anticholinergic): 아세틸콜린 활동을 차단하는 약물. 아세틸콜린 은 신경계의 여러 활동을 담당하는 기억과 관련된 주요 신경전달물질임. 항콜린제 부작용으로는 단기기억 장애와 혼란이 있음.

항파킨슨 약물(Antiparkinson drugs): 파킨슨병 치료에 사용되는 약물.

형태 항상성(Form constancy): 형태의 미묘한 차이에 주의를 기울이는 능력.

호르몬(Hormone): 분비선에서 생산되어 혈류를 돌아다니며 신체에 영향을 주는 화학물질.

회상(Recall): 과거에 저장된 정보를 인출하는 능력.

효소(Enzyme): 다른 화학물질의 반응속도를 높이는 체내 화학물질.

후각손실증(Anosmia): 냄새 맡는 능력의 상실.

후방돌진(Retopulsion): 걸을 때 뒤로 넘어지는 경향.

후천성 뇌손상(Brain injury: acquired): 두부 손상에 따른 인지기능의 결함.

흡인(Aspiration): 폐 안의 음식이나 체액.

히스타민(Histamine): 알레르기 반응과 관련된 체내 화학물질. 신체 내 혈 압저하, 침샘과 위액 분비증가, 작은 혈관의 팽창, 부종, 가려움 등의 변화 가 생김. 항히스타민제는 알레르기 반응 치료를 위해 사용되는 약물. 알츠 하이머병 치료제로도 연구되고 있음.

3차기억(Tertiary memory): 먼 과거에 대한 장기기억. 알츠하이머병은 3차 기억에 영향을 주지만 우울증은 거의 영향을 주지 않음.

RARE: 이완하기(Relaxation), 주의하기(Attention), 되뇌기(Rehearsal), 시각 심상(Visual Imagery)(시각화하기 Envision).

DREAM: 개발하라(D), 합리적이고(R), 정서적이고(E), 적응적인(A) 사고방 식(M)을.

PQRST: "개관(preview)", "질문(question)", "읽기(read)", "요약(summarize)",

"검사(test)" 정보를 되뇌고 조직화하는 방법. 주의 증진 기술로 사용됨.

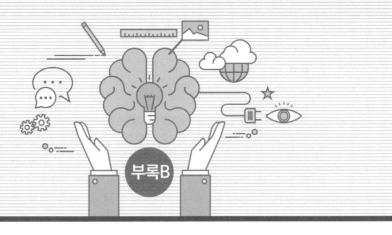

기억일기

기억일기

이름   날짜

기억사건

혼잣말(사고)

감정

추가기록

기억일기

이름 _____ 날짜 _____

기억사건
_____
_____
_____
_____

혼잣말(사고)
_____
_____
_____
_____

감정
_____
_____
_____
_____

추가기록
_____
_____
_____
_____

기억일기

이름   날짜
_____

기억사건
_____
_____
_____

혼잣말(사고)
_____
_____
_____

감정
_____
_____
_____

추가기록
_____
_____
_____
_____

기억일기

이름   날짜

기억사건

혼잣말(사고)

감정

추가기록

기억일기

이름 _____   날짜 _____

기억사건
_____
_____
_____
_____

혼잣말(사고)
_____
_____
_____
_____

감정
_____
_____
_____
_____

추가기록
_____
_____
_____
_____

기억일기

이름 _____ 날짜 _____

기억사건

_____
_____
_____
_____

혼잣말(사고)

_____
_____
_____
_____

감정

_____
_____
_____
_____

추가기록

_____
_____
_____
_____

기억일기

이름   날짜
_____

기억사건
_____
_____
_____

혼잣말(사고)
_____
_____
_____
_____

감정
_____
_____
_____

추가기록
_____
_____
_____
_____

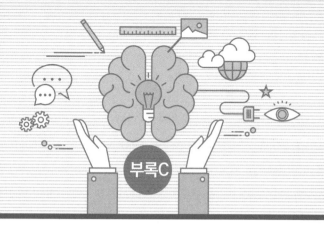

부록C

신세대 노인이 도움을
받을 수 있는 기관

여기 제시된 기관은 가까운 사무실로 연락을 하면 도움을 받을 수 있다.

AAN Education and Research Foundation (교육연구재단) — (800) 879—1960, www.aan.com

Agency for Healthcare Administration (건강관리협회) — (800) 342—0828. 노인요양원에 관한 정보를 제공하고 있다.

AGS Foundation for Health and Aging (건강노화재단) — (212) 755—6810, www.healthinaging.org

Alzheimer's Association, Inc. (알츠하이머협회) 국가기관 지역 모임. 국가기관 번호는 (800) 272—3900, www.alz.org

Alzheimer's Disease Education and Referral Center (ADEAR) 알츠하이머병 교육 의뢰 센터 — (800) 438—4380. 질병 치료에 대한 최신 자료를 제공하고 있다. www.alzheimers.org

Alzheimer's Foundation (알츠하이머재단) — (918) 481—6031

Alzheimer's Resource Centers (알츠하이머자원센터) — 지역 전화번호부를 이용하라.

American Academy of Neurology (미국신경학회) — (612) 695—2791,

(800) 879−1960, www.aan.com

American Academy of Physical Medicine & Rehabilitation (미국물리치료 및 재활학회) − (800) 825−6582, www.aapmr.org

American Association of Electrodiagnostic Medicine (미국전기진단학회) − (507) 288−0100, www.aaem.net

American Association of Neuroscience Nurses (미국신경과학간호사협회) − (888) 557−2266, www.aann.org

American Association of Retired Persons (AARP) (미국은퇴자협회) − 지역 전화번호부를 이용하라. 법적, 재정적 조언을 포함한 광범위한 서비스를 제공하고 있다.

American Association of Retired Persons (AARP) (Andrus Foundation 앤드러스재단 미국은퇴자협회) − (800) 775−6776, www.andrus.org

American College of Emergency Physicians (미국응급의학회) − (800) 798−1822, www.acep.org

American Council for Headache Education (미국두통교육위원회) − (800) 255−ACHE, www.achenet.org

American Epilepsy Society (미국간질학회) − (860) 586−7505, www.aesnet.org

American Heart Association (미국심장학회) − (800) 242−8721

American Neurological Association (미국신경과학회) − (612) 545−6284, www.aneuroa.org

American Occupational Therapy Association (미국작업치료학회) − (301) 652−2682

American Osteopathic Association (미국정골학회) − (800) 621−1773, www.aoa−net.org

American Parkinson Disease Association, Inc. (미국파킨슨병학회) −

(800) 223-2732, (718) 981-8001, www.apdaparkinnson.com

American Red Cross (미국적십자사) - 지역 사무실은 지역 전화번호부를 이용하라.

American Society of Neuroimaging (미국뇌영상학회) - (612) 545-6291, www.asnweb.org

American Society of Neurorehabilitation (미국뇌신경재활의학회) - (612) 545-6324, www.asnr.com

American Stroke Association(Division of the American Heart Association) (미국뇌졸중학회(미국심장학회분과)) - (888) 478-7653, www.StrokeAssociation.org

The Amyotrophic Lateral Sclerosis Association (ALS) (루게릭병학회) - (800) 782-4747

Area Agency on Aging (노인국) - 지역 전화번호부를 이용하라.

Association of University Professors of Neurology (신경과대학교수협의회) - (612) 545-6724, www.aupn.org

Brain Injury Association (뇌손상학회) - (800) 444-6443, www.biausa.org

Child Neurology Society (소아신경과학회) - (651) 486-9447, www.umn.edu

Citizens United for Research in Epilepsy (CURE) (간질연구를 위한 시민모임) - (630) 734-9957, www.cureepilepsy.org

Consortium of Multiple Sclerosis Centers (다발성경화증센터협회) - (877) 700-CMSC, www.mscare.org

Department of Elder Affairs (노인업무 부서) - 지역 및 정부기관 전화번호를 이용하라.

Depression Awareness, Recognition, and Treatment (우울증 의식, 인식

및 치료협회) — (800) 421−4211

Dystonia Medical Research Foundation (근긴장중의학연구재단) — (800) 377−3978, www.dystonia−foundation.org

Easter Seal Society (부활절씰협회) — 지역 사무실은 지역 전화번호부를 이용하라.

Elder Services Division (노인공공사업부) — 노인을 위한 도시 지역 공공 사업.

Eldercare (노인의료관리협회) — 지역 전화번호부를 이용하라. 지역거점 (800) 677−1116

Epilepsy Foundation of America (미국간질재단) — (800) EFA−1000, www.EpilepsyFoundation.org

Hospice (호스피스협회) — 지역 전화번호부를 이용하라. 국립 호스피스 — (800) 658−8898

Michael J. Fox Foundation for Parkinson's Research (마이클제이폭스 파킨슨병 연구재단) — (800) 780−7644, www.MichaelJFox.org

Movement Disorder Society (운동장애학회) — (414) 276−2145, www.movementdisorders.org

Multiple Sclerosis Association of America (미국다발성경화중학회) — (800) 833−4MSA, (800) 532−7667, www.msaa.com

Muscular Dystrophy Association (근육영양장애학회) — (602) 529−2000, (800) 572−1717, www.mdausa.org

National Brain Tumor Foundation (국립뇌종양재단) — (800) 934−CURE, www.braintumor.org

National Chronic Care Consortium (국립만성보호협회) — (952) 814−2652, www.nccconline.org

National Council on Aging (국립노화위원회) — (800) 424−9046

National Family Caregivers Association (국립가족보호협회) — (800) 896–3650, www.nfcacares.org

National Headache Foundation (국립두통재단) — (888) 643–5552, www.headaches.org

National Institute on Aging (국립노화연구소) — (800) 222–2225, (301) 496–1752

National Institute on Health (국립건강연구소) — (301) 496–4000

National Institute of Neurological Disorders and Stroke (국립신경질환뇌졸중연구소) — (800) 352–9424, www.ninds.nih.gov

National Multiple Sclerosis Society (국립다발경화증학회) — (800) FIGHT–MS, www.nmss.org

National Organization for Rare Disorders (NORD) (국립희귀장애기구) — (800) 999–6673, www.rarediseases.org

National Parkinson Foundation, Inc. (국립파킨슨재단) — (800) 327–4545, www.parkinson.org

National Stroke Association (국립뇌졸중학회) — (800) STROKES (787–6537), www.stroke.org

Paralyzed Veterans of America (미국재향군인회) — (800) 424–8200, www.pva.org

Parkinson's Action Network (파킨슨활동네트워크) — (800) 850–4726

Parkinson's Disease Foundation (파킨슨병재단) — (212) 923–4700, (800) 457–6676, www.pdf.org

The Parkinson's Institute (파킨슨연구소) — (800) 786–2978

Respite Care (임시간호서비스) — 지역 전화번호부를 이용하라. 건강관리를 지원하고 있다.

Senior Centers (노인센터) — 지역 전화번호부를 이용하라.

Social Security Administration (사회보장국) — 고령자/저소득층 의료혜택제도 (800) 772-1213

Society for Neuroscience (신경과학회) — (202) 462-6688, www.sfn.org

United Parkinson Foundation (파킨슨재단연합) — (312) 733-1893

United Way (미모금연합회) 지역 전화번호부를 이용하라.

U.S. Department of Health and Human Services (미보건성) — (800) 358-9295

Veteran's Administrations (재향군인회) — 재향군인과 가족을 지원하고 있다. 지역 전화번호부를 이용하라.

Visiting Nurse Association (방문간호사협회) 의료지원을 하고 있다. 지역 전화번호부를 이용하라.

WE MOVE (Worldwide Education and Awareness for Movement Disorders) (세계운동장애 인식 개선을 위한 교육운동) — (800) 437-6682, www.wemove.org

Widowed Persons Service (미망인지원센터) — (800) 424-3410

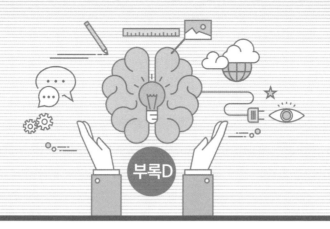

뇌의 주요 구조와 기능에 대한 개관

이 부분은 이 워크북에서 제시하는 공식적인 기억-증진 프로그램의 일부로서 읽을 필요는 없다. 이것은 사실 기술적이고, 뇌 구조에 관심이 있는 사람들을 위한 것이다. 뇌 구조와 함께 뇌가 기억과 어떤 관련이 있는지에 대한 정보를 알고 싶다면, 이 부록을 참고해보라.

기저핵(basal ganglia): 대뇌반구의 중심에 자리 잡은 큰 핵. 창백핵, 미상핵, 편도체로 구성됨.

뇌간(brain stem): 척추부터 뇌 아래 부분까지를 연결. 심장박동, 혈압과 같은 자율기능을 담당. 운동과 감각신경원이 뇌간을 통과함.

뇌량(corpus callosum): 뇌의 두 반구를 연결. 두 반구 사이에 소통 역할을 함.

대뇌(cerebrum): 뇌에서 가장 큰 부위. 뇌의 위쪽 부분은 고차 기능을 담당. 좌반구와 우반구로 나누어져 있음.

대뇌 좌반구(left cerebral hemisphere): 대뇌 좌반구는 말하기, 산수, 읽기 쓰기를 담당. 좌반구가 손상되면 의사소통과 몸의 오른쪽 부위의 운동에 문제가 생김.

대뇌 우반구(right cerebral hemisphere): 대뇌 우반구는 시공간기술, 방향, 집중, 정서조절을 담당. 이 영역이 손상되면 시공간능력과 몸의 왼쪽 부위의 운동에 영향을 줌.

두정엽(parietal lobes): 두정엽의 앞쪽은 촉각을 통한 감각식별과 인식을 담당. 두정엽의 뒤쪽 부분은 주의를 담당. 두정엽의 왼쪽 부분은 읽기, 쓰기, 산수, 학습된 정보의 실행을 담당. 이것의 다른 기능은 말하기임. 우측 두정엽은 시공간 관계의 이해와 얼굴표정과 말의 성조를 담당함.

미상핵(caudate nucleus): 기저핵의 한 부분인 선조체의 일부. 신피질에서 투사되며, 피각과 담창구를 거쳐 시상에 연결되고, 운동영역의 피질까지 이어짐.

베르니케영역(Wernicke's area): 상부측두회의 뒤편에 위치. 말의 이해를 담당함.

브로카의 영역(Broca's area): 왼쪽 전두엽에 위치. 언어의 산출과 관련 있음.

소뇌(cerebellum): 운동 협응을 담당하는 뇌의 뒤쪽 부분. 소뇌가 손상되면 운동실조가 나타남.

시상(thalamus): 감각정보 전달에 관여. 측두엽과 함께 정보를 통합하고 기억에서 일차적인 기능을 수행함.

신경원(neurons): 정보의 저장과 처리를 담당하는 뇌세포.

신경전달물질(neurotransmitters): 신경원에서 생산되며 신경원 사이에 정보를 전달하는 화학물질. 특정 신경전달물질은 특정 과제(예를 들면, 도파민은 움직임에 관여)를 담당함.

전두엽(frontal lobes): 고차기능(판단, 추상화, 동기), 언어 산출과 성격에 영향을 줌. 전두엽이 손상되면 언어 표현, 집중의 어려움, 정서통제에 문제가 생김. 전두엽의 뒤쪽은 수의운동 통제를 담당. 이 부분이 손상되면 신체 반대쪽에 마비가 생김.

측두엽(temporal lobes): 기억의 중추. 정보가 감각등록기로 들어갈 때 잠시 저장되었다가 장기기억으로 보내지거나 사라짐. 후두엽 하단부(복측)는 얼굴과 대상 인식을 조절(얼굴 표정 인식과는 다른 기능이라는 점을 주목). 측두엽의 왼쪽 부분(외측)은 청각정보 처리에 중요함.

편도체(amygdala): 감각 입력 및 기억과 정서의 통합을 담당함.

해마(hippocampus): 뇌에서 기억 처리와 협응을 담당. 피질 끝부분에 있고 피질과 피질하 처리의 최종 목적지임.

후두엽(occipital lobes): 뇌의 뒤쪽에 위치. 시각 조절을 담당함.

흑질(substantia nigra): 중뇌와 기저핵을 연결. 기저핵에 도파민을 제공함.

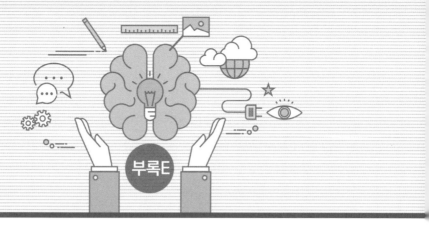

부록E

연습문제와 퀴즈의 정답

이 책에 다루어진 순서대로 정답을 제시했다.

에드가의 차고 질문에 대한 정답

1. 고장 난 시계가 담긴 상자

2. 고장 난 램프

3. 오래된 라디오

4. 신문 꾸러미

5. 책 더미

6. 오래된 휠캡

7. 오래된 레코드

8. 사용할 수 없는 낡은 바비큐 석쇠

9. 오래된 전화번호부

10. 오래된 유리병

11. 드릴

12. 오래된 스팸 캔

13. 오래된 망치

14. 오래된 아폴로 13호 모형

15. 무거운 나무 야구 방망이

16. 낡은 텔레비전

17. 멋진 분홍 실크 원피스

18. 오래된 체스게임

S 문단에 대한 정답

문단에서 S의 개수 = 28

수 연합 방법에 대한 정답

옷걸이, 컴퓨터 디스크, 연필, 풀, 잡지, 스테이플러, 다리미.

의미기억과 삽화기억에 대한 정답

1. 의미기억

2. 삽화기억

3. 삽화기억

4. 의미기억

5. 의미기억

6. 의미기억

기억체계에 대한 정답

5가지 기억체계:

1. 작업기억

2. 삽화기억

3. 지각기억

4. 절차기억

5. 의미기억

* 삽화기억과 의미기억은 함께 장기기억을 구성한다.

시각정보의 언어적 변환에 대한 정답

정사각형을 그려라. 정사각형의 오른쪽 상단 모서리에 사각형의 윗변보다 작은 원을 겹쳐서 그려라. 정사각형의 왼쪽 상단 모서리 바깥에서 원의 중심까지 선을 그려라. 원에 있는 선의 끝에는 화살표가 있다. 마지막으로, 정사각형 하단 왼쪽 면에 작은 원을 붙여 그려라. 이 작은 원을 검게 색칠하라.

언어정보의 시각적 변환에 대한 정답

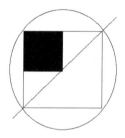

에드가의 차고 항목의 재인에 대한 정답

1. 예; 2. 아니오; 3. 예; 4. 아니오; 5. 예; 6. 아니오; 7. 예; 8. 예; 9. 아니오; 10. 아니오 11. 예; 12. 아니오; 13. 예; 14. 아니오; 15. 아니오; 16. 아니오; 17. 예; 18. 아니오; 19. 예; 20. 예

가역성 치매에 대한 정답

Drugs and alcohol toxicity (약물과 알코올중독)

Ear and eye problem (귀와 눈 문제)

Metabolic and endocrine abnormalities (대사와 내분비 이상)

Emotional problems (정서문제)

Nutritional deficiencies (영양결핍)

Traumas or tumors (외상 또는 종양)

Infection processes (감염과정)

Atherosclerotic complications (죽상경화 부작용)

읽고 이해하기 퀴즈에 대한 정답

1. 거짓; 2. 참; 3. 참; 4. 참; 5. 참; 6. 거짓; 7. 거짓; 8. 거짓; 9. 거짓; 10. 거짓; 11. 거짓; 12. 참; 13. 참; 14. 참; 15. 참; 16. 거짓; 17. 거짓; 18. 참; 19. 참; 20. 참.

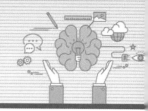

이 QR 코드를 스캔하면 『기억워크북』의
참고문헌을 열람할 수 있습니다.

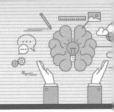

저자소개

    Douglas J. Mason과 Michael Lee Kohn은 지역사회에서 협력적인 관계를 맺고 있다. Douglas Mason은 듀크의학센터와 브라이언 알츠하이머병 연구센터에서 신경심리학 연구원 및 임상 조교로 있다.

    Michael Kohn은 버지니아 윌리암스버그 동부 주립병원에서 법심리학자로 일하고 있다.

역자소개

최성진

부산대학교 심리학과 및 동대학원 졸업 문학박사
전남대학교병원 정신건강의학과 임상심리전문가과정 수료
보건복지부 정신보건임상심리사 1급
한국심리학회 임상심리전문가, 건강심리전문가, 범죄심리전문가
한국명상학회 명상치유전문가
한국청소년상담학회 청소년상담전문가
한국치료적심리평가협회장
인제대학교 의과대학 겸임교수
부산가톨릭의료원 메리놀병원 정신건강의학과 임상심리실장

(역) 내담자의 눈으로: 심리평가로 심리치료하기 (박영사)
　　성인과 아동을 위한 BGT의 정신역동적 해석 (박영스토리)
　　심리평가로 심리치료하기: 사례 가이드북 (박영스토리)
(공저) 학술논문작성 및 출판지침 (박영사)
(공역) 이상심리학 (박학사)
　　MMPI-2 평가의 핵심 (박학사)

기억워크북—뇌를 훈련하고 기억력을 높이기 위한 새로운 방법

초판발행	2017년 4월 30일
옮긴이	최성진
펴낸이	안상준
편 집	전은정
기획/마케팅	노 현
표지디자인	김연서
제 작	우인도·고철민
펴낸곳	㈜피와이메이트
	서울특별시 마포구 월드컵북로 400, 5층 2호(상암동, 문화콘텐츠센터)
	등록 2014. 2. 12. 제 2015-000165호
전 화	02)733-6771
f a x	02)736-4818
e-mail	pys@pybook.co.kr
homepage	www.pybook.co.kr
ISBN	979-11-88040-07-0 93180

* 잘못된 책은 바꿔드립니다. 본서의 무단복제행위를 금합니다.
* 역자와 협의하여 인지첩부를 생략합니다.

정 가   18,000원

박영스토리는 박영사와 함께하는 브랜드입니다.